疲弱复苏的世界经济期待新周期
——世界经济分析报告

权衡◎主编
盛垒◎副主编
上海社会科学院世界经济研究所宏观经济分析组

上海社会科学院出版社
SHANGHAI ACADEMY OF SOCIAL SCIENCES PRESS

学术顾问

　　王　战　张幼文　徐明棋

编委会主任

　　权　衡

编委会成员

　　赵蓓文　胡晓鹏　孙立行　盛　垒　张广婷　张天桂

　　周　琢　薛安伟　陈陶然　智　艳　刘　芳

导　论

　　2008年的全球金融危机开启了世界经济发展的新阶段与新篇章。不难看到,目前的全球经济正在从过去高增长、大繁荣的"恐怖平衡"的"旧常态"走向弱复苏、低增长与再平衡的"新常态"。与此同时,近年来,世界经济形势已变得更加纷繁复杂,世界经济的增长前景也愈发扑朔迷离。为把握世界经济发展大势,探索全球经济增长前景,自2014年起,上海社会科学院世界经济研究所宏观分析小组着手开展对世界经济形势的年度分析和跟踪研究,其研究的重点一是回顾和总结当年世界经济发展的总体情况,二是梳理和挖掘影响下一年度乃至中长期内世界经济增长的动力因子,三是研判和展望未来的世界经济发展趋势与图景。目前,我们的这项研究工作已持续了三年,课题组分别对2015年、2016年和2017年的世界经济形势进行了探索和分析。值得提及的是,2017年研究报告在过去两年研究的主体内容基础上,进一步增加了国别和地区问题研究,重点对美国、欧洲、日本和韩国、印度、东盟、中东欧等世界主要国家和区域经济体的经济形势进行了分析和探讨。

　　与国内外许多同类的研究报告主要通过模型推导的方法来预测世界经济形势不同,我们的研究以宏观经济分析为主,侧重于从影响世界经济增长的重大问题、重大变量、重大趋势、重大战略、重大思路等入手,对未来世界经济增长的趋势性变化以及全球经济格局的战略性调整进行前瞻性分析,并基于全球视野来观察和思考中国经济的未来走向,是为本课题组研究和探讨世界经济发展形势的特色与创新之所在。

　　本书即以这三份年度分析报告为基础进一步深化、修改、编撰而成,囊括了本课题组对近三年来世界经济发展的特征、格局、态势、前景等一系列问题的深入思考以及理论性探索,以期为社会各界关注世界经济和中国经济问题的同仁及有关人士提供参考。需要说明的是,本书的内容框架主要基于2017年研究报告的主体内容,2016年和2015年的研究报告内容分别以附件形式在书中呈现。在本书导论部分,我们特将三个年度研究报告的核心观点和主要判断简要总结如下。

——2015年世界经济形势:微弱复苏中寻找新旧常态转换

回首2014年,世界经济虽仍在低位徘徊,但相比之前几年呈现出不少新的亮点。其一,世界经济结束了之前几年连续大幅下滑甚至多次探底的态势,呈现出见底企稳的迹象。其二,2014年全球量化宽松(QE)政策此起彼伏,更加灵活审慎的货币政策,使各国应对和化解危机的能力不断提高,也为世界经济筑底回升增添了砝码。其三,全球就业状况有了进一步改观,这是世界经济能够维持低增长的关键,或许昭示着全球实体经济发展出现转机。其四,以原油为代表的大宗商品价格"跌跌不休",在使QE引起的全球通胀压力有所趋缓的同时,也产生了对"全球经济通缩"的预期。其五,人工智能、3D打印、页岩气等科学技术上的进步带动了一系列相关产业出现新的发展势头,新兴产业在技术创新推动下孕育着新突破。其六,发达国家的FDI净流入规模持续增大,预示着国际资本流动格局有向西方国家流动和转移的新趋势。

虽然2014年的世界经济出现了一些积极信号,但复苏态势依然很脆弱,其中所隐含的问题值得警惕。一是全球经济增长动力依旧不足,新产业并没有成规模出现,全球增长的新动力尚未夯实。二是全球贸易投资谈判进展缓慢,多边和双边投资协定的进展并不顺利,三大区域协议无一成功签署,经济全球化和贸易自由化趋势出现"新的困境"。三是全球市场预期悲观,经济下行压力加大。四是各国货币政策的不确定性不平衡性增加,全球金融风险不断加大。

展望2015年,世界经济增长仍面临诸多重大变量和不确定性因素的影响。第一,美国经济尽管出现强劲复苏,但是美国货币政策及其升息预期或将引发新兴经济体外资的大量撤离,并可能重创多国货币,从而对全球经济复苏产生不利影响。第二,地缘政治的持续恶化导致俄罗斯经济动荡加剧,以石油为主的国际能源价格持续下跌,可能会使全球经济陷入低利率、低通胀、低增长三者相互加强的恶性循环。第三,欧洲各国货币政策的不平衡性,给 2015 年全球经济增长带来较大的不确定性。第四,日本深陷经济内生性结构困境,其扩张性经济政策的有效性尚不明朗,对全球经济复苏的影响仍待观察。第五,新兴经济体启动的结构性改革与创新,或将为全球经济复苏提供重要动力。第六,以中国"一带一路"为主的经济增长新战略、以美国页岩气革命为代表的新能源、以德国工业 4.0 为核心的新工业方式有望为全球经济复苏打开新空间。

根据我们的分析,2015 年世界经济将整体呈现微弱复苏的发展态势。预计 2015 年的世界经济增长率将达到 3.34%,虽略高于 2014 年 3.3% 的增速,但并没有世界银行、国际货币基金组织(IMF)和经济合作组织(OCED)等机构预计的那么乐观。从各主要经济体来看,我们预期美英的表现或许较为亮丽,欧日则相对暗淡,而日本经济将继续"低温"徘徊。新兴经济体经济增速大都将在 2015 年保持平稳或向上态势,但中期来看,新兴经济体能否重启高速增长势头,将依赖于其潜在增长率的提升和全面的结构性改革。就中国而言,虽然短期内,新常态下经济增长进入中高速增长,增速将略有下降;但长期来看,随着结构性调整、创新驱动的新动力转换,以及全面深化改革的红利逐步释放,新常态下的经济增长将更健康和更可持续,且增长动力更加多元化。

从主要经济领域的发展态势来看,金融方面,虽然美英货币政策逐渐正常化,但欧日或将重启新一轮 QE,全球货币政策分化趋势渐成定局,2015 年全球金融市场动荡料将再起。受低油价以及欧美等发达经济体消费需求回升等利好因素影响,2015 年全球贸易规模有望小幅上扬。从投资来看,鉴于各主要经济体增长乏力以及部分新兴经济体的脆弱性、政策不确定性和地区冲突等带来的不利影响,预计2015年世界投资规模整体将呈现有限恢复态势。但全球货币政策不平衡趋势加强可能促使资本流向逆转,即发达国家继续吸收回流资本,新兴经济体资本流出趋势明显。

总体上,我们认为,世界经济正处在从旧常态走向新常态的过渡阶段,总体而言尚未真正完全走向新常态。世界经济新常态下,中国经济与世界经济在双向开放通道中形成的新型互动之势愈加明显。一方面,中国经济新常态继续引领世界经济走向新复苏。另一方面,中美经济再平衡和中美经济新常态引领世界经济新平衡。中国经济本身是世界经济增长的重要推动力量,而中美经济走向新常态对维护世界经济稳定增长举足轻重,亚洲经济在世界经济中最具发展活力和潜力,是中国对外经济、投资空间布局的重心;在一个更加相互依赖和一体化发展的格局下,它们共同构成开放的中国与世界经济的互动发展,是未来世界经济的重大变量。

——2016年世界经济形势:复苏分化中从再平衡走向新常态

2015年的世界经济运行深受低增长、低通胀、低利率和高债务"三低一高"问题的困扰,复苏脆弱,增长艰难。总结起来,2015年世界经济运行具有四个方面的新特征:其一,全球经济增长分化显著。一方面,发达国家与新兴市场和发展中经济体之间分化加剧,前者出现了回暖兆头,后者则连续放缓;另一方面,发达经济体与新兴市场和发展中经济体内部都出现了不同程度的增长分化。其二,各国的经济结构调整表现有异。新兴市场和发展中经济体中的部分国家虽然增速下滑,但经济结构却在有序调整且成效初显;而发达国家经济增速虽有一定恢复,经济结构调整却呈现原有结构的不断稳固之势。其三,全球新型投资贸易规则框架雏形初显,投资超越贸易正在成为世界经济运行的新趋向。其四,全球就业市场基本保持稳定且略有上升。全球经济艰难复苏、脆弱复苏、分化复苏、波动复苏的特点日益明显。

与此同时,艰难复苏的世界经济也暴露出了五个方面的新问题。一是新旧动能衔接不力。推动世界经济增长的传统动力依旧疲弱,而引领未来发展的新兴动力尚在孕育阶段,尤其是人们寄予厚望的新兴产业进展远不及预期,新旧动力"青黄不接",转换衔接尚未到位,影响了世界经济的复苏增长进程。二是通缩恐慌再次来袭。2015年原油价格并未如期触底回升,而是继续下探且低位徘徊,并带动其他大宗商品价格的集体下挫,又一次引发了全球性的通缩恐慌情绪。三是全球金融市场大幅波动。2015年以中国A股为代表的全球股市经历了一轮暴涨暴跌,引致金融波动在全球范围内传递。多国货币的大幅波动乃至竞相贬值也造成了金融风险加剧。四是全球债务高位累积。2015年全球债务继续扩张,已连续三年增长。总体上,发达经济体的债务率高于新兴经济体,债务风险加剧。五是恐怖主义阴霾再起。巴黎暴恐袭击、欧洲难民危机等问题使世界经济本就艰难曲折的复苏进程再添新的不确定性。

分析指出,有八个因素和变量可能会深刻影响到未来几年的世界经济走向。一是大宗商品价格下跌将会加剧全球通缩预期,进而加重复苏过程中世界经济的悲观情绪。二是以TPP为代表的高标准投资贸易协定可能会引发新的贸易保护主义,给发展中国家的投资贸易带来新的难题。三是新兴经济体资产负债失衡或将引发新的主权债务危机,主权债务危机的爆发将直接影响各国经济的增长率,进而通过贸易和投资等传导机制,影响世界其他国家的经济增长。四是各国经济增长的分化将导致经济强国(或主要经济体)全球宏观经济政策的差异化,全球宏观政策的协调性将成影响世界经济的新变量。五是跨国公司的失信事件频频发生,不仅影响消费者对其产品的需求,还会把负面效应传导到其供给端,跨国公司如何处理好诚信危机或将是世界经济实现稳定复苏的一个重要条件。六是中国开启以供给侧改革为基础的新型增长模式,这一发展模式的转变不仅有利于中国经济的可持续发展,而且对中国持续引领世界经济增长具有重要意义,这是当前全球经济中最大的经济变量之一。七是互联网安全的缺失将对互联网经济形成巨大影响,对世界经济的正常运行造成重大冲击,互联网创新与网络安全的保障或将是影响世界经济的又一新变量。八是国际恐怖主义对国际贸易和国际资本流动都将带来不利影响,正日益成为影响世界经济稳定和增长的一个新因素。

对于2016年的世界经济走势,一个总的判断是,复苏依旧难言乐观,分化加剧成为趋势,而且可能触发新一轮的经济和金融风险。2016年,我们对发达经济体的增长持"谨慎乐观"态度;新兴经济体短期看少,长期看多。中国经济预计还会继续下探,但随着供需两侧改革的加码,长期将坚定向好。

从国际金融来看,随着美国加息靴子落地,全球货币周期开始分化,"全球皆松,唯美独紧"。经济基本面脆弱的新兴经济体,将面临信贷增长下降和偿债成本上升的巨大压力,或将再次上演2013年时那种具有破坏性的"缩减恐慌",甚至爆发新一轮流动性危机。从世界贸易来看,2016年全球贸易仍维持低速增长,全球供需失衡格局仍延续,而未来两年大宗商品价格或将见底。从全球投资来看,鉴于主要经济体增长的不均衡性、脆弱性和不确定性,全球对外投资趋缓态势难言好转,短期仍将维持震荡,但不会出现显著下滑。不过,在全球对外投资总体趋缓格局之下,中国对外投资对世界投资增长的带动作用将日渐突出。我们预测,2017年全球对外直接投资(OFDI)流量将达到1.6万亿美元左右。其中,中国占全球OFDI比重将进一步攀升至11.83%,成为名副其实的全球第二大对外投资国。

我们进一步将研究视角和时间尺度向危机前后延伸,通过比较和分析这一段时期内世界经济运行的总体特点,我们认为,世界经济正在告别上一轮增长周期,其在旧有框架下达成全球经济再平衡几无可能。世界经济正在进入下一个增长周期的世界经济,呈现出不同以往的"新常态"。这一"新常态"具有六方面的核心内涵,即强调世界经济的新增长、新结构、新动力、新治理、新规则、新目标。它们相辅相成、互为促进,对实现世界经济包容性增长是缺一不可的有机整体。从外延来看,世界经济"新常态"既包含世界经济本身的"新常态",也包含中国经济的"新常态",更包含中美经济的"新常态"。"新常态"下的中国经济将对世界经济增长继续作出新贡献,而在各自结构调整基础上所达成的中美经济"新常态",既是纠正全球经济失衡的重要环节,又是实现世界经济新常态的重要因素。

我们认为,走向"新常态"的世界经济必然需要新的动力支撑,也需要有新的增长规则,更将塑造新的全球经济格局。从趋势上分析,重塑世界经济复苏增长的新格局开始浮现,驱动世界经济长期增长的新动力加快孕育,促进世界经济转型增长的新规则正在重构。无论从短期还是长远来看,这些新格局、新动力和新规则,都将会影响到世界经济的复苏强度、增长高度和持续力度,对未来的世界经济增长具有重要引领性和指向性意义。

——2017年世界经济形势:低增长和不确定中期待新周期

世界经济持续低迷的2016年刚刚拉上帷幕,又迎来了一个更加充满不确定性的2017年。回首过去一年,我们见证了英国脱欧、特朗普胜选、印度废钞、土耳其政治转向、韩国总统被弹劾、意大利修宪公投失败等一个又一个黑天鹅事件。这些事件发生的概率虽小,却影响巨大。不难预料,2017年将是空前复杂的一年,特朗普新政迄今效果尚不明朗,欧洲各国大选孕育新的变局,亚洲的中日韩也面临诸多不确定性。展望未知的2017年,世界经济何去何从?全球经济发展路在何方?人们难以准确预知。面对越来越多的变量,人们在思考,全球化正徘徊在一个十字路口。

2017年重点从五个大的方面对2016年世界经济运行的主要特征以及今后几年的可能走势分别进行回顾和展望。第一,回顾和总结了2016年世界经济运行中呈现出的主要亮点,并分析过去一年遇到的突出问题。第二,对2017年及今后一段时期的世界经济走向可能产生关键作用和影响的关键变量、重大因素、重大战略、重大事件等进行了梳理和判断,分析其可能的影响方向及产生影响的方式和途径。第三,借助数学模型和分析软件等计量工具预测未来的世界经济发展趋势,并对国际金融、世界贸易和全球投资这三个重要领域进行趋势性预判。第四,从经济长周期的视角,探讨了当前世界经济面临的新常态及其主要内涵;剖析了世界经济长周期转换的前景、动力和机遇。第五,对世界主要国家和经济体的宏观经济形势及其与中国经贸合作关系走向进行专题性分析和展望。

笔者主要结论和观点汇总如下。

● **脆弱复苏的世界经济呈现不少新亮点**

回顾2016年,世界经济延续了近两年的低迷态势,复苏脆弱,增长艰难,但也不乏一些新的亮点:一是新兴市场增长有所企稳;二是全球就业呈现向好趋势;三是发展中经济体结构性改革初显成效;四是"一带一路"倡议进展超出预期;五是新兴产业发展方向更加明朗;六是20国集团(G20)杭州峰会引领并深化全球经济治理结构。

● **目前世界经济发展出现深层次的"结构性悖论"**

与此同时,"慢"步前行的世界经济也面临不少突出问题,值得深思:其一,量化宽松政策无力扭转世界经济颓势;其二,低利率与低投资并存困局待解;其三,全球债务占GDP比重进一步加大;其四,全球FDI放缓凸显投资动力不足;其五,产能过剩与需求萎缩的矛盾加剧;其六,全球贸易增速持续低于经济增速;其七,英国脱欧、美国大选引发金融动荡；其八，难民危机持续发酵，拖累欧洲经济。这些现象既是当前世界经济运行过程中所遇到的复杂问题，也反映了目前世界经济发展已出现一系列深层次的结构性"悖论"。如此，我们不能简单地用传统思维方式认识世界经济，而需要新的理念，从新的视角，重新思考世界经济的增长速度转换、增长动力转型、增长结构调整以及宏观政策设计。

● **七大变量关乎世界经济未来走向**

对于2017年的世界经济，我们判断，以下七大因素和变量可能对世界经济的复苏产生重要影响：第一，全球政策持续分化，它将不利于世界经济协调和稳定增长；第二，民粹主义兴起，它将导致全球化进程受挫；第三，特朗普新政，它将给世界经济带来新的不确定性；第四，美元加息，它可能加剧全球金融市场波动；第五，投资贸易规则碎片化，它将带来新的贸易保护主义；第六，难民危机，它将进一步挑战欧洲经济增长前景；第七，石油价格上扬，它增加了全球经济恢复性增长的不确定性。

● **未来几年全球经济仍将保持低增长和弱复苏态势**

对2017年和未来几年世界经济的走向，我们的总体判断是：全球经济仍将维持低增长和弱复苏态势，短期内不稳定性、不确定性增加。预测2016—2018年，全球经济增长率将分别为3.13%、3.18%和3.24%，增速仍旧十分缓慢，尚难达到2008年以前10年的平均增速。短期来看，全球经济增长已陷入"大衰退—低增长—低利率—低物价—低回报—低投资"，以及由此产生的"低增长—低收入—低消费"的"自我低增长循环陷阱"。长期来看，全球经济增长实质上已进入上一轮长周期的衰退阶段，未来可能还有15—20年的衰退期。

发达经济体中，2017年美国经济在特朗普新政刺激下将迎来轻微好转，但中长期面临诸多未知，难以强劲复苏。预测2017年、2018年美国经济分别增长2.89%和2.79%。受英国脱欧的负面冲击和示范效应，欧元区经济增长充满变数，短期增长动能被削弱。预计2017年和

2018年欧元区经济将分别增长1.75%和1.69%。而日本经济仍将深陷收缩困局,预计未来两年日本经济增速分别为0.52%和0.48%。

新兴经济体仍将是支撑2017年全球经济增长的中流砥柱,但也不易形成强劲增长态势。2017年和2018年全球22个新兴经济体总体经济增长率将分别达到4.72%和5.01%。其中,中国、印度、印度尼西亚将稳步增长,2017年经济增长率分别为6.52%、6.96%、5.01%;俄罗斯和巴西将有向好态势,增长率分别为0.15%、0.12%;而马来西亚、泰国、菲律宾、新加坡、韩国、墨西哥、南非等将出现下滑,经济增长率分别为3.56%、3.45%、5.20%、0.39%、0.99%、3.10%、0.98%。

从金融、贸易、投资三大领域来看,受美国新总统上任及美元加息等因素影响,全球金融市场短期内将仍有震荡,尤其新兴市场国家将再度面临货币贬值风险和资本外流隐忧。而世界贸易回暖仍然缺乏有力支撑,增速将依旧缓慢。虽然大宗商品价格的反弹或将带来部分需求回暖,但幅度料将有限,全球贸易增速低于经济增速的状况发生逆转的可能性不大。全球投资则将因美元走强、新的贸易保护主义等因素影响,整体复苏进程受阻。但第四次全球产业转移浪潮的兴起可能带动全球投资逐步回升。

- **综观全球发展大势,当今世界经济已迎来长周期之变**

自危机以来,全球经济进入深度调整与再平衡的新常态。从再平衡的过程及其进展来看,当前的世界经济已无法从根本上实现西方国家所希望的平衡状态。短期内,世界经济已不是一个简单的再平衡问题,也不可能恢复到危机前的高增长模式,而是面临新长周期的结构性调整和转换。本质上,世界经济新常态其实是一个全球性长周期现象。走向新常态的世界经济正告别上一轮长周期,同时也在孕育新的经济长周期。我们判断,当前的世界经济进入了发展长周期的转折,目前正处于新老周期过渡转换的关键阶段。

同样处在经济发展大阶段转换的中国,既要引领和推动世界经济顺利实现大周期转换,更要敏锐抓住世界经济新老周期转换的新态势,把握世界经济即将迎来第六长波的新机遇,让世界经济第六长波助推中华民族复兴,让中国经济转型升级与新发展助推世界经济第六长波新繁荣。

● "逆全球化"浪潮下中国积极引导全球化发展方向

当前,反全球化思潮开始升温,但毋庸置疑,全球化仍将是大势所趋,"逆全球化"不会成为世界的主流。中国作为公平合理的全球化经济体系的坚定推动者和负责任大国,不会回避对世界发展应有的担当。世界需要中国引领的"全球化",中国有实力引领新一轮经济全球化。中国将主动加强并不断深化同世界各国的经济合作联系,共同引领和推进全球化继续前行。

从中国与世界主要国家经贸合作前景来看,中美关系是世界上最重要的双边关系之一,特朗普新政将对中美关系带来深远影响,能否"推动中美关系在新的起点上取得更大进展,更好造福于两国人民和其他各国人民"至关重要。英国脱欧将引发一系列连锁反应,其对英国和欧盟的影响可能是两败俱伤,欧洲一体化进程将受重挫,而中英、中欧合作关系则有望进一步深化。日韩深陷经济衰退泥潭难以自拔,而美国亚太再平衡战略恐将收缩,中日韩自贸区建设迎来重要历史契机。东盟经济共同体建设深入推进,中国—东盟经济合作不断深化,RCEP前景更为可期。在"莫迪新政"引领下,印度正成为金砖经济体的新引领者,优势互补的中印经贸合作空间广阔、潜力巨大。此外,以合作共建"一带一路"为契机,中国—中东欧合作发展迈向新高度,有望成为世界经济增长的新板块和新亮点。

目 录

导论 ······ 001

第1章 2016年世界经济回顾 ······ 001
  1.1 2016年世界经济的新亮点 ······ 001
    1.1.1 新兴市场增长有所企稳 ······ 001
    1.1.2 全球就业呈现向好趋势 ······ 003
    1.1.3 结构性改革已初见成效 ······ 004
    1.1.4 "一带一路"进展超出预期 ······ 005
    1.1.5 新兴产业方向渐趋明朗 ······ 005
    1.1.6 中国方案引领全球治理 ······ 006
  1.2 2016年世界经济的主要问题 ······ 007
    1.2.1 量化宽松无力扭转世界经济颓势 ······ 007
    1.2.2 低利率与低投资并存困局待解 ······ 008
    1.2.3 全球债务风险进一步高企 ······ 009
    1.2.4 全球FDI放缓凸显投资动力不足 ······ 011
    1.2.5 产能过剩与需求萎缩的矛盾加剧 ······ 011
    1.2.6 全球贸易增速持续低于经济增速 ······ 012
    1.2.7 英国脱欧、美国大选引发金融动荡 ······ 013
    1.2.8 难民危机持续发酵拖累欧洲经济 ······ 014

第2章 影响2017年世界经济的因素分析 ······ 016

2.1 全球政策分化影响世界经济稳定增长 ……………………… 016
2.2 民粹主义兴起导致全球化进程受挫 …………………………… 018
2.3 美国新总统上任将带来新的不确定性 ………………………… 020
2.4 美元加息可能加剧全球金融市场波动 ………………………… 021
2.5 投资贸易规则碎片化引发新的贸易保护主义 ……………… 022
2.6 难民危机或将进一步挑战欧洲经济增长 …………………… 024
2.7 石油价格上扬增添全球经济供给侧的不确定性 …………… 026

第3章 2017年世界经济发展新趋势……………………………… 028
3.1 世界经济：不确定性上升，增长前景暗淡 …………………… 028
3.1.1 发达经济体：复苏势头减弱，不确定性增多 ……………… 030
3.1.2 新兴经济体：增长出现分化，整体风险降低 ……………… 035
3.1.3 中国：增长小幅下探，供给侧改革进入深化阶段 ……… 038
3.2 国际金融：短期仍有动荡，长期稳定可期 ………………… 047
3.2.1 美国进入新总统任期，全球金融市场或出现短期动荡 …… 047
3.2.2 全球资本继续"脱实入虚"，新兴市场再现资本外流隐忧 …………………………………………………………… 048
3.2.3 G20推动全球高效金融治理，发展中国家地位有望上升 …………………………………………………………… 049
3.3 世界贸易：回暖缺少支撑，增速依旧缓慢 ………………… 050
3.3.1 多因素继续影响贸易回暖，贸易增长或将持续放缓 …… 050

3.3.2　大宗商品价格上扬带来贸易局部回暖,但幅度有限 …… 052
3.4　全球投资:复苏进程受阻,产业双向转移 …… 053
3.4.1　经济不确定性阻碍投资复苏,全球资本流动格局正在重塑 …… 053
3.4.2　第四次产业转移浪潮兴起,转移路径已发生显著变化 …… 053

第4章　新常态孕育世界经济新周期 …… 055
4.1　世界经济正在从艰难的再平衡走向新常态 …… 055
4.1.1　世界经济再平衡过程曲折艰难 …… 056
4.1.2　深度调整的世界经济面临新常态 …… 059
4.1.3　中国引领世界经济走向新常态 …… 064
4.2　世界经济发展亟待进入新一轮长周期 …… 066
4.2.1　世界经济新常态是一个全球性长周期现象 …… 067
4.2.2　当前世界经济处在新老周期转换的关键阶段 …… 069
4.2.3　世界经济周期性调整呼唤新科技革命 …… 075
4.3　敏锐抓住世界经济周期性转换的新机遇 …… 078
4.3.1　中国经济发展大转型与世界经济长周期转换并行交织 …… 079
4.3.2　抓住世界经济结构性调整和周期性转换的历史性机遇 …… 080

第5章　特朗普新政对中美经济的影响及中国的应对 ……… 082
5.1　美国2016年季度宏观经济形势回顾 ……………………… 082
5.2　特朗普新政及其短期内的积极影响 …………………………… 085
5.2.1　特朗普新政的背景 …………………………………… 085
5.2.2　共和党执政思路下的特朗普政策展望 …………… 088
5.2.3　特朗普新政短期效果预判 …………………………… 089
5.3　特朗普新政对世界增长的可能影响：不确定性与风险 …… 092
5.3.1　特朗普当选对世界经济的可能影响 ……………… 092
5.3.2　特朗普当选对国际局势的可能影响 ……………… 093
5.4　特朗普政策对中国的四大影响 ……………………………… 094
5.4.1　或将引发中美局部贸易战 ………………………… 094
5.4.2　或将加剧中国资本外流 …………………………… 095
5.4.3　或将在地缘政治和军事安全上出现政策混乱 …… 096
5.4.4　或在能源和气候领域合作空间广阔 ……………… 096
5.5　中国应对"特朗普新政"的四大措施 ……………………… 097
5.5.1　抓住美国战略收缩间隙推进RCEP战略布局 …… 097
5.5.2　提高国内资产回报率以应对美国加息风险 ……… 098
5.5.3　做好应对准备，保持中美之间战略定力 ………… 098
5.5.4　创新互动模式，加强危机管理能力 ……………… 098
5.6　加拿大经济形势分析与中加经贸关系展望 ………………… 098
5.6.1　加拿大经济开启复苏势头 ………………………… 098

5.6.2　中加经贸合作展望 …………………………………………… 100

第6章　欧洲经济：英国脱欧的连锁反应与欧洲一体化受挫 … 101
　6.1　2016年欧洲经济形势回顾 ……………………………………… 101
　　6.1.1　欧洲经济继续维持低增长态势 ………………………………… 101
　　6.1.2　2016年欧洲经济的主要特征 …………………………………… 103
　　6.1.3　欧洲主要国家增长出现分化 …………………………………… 107
　6.2　英国脱欧的连锁反应及其深远影响 …………………………… 111
　　6.2.1　对英国的影响：负面效应不可低估 …………………………… 111
　　6.2.2　对欧盟的影响：一体化进程遭受重创 ………………………… 112
　　6.2.3　对中国的影响：中英合作有望深化 …………………………… 112

第7章　低迷增长中的日韩经济 …………………………………… 115
　7.1　日本经济：复苏乏力、前景难料 ……………………………… 115
　7.2　日本经济结构性问题凸显 ……………………………………… 116
　　7.2.1　经济增长结构依然堪忧 ………………………………………… 116
　　7.2.2　对外贸易结构与竞争力有待提升 ……………………………… 117
　　7.2.3　政府债务结构隐患上升 ………………………………………… 118
　　7.2.4　劳动力人口结构影响长期增长 ………………………………… 120
　　7.2.5　产业结构面临升级转型 ………………………………………… 120
　7.3　"安倍经济学"的政策效果有限 ……………………………… 121

7.3.1 宽松的货币政策效果难定 ……………… 121
7.3.2 扩张的财政政策余地不大 ……………… 122
7.3.3 "新三支箭"的政策目标恐难实现 ……………… 123

7.4 韩国经济：政权不稳、经济动荡 ……………… 124
7.4.1 韩国经济颓势明显 ……………… 125
7.4.2 多重因素影响韩国经济走势 ……………… 126

7.5 从中韩FTA协议迈向中日韩自贸区协定 ……………… 130
7.5.1 中韩FTA协议的签署具有现实意义 ……………… 130
7.5.2 中日韩自贸区的构建前景有待观察 ……………… 131

第8章 东盟经济：共同体建设与中国-东盟FTA升级 ……………… 132

8.1 东盟经济：共同体建设的新起点 ……………… 132
8.1.1 增长整体平稳，分化亦已显现 ……………… 133
8.1.2 出口持续放缓，投资环境改善 ……………… 135
8.1.3 互联互通提速，一体发展加快 ……………… 138
8.1.4 对外合作缓慢，却也不乏亮点 ……………… 139

8.2 东盟经济一体化："东盟方式"任重道远 ……………… 140
8.2.1 "东盟方式"运作效率有待提升 ……………… 140
8.2.2 内部差异显著导致融合难度较大 ……………… 140
8.2.3 贸易投资便利化仍需进一步改进 ……………… 141
8.2.4 外部依赖及非经济因素影响较大 ……………… 142

  8.3 中国-东盟经济合作：FTA升级议定书生效 ……………………… 143
    8.3.1 双边贸易持续扩大，相互依存度显著提升 ……………… 143
    8.3.2 双向投资增势迅猛，产能合作不断增强 ………………… 144
    8.3.3 次区域合作机制化，早期收获亮点凸显 ………………… 145
    8.3.4 中菲关系转圜助推中国-东盟经济合作发展 …………… 146
    8.3.5 海上丝路为中国-东盟经济合作带来新机遇 …………… 147
    8.3.6 RCEP谈判外部压力减弱且前景更为可期 ……………… 148

第9章 印度经济：金砖经济体的新引领者 ……………………………… 149
  9.1 "莫迪新政"引领印度经济稳定增长 ………………………………… 149
    9.1.1 "莫迪新政"的重大举措 …………………………………… 149
    9.1.2 印度经济运行的新特点 …………………………………… 152
  9.2 印度经济发展走势前瞻 ……………………………………………… 155
    9.2.1 短期内印度仍有望保持中高速经济增长 ………………… 155
    9.2.2 结构性改革决定了印度中长期增长前景 ………………… 155
  9.3 中印经贸合作前景展望 ……………………………………………… 156
    9.3.1 中印经贸合作的现状和特点 ……………………………… 156
    9.3.2 中印经贸合作的前景展望 ………………………………… 157

第10章 中国与中东欧合作发展：世界经济新亮点 …………………… 159
  10.1 中国-中东欧"16＋1"合作机制呈现崭新生命力 ………………… 159

10.2 中国-中东欧合作：经贸投资硕果累累 ………………… 162
   10.2.1 双边贸易规模显著增长 ……………………… 162
   10.2.2 双向投资规模不断扩大 ……………………… 163
   10.2.3 基础设施建设进展明显 ……………………… 165
   10.2.4 金融领域合作不断加强 ……………………… 166

附录一 2016年世界经济形势分析报告 ……………………… 167
附录二 2015年世界经济形势分析报告 ……………………… 224
主要参考文献 ……………………………………………………… 262
后记 ………………………………………………………………… 266

第 1 章
2016 年世界经济回顾

2016 年世界经济延续了近两年的低增长态势,各领域的矛盾与冲突进一步加大,世界经济俨然进入新的运行阶段,这一变化需要新解释和新思路。回顾 2016 年,世界经济持续低迷的同时也不乏一些新亮点,当然也面临不少突出的新问题。

1.1 2016 年世界经济的新亮点

1.1.1 新兴市场增长有所企稳

2016 年世界经济增长总体仍然延续低迷的态势,新动力仍然没有显现,但新兴市场经济体表现亮眼。2016 年国际货币基金组织(IMF)连续下调全球经济增速预期,10 月份预测 2016 年全球经济增速为 3.1%,而新兴市场经济体的增速则出现 6 年来的首次提升。2016 年新兴市场经济体的经济增速将升至 4.2%,略高于 7 月的 4.1% 的预测。预计 2017 年新兴市场经济体将增长 4.6%。中国将继续推动经济从对投资和工业的依赖转向以消费和服务业为支持。这种政策在短期内预计将导致经济增长放缓,但 6.7% 仍不失为一个较好的增长率,同时也将为更可持续的长期增长奠定基础。印度国内生产总值预计 2016 年将扩张到 7.6%,是世界主要经济体中增长最快的。

发达经济体 2016 年预计将增长 1.6%,低于去年 2.1% 的增速,相比 7 月 1.8% 的预测也有所下调。美国 2016 年增长预期下调至 1.6%,

2017年很可能加速到2.2%;英国经济增长预计将从2015年的2.2%放缓到2016年的1.8%和2017年的1.1%;欧元区2016年将增长1.7%,2017年将为1.5%;日本经济增长仍将乏力,2016年预计增长0.5%,2017年为0.6%。

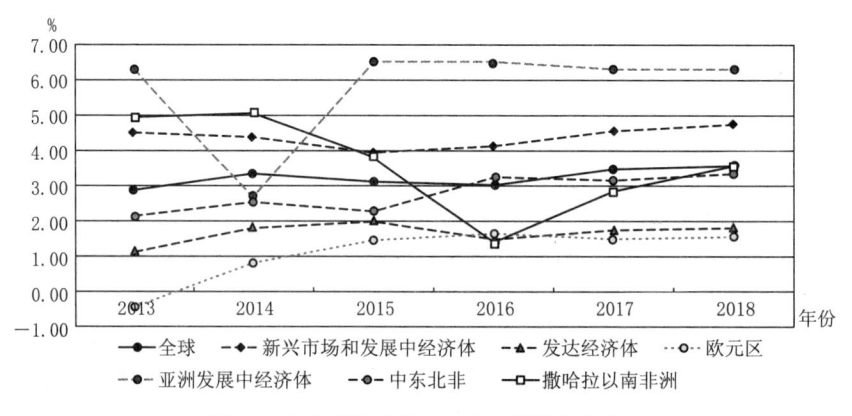

图1-1 各主要经济体GDP实际增长速度对比

- 注:2016—2018年GDP实际增速为预测值。
- 资料来源:IMF数据库。

如图1-1所示,发达经济体的增速并没有持续改善,欧元区虽持续增长但幅度较小。中东北非和撒哈拉以南非洲经济体量较小然而增速也并不可观,仅新兴市场和发展中经济体经济增速表现相对较好。从主

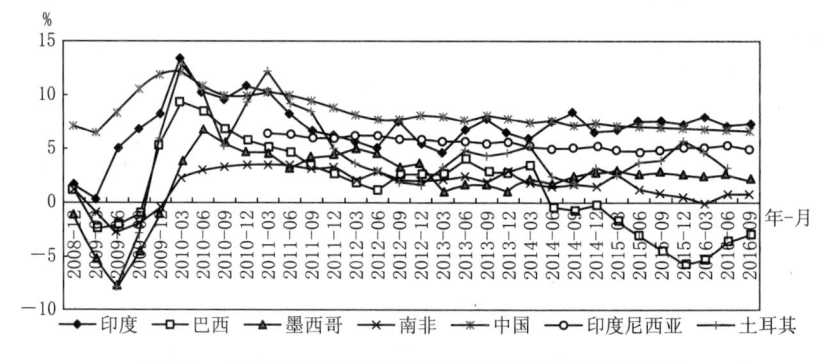

图1-2 各主要新兴市场国家季度GDP实际增长速度对比

- 资料来源:Wind数据库。

要新兴市场国家的增速来看(图1-2),整体上经济增速企稳,其中印度增长最为强劲。中国经济增速高位盘整,中印继续领跑世界经济。南非开始企稳;印度尼西亚稳步增长;土耳其虽波动较大,但总体增长在4%左右。因此,新兴市场的逐步企稳成为2016年全球经济的重要亮点,为世界经济增长作出了巨大贡献。

1.1.2 全球就业呈现向好趋势

2016年全球经济表现依旧低迷,但并未出现大的危机,关键在于就业方面的良好表现。如表1-1所示,近3年来各国就业趋稳,失业率呈下降趋势,美国从2013年的7.45%下降到2016年的4.7%;同期,英国从7.76%下降到5.65%;日本、德国和加拿大的就业也都有不同程度改善;韩国和俄罗斯的失业率虽有上升,但整体幅度不大。就业的持续稳定说明了此次危机与以往的不同,意味着世界经济运行进入新机制、新常态,需要新的理论进行解释。

表1-1　主要国家失业率　　　　　　　　　　(单位:%)

年份	美国	日本	英国	德国	韩国	加拿大	俄罗斯
2013	7.45	4.04	7.76	5.43	3.17	7.06	5.48
2014	6.21	3.60	6.23	5.08	3.53	6.89	5.15
2015	5.27	3.36	5.61	4.62	3.71	6.85	5.88
2016	4.70	3.24	5.65	4.57	3.51	6.83	6.20
2017	4.68	3.10	5.23	4.55	3.43	6.79	5.79

• 资料来源:经济合作与发展组织(OECD)数据库,其中2016年、2017年数据为预测值。

OECD在2016年7月发布的《2016年就业展望》中指出,OECD国家的就业市场状况持续改善,劳动适龄人口就业比例预计将于2017年重回危机前的水平。首先,整体就业状况与危机前相比没有恶化;其次,高收入国家,不管是OECD或非OECD的就业都有了明显改善(图1-3)。虽然还有个别国家的就业形势依旧严峻,但整体来看,就业市场比较稳定。经济的不景气与就业的稳定,说明经济增长的动力与结构

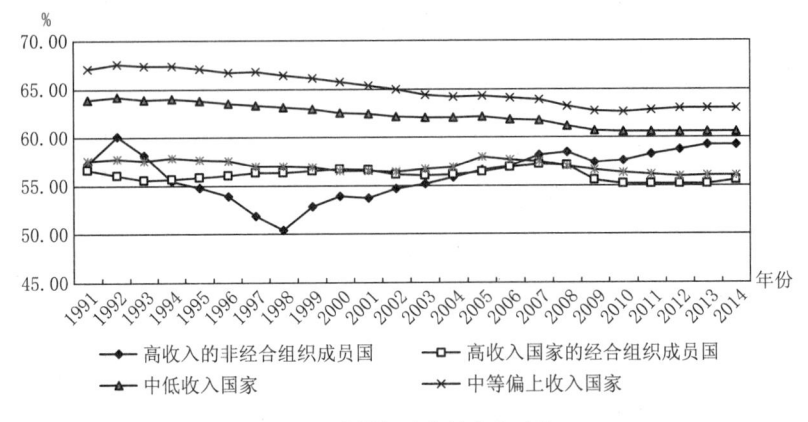

在转变,能够吸纳更多就业的第三产业和新兴产业发展取得了一定成效。

图 1-3 主要经济体就业率对比

• 资料来源:OECD数据库与世界银行数据库。

1.1.3 结构性改革已初见成效

从2008年金融危机以来,世界经济虽有短暂反弹,但整体并未走出困境。从2010年以来就在复苏—弱复苏、增长—低增长之间徘徊。全球经济陷入低迷,世界经济进入了结构性深度调整当中,不少国家为经济转型提出了一系列的结构性改革。结构性改革的稳步推进对世界经济的可持续发展起到了积极作用。

近年来,中国经济增速在高位不断下滑:从2014年的7.3%到2015年的6.9%,再到2016年的6.4%。2016年中央提出供给侧结构性改革,发力转型升级。供给侧结构性改革是从提高供给质量出发,用改革的办法推进结构调整,矫正要素配置扭曲,扩大有效供给,提高供给结构对需求变化的适应性和灵活性,提高全要素生产率,更好满足广大人民群众的需要,促进经济社会持续健康发展。2016年钢铁、煤炭、水泥等产能过剩领域展开的一系列"三去一降一补"有效促进了经济结构调整。2016年印度经济表现良好的重要原因也在于结构性改革,包括修改法律打击囤积食品的投机行为,加大对外招商引资力度的同时提高基础设施建设投资,大力推进"印度制造"计划等。欧洲结构性改革的核心是增加公共投资和减税,量化宽松政策环境也为结构性改革争取了时间。虽然各国推动的力度并不明显,但2016年欧洲经济没有持续下滑显然也同结构性改革密切相关。

1.1.4 "一带一路"进展超出预期

中国"一带一路"倡议经过3年多的发展成果显著,影响力逐步提升,取得的进展超出预期。尤其2016年以来,推进速度明显加快,在基础设施建设、产能合作、文化交流等多个方面取得了重要进展:一方面给促进经济合作创造了良好基础,另一方面为各国增进了解、加强沟通提供了新平台。

2016年丝路基金首批投资项目正式启动,沿线国家积极探讨建立或扩充各类双边、多边合作基金,金融合作迅速展开,为重点项目建设提供了强有力支持。匈塞铁路、雅万高铁在2016年也陆续开工,中老、中泰等泛亚铁路网建设开始启动,一批高速公路建设不断推进。目前,中国已与20个国家签署了协议,开展机制化的产能合作,一大批重点项目在许多国家落地生根,产能合作成果初现。中欧班列在国内开行城市已达10个,到达沿线国家7个,常态化运输机制开始形成,班列的开通给沿线国家的经济合作提供了良好的交通支持。

1.1.5 新兴产业方向渐趋明朗

新兴产业是未来经济增长的重要动力,新兴产业的蓬勃发展是引领世界经济走出危机实现复苏的关键。世界各国为发展新产业出台了诸多激励政策,德国提出工业4.0、美国推出工业互联网、中国发布了《中国制造2025》、日本实施"新产业结构蓝图"等。从各国的鼓励政策看,未来的动力核心主要集中在两个方面:一是互联网,二是人工智能。

随着前期投入的大量累积，一些成果开始不断涌现出来，新兴产业发展前途更加光明。比如，日本提出的方案旨在利用人工智能和机器人等最新技术促进经济增长，主要目标是通过技术革新克服因人口减少而造成的经济低迷，机器人成为日本新兴产业的主要代表。目前，日本的机器人产业和技术在全球处于领先地位，在2016年夏季的达沃斯，日本的美女机器人引起热议，机器人已经能够模拟人类生活中的诸多细节，更加复杂的劳动可能将由机器人替代。美国的特斯拉在全球的风靡反映了美国在新能源产业领域的领导地位，中国的"互联网＋"、"大众创业、万众创新"战略也不断发酵，新一代信息技术、新能源汽车等产业蓬勃发展。

1.1.6 中国方案引领全球治理

20国集团(G20)杭州峰会取得了圆满成功，各国为推动世界经济强劲、可持续、平衡和包容性增长的一揽子政策和措施形成了"杭州共识"，为深化全球治理提供了中国方案和东方智慧。杭州峰会《G20公报》指出，实现经济增长必须加强政策设计和协调。各国决心将使用所有政策工具，包括货币、财政和结构性改革政策，以实现强劲、可持续、平衡和包容性增长的目标。G20杭州峰会核准了《二十国集团创新增长蓝图》，该蓝图包含创新、新工业革命和数字经济等领域的政策和措施，确认了结构性改革的重要性，提出以"发挥引领作用、秉持伙伴关系、保持开放精神、体现包容风格、践行创意理念、发挥协同效应、展现灵活态度"为愿景，根据该蓝图的建议和本国国情采取行动。

为进一步推动全球治理，G20峰会制定了多个行动计划，核准了多项议程和战略框架：(1)《2016年二十国集团创新行动计划》，承诺采取促进创新的战略和政策，支持科技创新投资，支持科技创新技能培训，促进科技创新人才流动，促进自愿的知识分享和技术转让。(2)《二十国集团新工业革命行动计划》，将加强新工业革命领域的沟通、协调及相关研究,促进中小企业从新工业革命中获益,鼓励在标准的制定、知识产权的充分有效保护以及新工业基础设施等领域开展更多合作。(3)《二十国集团数字经济发展与合作倡议》,将带来更多、更好和可负担的网络准入,促进经济增长的、可信任的和安全的信息流动,同时确保尊重隐私和保护个人数据,促进信息通信技术领域投资,支持创业和数字化转型,加强电子商务合作,提高数字包容性和支持中小微企业发展。(4)《二十国集团迈向更稳定、更有韧性的国际金融架构的议程》,将继续改善关于资本流动的分析、监测和对资本流动过度波动带来的风险的管理。(5)承诺在2016年年底前批准《贸易便利化协定》,呼吁其他世贸组织成员采取同样行动;承诺致力于确保双边和区域贸易协定对多边贸易体制形成补充,保持其条款开放、透明、包容并与世贸组织规则相一致。(6)《二十国集团全球贸易增长战略》,将降低贸易成本、促进贸易和投资政策协调、推动服务贸易、加强贸易融资、促进电子商务发展。(7)《二十国集团全球投资指导原则》,该指导原则有助于营造开放、透明和有利的全球投资政策环境。这些行动计划、战略框架、指导原则等从制度上为全球治理的发展指明了方向,并随着进一步的落实将对世界经济的发展起到积极推动作用。

1.2 2016年世界经济的主要问题

1.2.1 量化宽松无力扭转世界经济颓势

2008年金融危机后美国推出了4轮量化宽松政策以支持经济复苏,欧债危机后欧元区央行也扩大了对主权债务国家的金融支持,欧元区央行基准利率从1%逐步下降到0附近,意在支持实体经济增长。日本作为量化宽松政策的鼻祖,更是将安倍的宽松政策称为"安倍经济学",以超级量化宽松政策刺激经济增长,日本政府债务占GDP的比重超过了200%。中国的货币政策一定程度上是结构性宽松,一年期存款的基准利率水平为1.5%,达到了历史最低水平。

但一系列量化宽松政策并未带来经济的强劲复苏,世界经济迄今仍然持续低迷。如图1-4所示,IMF预测2016年全球经济增速为3.08%,分别低于2014年的3.31%和2015年的3.12%。世界银行的预测也比较悲观,2016年的经济增速将是近4年的低点。其中,美国为1.9%,日本为0.5%,均低于2015年的水平。目前,距离危机发生已经8年,但全球经济增长并没有因为宽松政策而重振。宽松政策仅是拖住了经济下滑的速度,并没有改变趋势。传统凯恩斯主义的效果在此次危机治理中大为削弱。量化宽松与实体经济增速下滑的矛盾日益突出,世界经济增长新动力虽然在酝酿,但缺乏明确的方向,经济增速持续低迷的趋势可能延续。

图1-4 IMF与世界银行预测全球经济增长速度的对比

• 资料来源:IMF数据库与世界银行数据库。

1.2.2 低利率与低投资并存困局待解

理论上,通过降低利率可以导致资金成本下降,由此带来投资的增长。但各国宽松环境下的低利率并没有促进投资,反而出现低利率与低投资并存的困局。2016年低利率与低投资的矛盾进一步加剧,欧洲的基准利率虽降到了0,但固定资产投资仍未达到危机前水平。美国固定资产投资增速也从 2012 年起连续下滑,2015 年仅 5.4%,也远低于危机前水平。2016 年 1—9 月,中国固定资产投资增速也仅 8.25%,低于 2015 年的 10% 和 2014 年的 15.7%。与此同时,中国的利率水平也降到了历史低位。另外,全球的私人投资依旧低迷,同样尚未恢复到危机前的水平(图 1-5)。

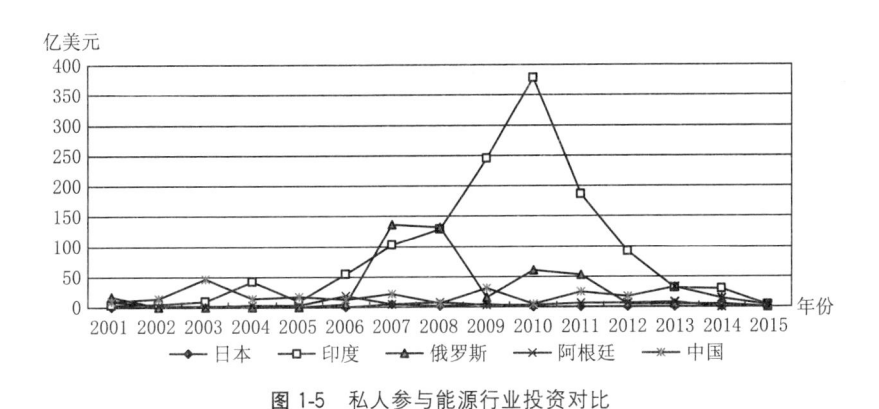

图 1-5 私人参与能源行业投资对比

• 资料来源:世界银行数据库。

从全球范围看,低利率与低投资并存的局面下,资金少有进入实体经济,而是在虚拟经济中空转。世界经济增速持续低迷的关键,在于量化宽松后低利率并没有使资金进入实体经济,而其原因在于全球供给与需求的结构性错位。一方面,中国进入中等收入国家后需求结构发生转变,同时发达国家需求相对饱和,导致短期内以调需求为主的政策未能实现预期目标。另一方面,全球不平等加剧,高端收入的需求相对固化,高收入阶层财富的集聚并不利于总需求的扩大,而中低收入阶层消费倾向相对较高,但收入水平却在恶化。供需错位后,需要新的投资项目出现,但创新具有长期性和不确定性,因此投资持续低迷。

1.2.3 全球债务风险进一步高企

量化宽松的直接结果是政府债务的累积。在低利率背景下,政府支付的债务成本下降,政府举债的意愿更强。而一旦进入加息周期,政府债务风险将会骤升。如图 1-6 所示,2008 年金融危机后,全球债务占 GDP 比重开始上升。尤其是发达经济体,从 2007 年的 72% 上升到 104%。美国从 64% 上升到 105%,日本从 147% 上升到 248%,英国从 44% 上升到 89%。新兴经济体债务状况相对较好,但也呈上升趋势,中国从 35% 上升到了 43%。

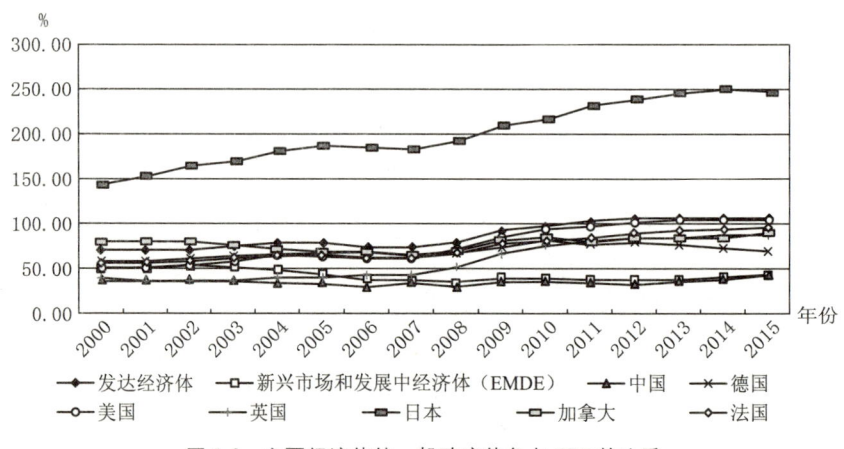

图 1-6　主要经济体的一般政府债务占 GDP 的比重

• 资料来源:Wind 数据库整理。

但从财政赤字率来看,据 IMF 统计,发展中国家的总体赤字率高于发达国家,赤字率最高的前十个国家全都来自新兴经济体,全球财政失衡的状态没有改善。债务的快速增长和经济的持续低迷引起了广泛关注,超过 80% 的全球债务率仍远高于 60% 的国际警戒线和危机后的平均水平。IMF、世界银行等国际机构都对债务问题提出警告。IMF 财政事务部门主管 Vitor Gaspar 指出:"过去 15 年里,非金融行业债务已显著上升,到 2015 年达到 152 万亿美元,相当于全球 GDP 的 225%。"[1]债务总额的进一步上升表明债务风险仍在扩散。

---

[1] IMF:《全球债务达 152 万亿美元,仍在上升》[EB/OL],http://finance.jrj.com.cn/2016/10/05215721540515.shtml。

1.2.4 全球FDI放缓凸显投资动力不足

2015年全球FDI出现了大幅反弹,全年FDI流量达1.76万亿美元,但根据UNCTAD的预测,2016年全球FDI增速将从2015年的38%下滑到10%—15%[①]。跨国并购增长迅速的同时绿地投资则表现疲软,经济增长低迷背景下全球投资放缓,投资不振进一步又加剧了经济增速下滑。从图1-7可见,全球FDI流量占GDP的比重自2008年金融危机后持续下滑,仅因2015年发达国家间并购强劲增长使得比重重新达到了2%以上,但趋势并不乐观,2016年全球FDI重返低增长。2015年发达经济体吸收FDI达9 620亿美元,占全球份额从2014年的41%上升至55%,发达国家吸引FDI再次超过发展中国家。在需求不振的背景下,FDI流动与经济增长的负反馈效应可能持续。

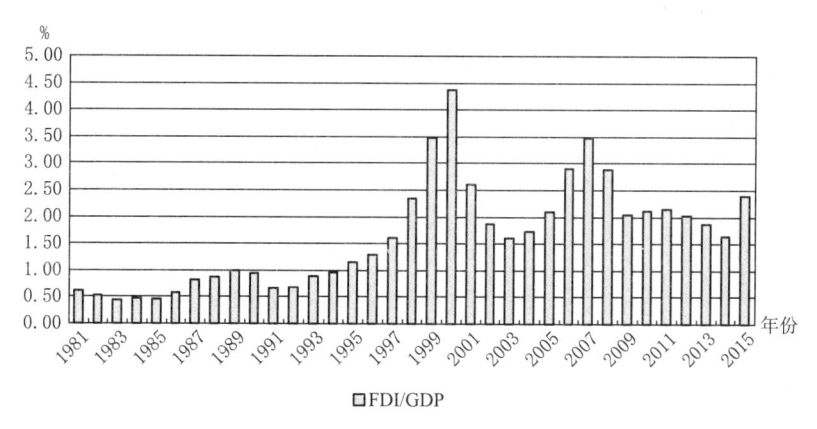

图1-7 全球FDI流量与GDP的比重

• 资料来源:世界银行数据库与OECD数据库。

1.2.5 产能过剩与需求萎缩的矛盾加剧

从全球范围看,全球经济进入持续低增长后,需求逐步萎缩,供大于

---

① UNCTAD, World Investment Report 2016[R]. United Nations Publication, 2016, pp.3—4.

求局面不断恶化。法国第二大银行 Natixis 指出,自 2008 年金融危机以来,全球制造业产出的放缓,是全球经济加速转向依赖服务业的结果。而且,这种转变比预期来得更快,导致全球制造业出现了产能过剩。而石油价格的大幅下降则是需求萎缩和产出持续高位的双重影响的结果。①原油、钢铁、水泥、制造业等行业的产能过剩已成为一个全球性问题,原油价格的持续低迷严重危及原油生产国的财政。产能过剩与需求疲软的矛盾日益加剧,如何有效化解过剩产能成为全球性问题。《G20杭州峰会公报》中指出,产能过剩的结构性问题更加严重,钢铁和其他行业的产能过剩是一个全球性问题,需要集体应对。

中国是"世界工厂",也是全球最大的大宗商品消费国,经济增速的放缓确实对大宗商品的需求产生了重要影响。但中国也深受世界经济的影响,全球经济低迷也导致对中国产品需求的下降,进而影响到中国的大宗商品需求。同时,中国国内也出现了严重的产能过剩,尤其是煤炭、钢铁、水泥、电解铝、平板玻璃等九大行业。据高盛测算,以现金成本计算,中国约有 50% 的铝产能处于亏损状态,相当于全球总供应的 25% 左右。②全球性的产能过剩需要合作才能有效化解,"一带一路"倡议为全球产能合作提供了一个良好示范和开端。

1.2.6 全球贸易增速持续低于经济增速

2008 年金融危机后各国推出的政策对国际贸易产生了短暂刺激,但随后一蹶不振。国际贸易增速的下滑实际上也延缓了世界经济的复苏,贸易长期作为世界经济增长引擎,从 2012 年起就开始出现动力不足。如图 1-8 所示,全球和主要经济体的贸易增速都远远低于危机前的水平。巴西仍然在负增长,美国、中国和欧元区都没有改善的迹象,只

---

① 华尔街见闻:《产能过剩是中国的也是全球的》[EB/OL], http://wallstreetcn.com/node/228684。
② 白金坤:《中铝首季巨亏 21 亿,产能过剩,价格下滑》[EB/OL],新华网,http://news.xinhuanet.com/energy/2014-05/01/c_126453261.htm。

有印度出现了好转。据中国海关统计,2016年前三季度中国货物贸易进出口总值17.53万亿元人民币,比2015年同期下降1.9%。另据美国商务部统计,2016年1—6月,美国货物进出口额为17 710.7亿美元,比上年同期下降5.6%。其中,出口7 113.6亿美元,下降6.4%;进口10 597.1亿美元,下降5.1%。贸易逆差3 483.5亿美元,下降2.1%。

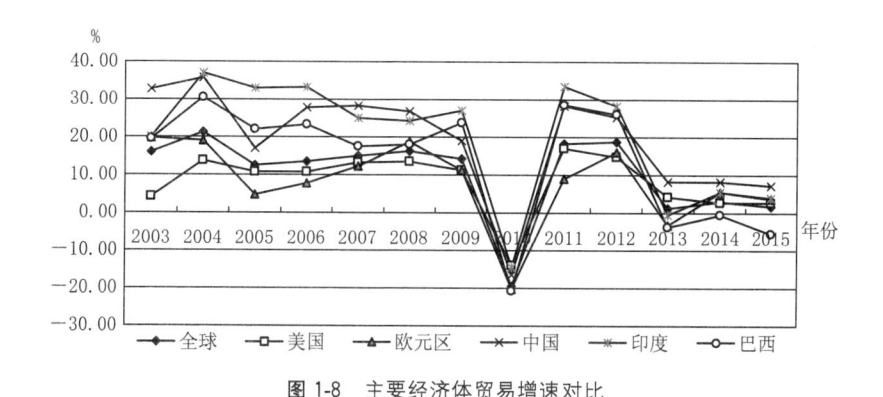

图1-8 主要经济体贸易增速对比

• 资料来源:世界银行数据库。

全球价值链重构背景下,贸易与投资的联系更加紧密,投资对贸易的促进作用大于替代作用。一方面,投资的萎缩导致贸易订单的减少;另一方面,全球产能过剩背景下各国纷纷实施贸易保护。同时,由于全球价值链分工的深化,更多中间品进入贸易当中,在传统贸易统计方法下,经济的萎缩加剧了贸易萎缩。如果全球经济增长没有改善,全球贸易增速将持续低于经济增速。

1.2.7 英国脱欧、美国大选引发金融动荡

英国开启脱欧进程,尽管脱欧过程仍很漫长,但市场反应非常强烈。公投结果公布当天,日经指数下跌7.9%,德国DAX下跌一度达10%,法国CAC40跌超9%,英国FTSE100一度下探8%。而黄金则由1 250美元上涨至1 358美元,随后回落至1 316美元。ICE布油由51.30美

元迅速下跌至48.24美元。金融市场的剧烈波动显示出欧洲投资者对于英国脱欧引发的担忧。

美国总统大选也引发了全球金融动荡。大选过程中的"邮件门"增加了更多不确定性,道琼斯指数9个交易日连续下跌。而在特朗普当选后,美国股市反而大幅反弹,道琼斯指数更创历史新高。美元强势上涨,美元指数突破100大关,而欧元、日元、人民币等主要货币短期内都出现了大幅贬值。金融市场的运行和预期的反差反映了当前各种政策的不确定性,事件前后金融市场的巨幅波动也体现出当前金融市场的脆弱性。另外,美国于2016年12月14日的加息更增加了全球金融市场的不确定性,新兴市场的资本流动风险加剧。

1.2.8 难民危机持续发酵拖累欧洲经济

欧洲难民问题始于2011年埃及穆巴拉克政府的下台,伊朗与沙特关系恶化,巴林、叙利亚接连发生内乱。战争的爆发导致一大批中亚北非的难民向欧洲转移。欧盟边境管理局(Frontex)宣布,2016年8月,有超过15万难民涌入欧盟,截至2016年8月,累计涌入难民人数超过50万人。[①]难民在欧盟28国的分布很不均衡,大部分难民试图前往德国、瑞典等富裕且移民政策宽松的国家,而许多东欧国家则拒绝接受难民。德国是目前接受难民最多的国家,但德国似乎并未做好充分准备,基础设施短缺、后勤供应不足。难民危机在加重流入国经济负担的同时也引发群众的普遍抗议。

另外,由于宗教、文化、收入等各方面差异,随着流入难民数量的增长,难民与当地民众之间的冲突不断加剧。2016年9月份,德国东部萨克森州包岑镇(Bautzen)的民众与难民发生了激烈冲突。[②]2016年11月

[①] 华尔街见闻:《一张图看懂欧洲"难民潮"》[EB/OL],http://wallstreetcn.com/node/223697。
[②] 郑思远:《德国接连发生仇视难民事件,政府批"可耻"》[EB/OL],新华网,http://news.xinhuanet.com/world/2016-02/24/c_128744782.htm。

2日,法国巴黎大批难民在营地发生大规模斗殴事件。一些欧洲国家也开始收紧难民政策,进而又导致了新的冲突。例如,2016年2月,法国开始拆除加莱市附近的简陋难民营,防暴警察和难民爆发激烈冲突。[1]一系列冲突的出现,凸显了难民危机的严重性。

---

[1] 《巴黎:难民街头大规模斗殴现场》[EB/OL],凤凰网,http://news.ifeng.com/a/20161103/50197540_0.shtml#p=1。

第 2 章
影响 2017 年世界经济的因素分析

回顾 2016 年,国际市场需求低迷,贸易保护主义、逆全球化思潮蔓延,恐怖袭击频发,难民问题和英国脱欧等地缘政治风险上升。2016 年全球贸易增速将持续低于全球经济增速。世界贸易组织(WTO)的数据显示,2016 年上半年全球货物贸易量同比下降 0.3%,其中一季度同比下降 1.1%,二季度仅微弱增长 0.3%,均低于预期。[①]我们认为,以下 7 个因素将会对 2017 年以及未来的世界经济增长产生新的不确定性影响。

2.1 全球政策分化影响世界经济稳定增长

各国宏观政策的充分协调是世界经济稳定增长的压舱石。习近平总书记在总结 G20 杭州峰会取得的五大成果时,将全球宏观政策协调共识摆在首要位置,呼吁"要继续加强宏观政策沟通和协调……促进世界经济强劲、可持续、平衡、包容增长"。这是 G20 峰会在全球政策协调上取得的又一次新突破。

但是,由于各国在 2008 年金融危机后的发展结构、发展态势和发展目标都各不相同,由图 2-1、图 2-2 与图 2-3 可知,发达国家和金砖国家在经济发展总趋势上存在一致性,但也存在明显的差异性。全球宏

---

① 世界贸易组织数据库,www.wto.org。

观政策协调的外延不断扩展,从货币政策、财政政策再到产业政策、就业政策、监管政策等,都需要世界各国共同协商。全球宏观政策集体行动的重要性日益显现,这与 2008 年以来全球经济与金融一体化加深、全球经济面临的结构性问题、国际货币体系的深刻变迁等都有紧密联系。

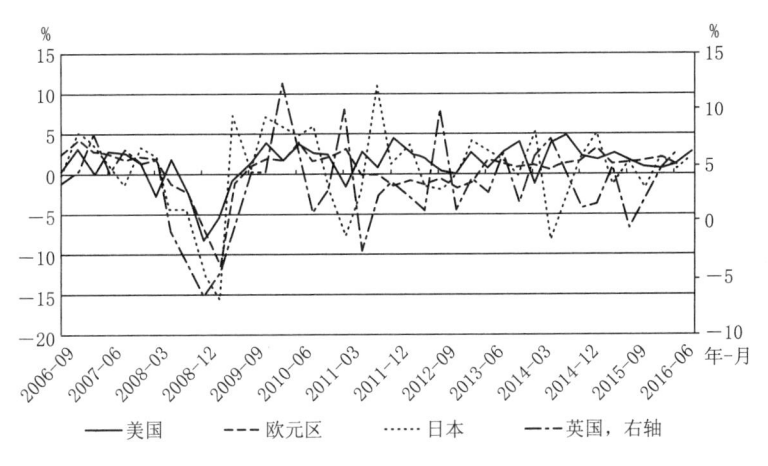

图 2-1 发达国家 GDP 环比增长

• 资料来源:Wind 数据库。

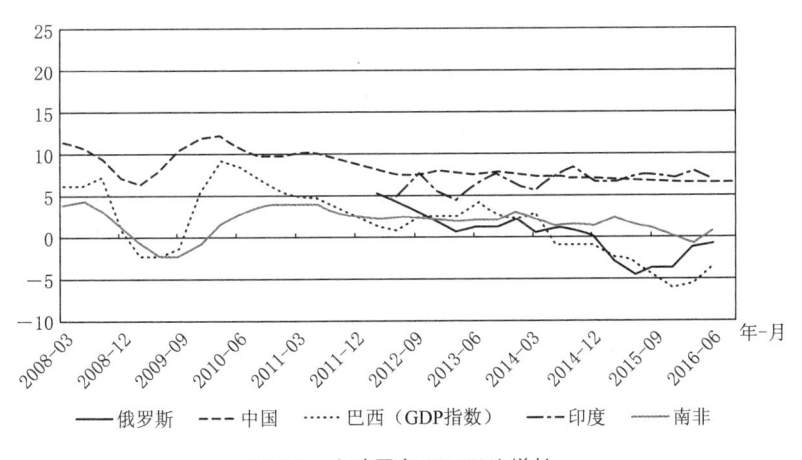

图 2-2 金砖国家 GDP 环比增长

• 资料来源:Wind 数据库。

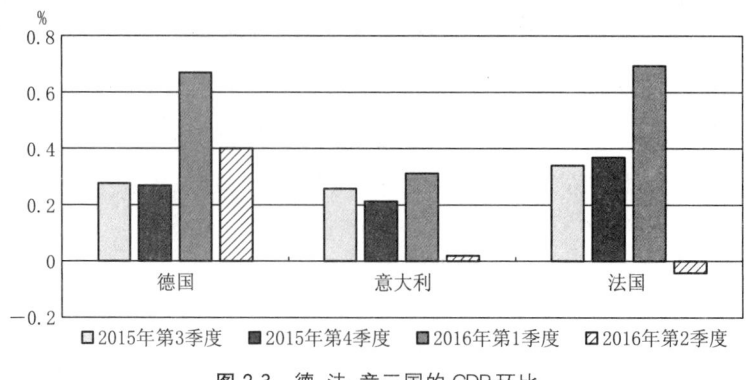

图 2-3　德、法、意三国的 GDP 环比

• 资料来源：Wind 数据库。

2017年可能是世界经济增长低于危机前30年均值的第六年。世界经济持续低迷令全球主要经济体宏观政策手段捉襟见肘，政策实施效果减弱。量化宽松等非传统货币政策的副作用及溢出效应不断显现，资产泡沫膨胀、金融体系脆弱性上升等风险在多个经济体蔓延。随着全球贸易持续低迷，各国经济逐渐分化，国际宏观经济政策协调已陷入困境：面对各种紧迫或长期的复杂问题，各国政府束手无策；各项已经确定的合作意向迟迟难以推进；成员国之间的矛盾和冲突不断加深。全球主要经济体的公共和企业债务水平处于高位，进一步加杠杆的空间受到限制。

因此，各国均需考虑如何建立健全宏观经济政策协调机制，考虑国内政策的联动效应和传导影响，推动正面而非负面溢出效应，为实现世界和平、稳定、繁荣提供更多公共产品；考虑如何以伙伴关系为依托，秉持共赢理念，加强各领域务实合作，不断扩大合作内涵和外延，推动取得符合各国利益的合作成果。总之，如何有效、积极、可靠地推动宏观经济政策协调，或是影响2017年以及今后世界经济稳定复苏的关键一环。

2.2　民粹主义兴起导致全球化进程受挫

2017年，伴随着世界经济的低增长，全球范围内的民粹主义逐步抬头。英国脱欧、美国总统选举等世界重大事件中都或多或少地折射出民粹主义的影子。全球部分国家的民粹主义存在着极端平民化倾向,即极端强调平民的价值和理想,把平民化和大众化作为所有政治运动和政治制度合法性的最终标准,以此来评判社会历史的发展。这些国家的民粹主义反对精英主义,忽视或极端否定政治精英在社会历史发展中的重要作用。

民粹主义的根源是全球收入分配问题。在过去20年内,发达国家国内收入分配问题恶化,中低收入阶层生活水平不断下降。在此背景下,发达国家内部开始将矛盾的焦点对准全球化,反全球化的浪潮越来越高。其实,OECD在2013年的研究就显示,美国是发达国家中向上社会流动性最差的国家之一,"美国梦"越来越远。[1]OECD关于展望2060年的最新研究表明,过去几十年大多数成员国的最富裕阶层变得更加富有,导致国民收入差距不断扩大。经济政策研究所(EPI)的一份最新报告显示,2013年,美国收入最高的富人阶层(占全美人口1%)的收入占美国全部收入的20.1%。[2]美国政治学家佛朗西斯·福山认为,发达国家中的特殊利益集团高度强大和有组织性,使得任何违反他们利益的政策都无法通过。[3]

发达国家内部的结构性矛盾是发达国家收入分配问题的核心,是民粹主义抬头的根源,而不是全球化。在大多数发达经济体需要"大政府"以贯彻深远的结构性改革的时候,选民却更倾向于短期的和更加简单的解决方案。政府需要通过提升实际工资、就业机会和社会福利以重建政治信任。而只有通过改革,增加就业市场的灵活性和改善商业环境,为经济增长注入活力,这种情况才能发生。民粹主义的上升或将使得经济全球化停滞,使得全球的投资、贸易受挫,全球经济复苏推迟。

---

[1][3] 方晋:《论民粹主义在全球的兴起》,《比较》2016年6月。
[2] 李春霞:《美国贫富差距持续扩大》,《经济日报》2016年12月23日。

2.3 美国新总统上任将带来新的不确定性

美国当选总统特朗普在竞选过程中提出了多项激进的政策主张，这些政策主张都带有新的不确定性，或将影响美国经济乃至世界经济的复苏。特朗普的政策主张主要集中在以下三个方面：一是美国制造业回流，二是美国的对外经贸关系，三是美国的货币政策。

第一，美国的制造业回流。特朗普在竞选演讲中多次提到希望通过减税的手段使美国制造业回流。诚然，美国制造业回流有利于美国增加就业，提振美国的经济。但是减税意味着美国的财政收入会大幅下降。有估算认为，减税大致会带来10万亿美元的财政收入下降，这或将引发新一轮的财政危机，或将影响到美国经济的复苏。[①]另一方面，美国制造业的回流或将对流出国的经济带来不利影响。美国制造业的回流将对流出国的税收和就业带来新的冲击和不确定性，或将引起流出国经济的动荡。美国制造业的全球布局是全球价值链的需要，是美国企业顺应全球化的必然趋势。通过税收扭曲的政策安排来促使美国企业回流或将影响全球贸易和投资的发展，影响全球经济的复苏。

第二，美国的对外经济政策。特朗普在总统竞选中曾公开反对跨太平洋伙伴关系协定（TPP），并在大选前的"葛底斯堡演说"中称要引领美国人民走"贸易保护主义和排外主义的大道"，要求就北美自由贸易协定进行重新谈判。在对华政策方面，特朗普表现出强势的一面，将美国失业上升的问题归结为中国的出口。中美经济的长期合作无疑是世界经济平稳复苏的压舱石，中美关系的稳定将极大地有利于世界经济平稳复苏，为世界各国的经济增长创造好的外部环境。但是，在经济全球化受阻的今天，美国新当选总统的这种对外经济政策或将为不确定的世界

---

① 王盈颖：《特朗普要推里根之后美国规模最大的减税改革被指不靠谱》，澎湃新闻，2016-8-09。

经济复苏带来新的不确定性。

第三,美国的货币政策。特朗普在竞选活动中对于货币政策的表态存在新的不确定性。特朗普曾多次抨击美联储的低利率政策,他对低利率的批评更多的是针对该政策带来的负面影响,比如资产价格泡沫和股市的虚假繁荣等。但是从投资的角度分析,特朗普又表示低利率可以促进投资的发展,同时他表示低利率有利于长期融资,可以通过发行更便宜的新债偿还高息的旧债,进而可以降低基建投资的融资成本。

特朗普在货币政策上的举棋不定是美国经济平稳复苏新的不确定因素,它给世界经济复苏带来很多变数。

2.4 美元加息可能加剧全球金融市场波动

2017年美国的货币政策持续收紧或对全球金融市场产生冲击,引起美国乃至世界金融市场的动荡。2016年12月15日,美联储宣布加息意味着美国将收紧货币政策,全球金融市场波动加大,或不利于全球经济的平稳复苏。发达经济体货币政策宽松的长周期可能暂停。

实际上,自2016年8月份以来,随着美国经济通胀的短期回升,核心PCE已达1.7%,距2%的目标仅一步之遥。与此同时,美国10年国债利率上升90 bp达2.4%,欧洲和日本长期国债利率也在走高。随着美国加息预期的回升,美国长期国债利率也同步走高。2016年8月初,美国10年期国债利率还在1.5%左右(图2-4),而目前已上升90 bp达到2.4%,相当于已经提前加息3—4次。

美联储加息意味着美联储结束7年近零利率后,全球将要进入2004年以来首个货币紧缩周期。微观层面,美联储收紧货币的工具(超额准备金利率、逆回购、减持债券等)大多未经考验。至于这些工具与限制金融中介的监管措施怎样相互作用,也多未得到验证。在宏观层面,市场暗示的"终端利率"受到很大抑制,期限溢价接近于零。在美元

图 2-4　美国 10 年期国债利率

• 资料来源：Wind 数据库。

加息的影响下，美国软弱的复苏与欧洲显得更弱的经济回暖，将为金融市场带来更大的不确定性。

美联储加息对新兴市场的影响。传统观点认为，美联储加息会导致新兴市场货币贬值，因为美元计价资产有着更好的回报前景，从而吸引投资者转向美国。过去数年中施行的非常规货币政策，曾经为全球金融系统带来了短期的资金井喷。但这一政策与较低的市场流动性结合就已经为市场的波动定下基调。美国加息预期的升温推动美元走强。美元指数在最近两个月累计升值幅度已达 6%。而美元的持续升值也导致资金持续从新兴市场撤出，导致新兴市场汇率普遍贬值，资金外流加速，加剧新兴市场国家资本市场的波动。

2.5　投资贸易规则碎片化引发新的贸易保护主义

2017 年投资贸易规则重构的方向缺失或引起新的贸易保护主义，或将影响世界经济的疲弱复苏。自美国当选总统特朗普宣布在他任期内将停止 TPP 谈判以来，全球投资贸易规则重构的方向不明朗；在此影响下，贸易保护主义开始不断上升。贸易保护主义的加剧或将影响

2017年世界经济走向。

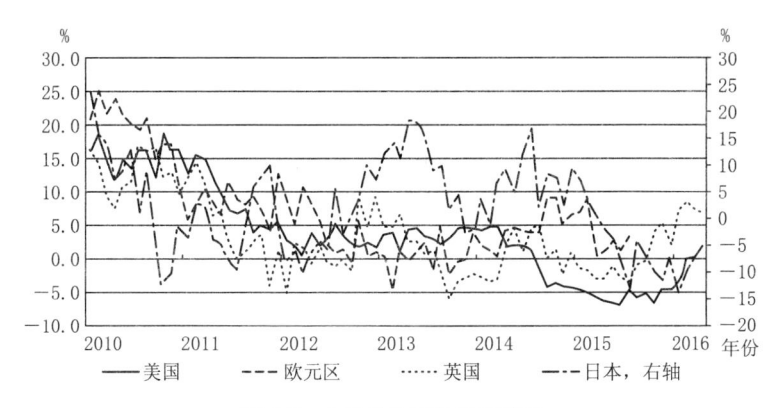

图 2-5 主要发达国家贸易增速

• 资料来源:Wind 数据库。

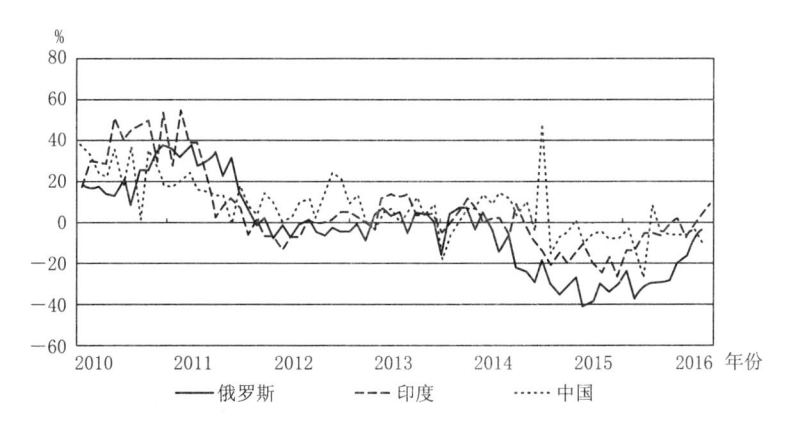

图 2-6 主要发展中国家贸易增速

• 资料来源:Wind 数据库。

实际上,近年来,随着世界经济增长明显放缓,全球贸易保护主义倾向日益严重。正如 IMF 警告的那样,贸易保护主义升温导致全球贸易增长自 2012 年以来明显放缓,最终将拖累世界经济发展。①遏制贸易保

---

① 《全球贸易预警》报告显示,作为全球第一大经济体的美国,从 2008 年到 2016 年对其他国家采取了 600 多项贸易保护措施,仅 2015 年就采取了 90 项,位居各国之首,是德国、英国等国家的两倍多。据世界贸易组织统计,2015 年 10 月至 2016 年 5 月,G20 集团成员实施了 145 项新的贸易限制措施,月均新措施数量为 2009 年以来的最高水平。

护主义、降低贸易成本将是未来一段时期各国还需采取的措施。

当前,全球贸易治理结构正处于新的调整时期,现有国际贸易规则无法回应以全球价值链为代表的新贸易模式的要求,新兴经济体的崛起对传统以大国为主导的全球贸易治理结构提出挑战。美国等发达国家又无力推行跨太平洋伙伴关系协议(TPP)、跨大西洋贸易与投资伙伴关系协议(TTIP)及其他贸易投资协定谈判。中国或开始尝试推行符合各国共同利益的投资贸易新规则,让世界各国更好地融入全球价值链,分享世界经济发展的成果。

投资贸易新规则形式表现出的趋势特征是:第一,地理空间上区域化愈发明显,以特定区域空间为主的相关谈判发展迅速;第二,投资贸易规则谈判主体同质化,投资贸易规则构建的主体更倾向于发展程度相近的国家主体;第三,投资贸易规则谈判所涉及的功能呈多元化趋势,不仅涉及货物贸易还涉及服务贸易,不仅涉及有形贸易还涉及无形贸易,不仅涉及线上贸易还涉及线下贸易,不仅涉及贸易领域还涉及与贸易相关的国内经济制度安排;第四,谈判主导国家呈多极化发展态势,不同的投资贸易谈判开始由不同的国家主导。

在现有的国际投资贸易谈判推进举步维艰的情形下,推行新的、符合全球价值链特征、符合各国共同利益的投资贸易新规则或是推动2017年世界经济增长的新动力。而由某些西方国家倡导的投资贸易规则或成为引发贸易保护主义的新原因,或将阻碍2017年的全球经济复苏。

2.6 难民危机或将进一步挑战欧洲经济增长

难民潮给欧洲各国领导人出了一个大难题,如何公平和有效地解决难民问题是稳定地缘政治的关键,也是世界经济稳定复苏的关键。

申根协定的原初意图是打破欧洲内部壁垒,促进人员和物资的有效流动,以拉动经济合作和成长。但随着欧盟成员国和申根国家的不断增加,大量东南欧的劳动力涌入较为发达的西北欧寻找更好的就业和生活机会,造成西欧国家内部民众的不满。最近几年,美国等西方国家推行的新干涉主义使包括西亚、北非在内的中东地区国家战乱加剧,伴随"阿拉伯之春"遗留的北非问题(特别是利比亚)、叙利亚内战持续、"伊斯兰国"组织的崛起,中东北非局势极度动荡不安,大量不堪政治迫害和战争苦痛的民众开始铤而走险涌向欧洲,导致大量难民出逃。①

难民危机使得本已孱弱的欧洲经济雪上加霜。大量难民涌入将加重欧洲国家财政负担。②人口激增伴随经济疲软不振,是非常危险的组合。持续发酵的欧洲难民危机还有可能压垮欧洲,欧洲经济只会越来越糟糕。数目庞大的难民也不可避免地给接收国带来沉重负担。德国有关当局估计,随着百万难民入境,德国的供应系统有可能面临崩溃。面对困境,欧盟三驾马车德国、法国、英国国内都有强烈声音拒绝更多难民入境。匈牙利、波兰等中东欧国家也纷纷要求欧盟更改难民政策,停止收容难民。一些申根国家采取措施,暂时恢复边界管控。

难民危机或对欧洲一体化进程和政治整合带来更大的挑战,各国国内政治中左派政党将面临更大的执政危机,同时右派极端政党可能进一步壮大。欧洲的保守派势力会进一步上升,欧洲内部结构和具体政策会发生较大调整,更加保守排外。这些影响将伴随着经济增长放缓而不断加深,也将会进一步影响世界经济的复苏。国际机构并不看好欧洲经济的增长前景。③

---

① 联合国驻日内瓦官员迈克尔·默勒强调,这并非"欧洲遇到的麻烦",而是一个"全球议题"。统计显示,2015年经由地中海抵达欧洲的难民和移民人数为97.25万人,还有3.4万人通过陆路从土耳其抵达希腊等地。据欧盟预测,难民潮仍将持续,到2016年年底,涌入欧洲的难民将突破300万。
② 欧盟计划2016—2017年斥资92亿欧元用于应对难民危机,但仍难以应对欧洲大陆面临的困境。
③ 欧盟委员会负责经济和金融事务的委员莫斯科维奇说,欧盟经济在2017年仍面临巨大下行风险。成员国尤其是欧元区国家经济复苏步伐有快有慢,没有形成合力;投资缺乏和结构改革实施不到位将掣肘就业增加和经济增长,同时居高不下的私人和公共债务比例仍潜藏风险。未来两年欧洲经济复苏将在"逆风"中保持前行。

2.7　石油价格上扬增添全球经济供给侧的不确定性

2017年全球石油价格或将小幅上扬,全球供给成本将会上升。石油价格的上扬将对新兴经济体恢复性增长带来不确定性。表现为两个方面:一是油价上升将对一部分经济体的石油出口带来正面的积极影响;二是油价上升又会对一部分依靠石油进口的经济带来负面影响。

从原油的供给层面上看,2016年11月30日,欧佩克石油输出国组织部长级会议在维也纳举行,最终各方达成减产协议,当日国际原油价格上涨约10%。在过去8年中,欧佩克产油国首次减产。欧佩克轮值主席卡塔尔能源部长萨达宣布,14个产油国一致同意,产量将减少至每天3 250万桶。

之前供应过剩拖累油价下跌,目前原油的开采不断趋缓,特别是在美国,油市可能会出现修正过度的情况,这也为2017年油价的反弹创造了条件。2015年是由于市场持续供过于求,油价在第二季度急促上扬紧接着在第三季度出现大幅度的下跌,而现在原油市场一直吃紧,使得此次油价上升更稳定。全球需求温和上涨。与此同时,原油行业投资的趋缓不仅在一定程度降低了其供应的速度,也减少了近乎所有石油冶炼行业的供应总量。事实上,美国石油开采不断减少。根据美国能源信息署(EIA)最新的数据显示,至2016年7月1日,开采量一周内每天下跌193万桶。在2015年触及120万桶的峰值之后,美国的石油开采量已经大幅减少,预期未来仍将不断减少。在供给不断下降的背景下,2017年原油价格或将上扬。①

石油价格上升将带动石油出口国的经济增长。2008年以来的石油价格下降使得石油出口国的经济普遍受到冲击。2017年如果油价上

---

① 美国能源信息署网站,www.eia.gov。

涨,有助于产油国增加出口收入。

另一方面,石油价格上升或加大石油进口国成本,推升其国内物价水平,特别是亚洲的新兴经济体国家。原油价格的上涨意味着新兴经济体国家进口需要付出更多的成本,从而带来了更大的价格压力。油价上涨意味着带来的价格上涨压力将迅速传导至零售通胀中去。在印度、马来西亚和泰国的消费者物价指数(CPI)中,燃料所占据的加权比重是最高的,分别为9.5%、9.2%和8%。西班牙石油净进口占GDP的比重为6.6%,意大利为2.1%,德国为2.4%。[1]

如果公司的生产力的增长不能抵消石油价格的升幅,石油进口国的经济就会出现问题。如果石油等能源价格持续上扬,将导致工人要求加薪以弥补物价上涨,石油进口国企业将要承受双重打击。加薪带来的通胀将威胁到经济的复苏。此外,日本也是石油的主要输入国,油价走高将使公众消费水平显著降低,将会引起通货紧缩。石油价格大幅上升将会使日本经济复苏受到严重影响。

由石油价格上涨所带来的各国国内物价水平上升或将阻碍各经济体实施更为有效的货币政策和财政政策,进而失去恢复经济增长的动力。2017年石油价格的上扬或将成为影响世界经济羸弱复苏的一个重要变量。

---

[1] 胡新智:《油价上涨将加剧通胀风险》,《第一财经日报》。

第 3 章
2017 年世界经济发展新趋势

展望 2017 年,全球经济增长仍将维持疲弱复苏状态。未来几年,全球经济复苏趋势依旧不明朗。短期来看,全球经济增长已陷入由"低增长导致低消费,进而带来低投资,又在宽松货币政策下加剧资本的低利率,由此进一步导致低增长"的恶性循环怪圈。但长期来看,全球经济增长实质上已进入长周期的衰退阶段,未来可能还有 15—20 年的衰退期。

3.1 世界经济:不确定性上升,增长前景暗淡

回顾 2016 年,各国(或地区)经济增长乏善可陈,短期宏观经济政策对推动增长收效甚微,增长放缓已成定局。展望未来两年,各国经济增长呈现"低增长、轻分化、高未知"的不稳固状态。其中,美国经济复苏概率降低,多重风险叠加,呈现较高的不确定性;欧元区经济仍将摇摆不定,或将在英国启动脱欧程序的"挑战"中保持适度增长;日本经济或维持 2016 年低迷增长态势,但也可能转向恶化;新兴经济体增长仍旧放缓,但整体风险降低,部分国家或会好转。由图 3-1 可知,从 50 年"长周期"对比来看,1966—2015 年全球经济平均增长率为 3.33%,而 1966—1990 年间全球经济平均增长率高达 3.88%,危机前期即 1991—2008 年全球平均增长率已出现轻微下降趋势,为 3.06%。危机爆发后,全球平均增长率更是直线下降,经济增长放缓趋势十分明显,如 2008—2015

第 3 章　2017 年世界经济发展新趋势

年平均增长率已降至 2.19%。预计 2016—2022 年平均增长率虽有所回升，但也仅为 3.17%，略高于 2008—2015 年均值，较难恢复至 1966—2015 年 3.33% 的均值水平。

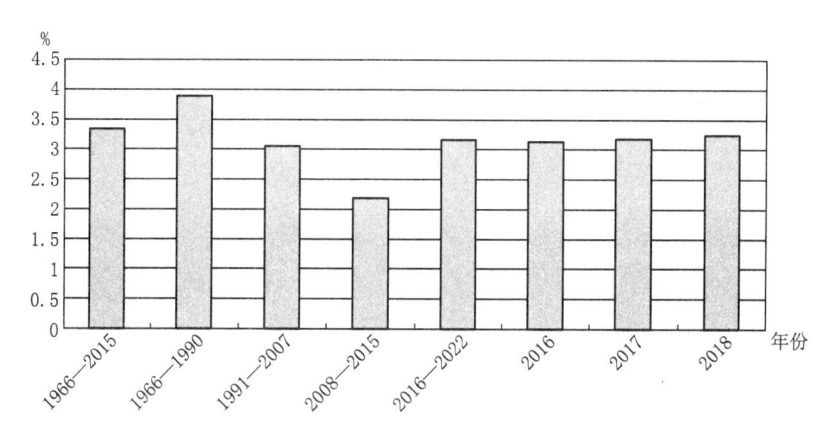

图 3-1　全球经济增长率均值及预测值

- 资料来源：2000—2015 年数据来源 Wind 数据库，2016—2022 年数据为笔者预测结果。

由此可见，全球经济增长趋势已经处于持续下移阶段，未来相当长的时间里，全球经济增长难以企稳回升，将一直处于缓慢增长或停滞状态。根据经济周期的 4 个阶段，即繁荣、危机、萧条、复苏，全球经济未来时期将一直处于这一轮长周期的萧条阶段，导致复苏阶段变得比以往更

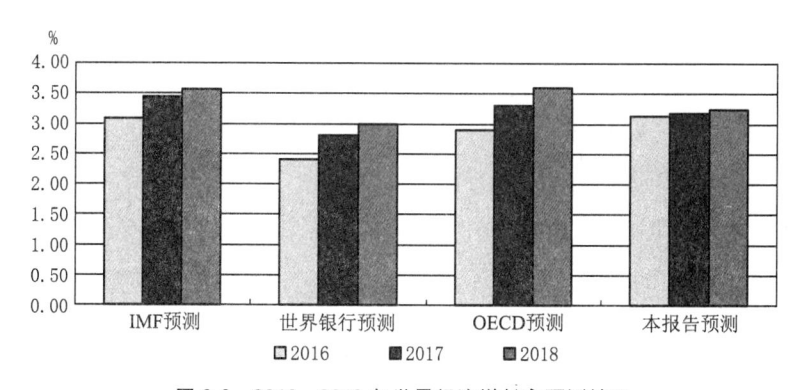

图 3-2　2016—2018 年世界经济增长率预测结果

- 资料来源：本报告根据 Wind 数据库数据预测得到。

加漫长。笔者预计2017和2018年全球经济增长率将分别为3.18%和3.24%,增长速度仍将十分缓慢,尚未达到近50年全球平均增长率,且近3年可能仍旧不会出现大幅反弹的拐点,增长势头疲弱。短期内,全球经济增长陷入了"低增长陷阱",找不到增长拐点;而长期来看,经济增长处于危机过后的萧条阶段。此观点与世界银行、IMF和OECD等研究机构的预测结果基本一致(图3-2)。

具体来看,近几年,各国(或地区)增长趋势将略有差异:

3.1.1 发达经济体:复苏势头减弱,不确定性增多

(1)美国:强劲复苏势头减弱,未知因素将成挑战

展望2017年,美国经济增长面临诸多未知因素,如特朗普上台后施政方针的效果几何,美联储如何渐进加息,以及美国经济能否成为应对全球需求低迷和商业投资疲软的"逆风"等,都将给美国经济微弱复苏态势带来挑战。但在特朗普新政的刺激下,2017年美国经济短期内可能迎来轻微向好的增长预期。而从中长期看,刺激政策的连续性以及外交政策方面的摩擦等,或将成为经济持续复苏的障碍。

首先,特朗普当选导致市场不确定性蔓延,将引发贸易纷争和国家间矛盾,在中长期内可能抑制美国经济表现。特朗普旨在通过财政刺激,提振美国经济增长,如减税和改革贸易政策等,这可能在短期内对经济产生一定拉动作用,但政策的负面效果也会不断显现:

其一,美国联邦政府财政状况将因特朗普的赤字财政而恶化;其二,特朗普的经济政策将大幅推升美国联邦债务水平;其三,美元汇率将因特朗普的赤字财政加速上升,打击美国企业海外出口;其四,减税等政策举措令美国国内较低的物价水平面临上涨压力;其五,美国与外国在汇率、贸易保护等问题上的纷争会进一步加剧,美国对外经贸关系或将恶化。这些政策的负面影响将严重影响美国经济的持续性,成为最不确定的因素。

其次,美联储如何渐进加息,将成为决定美国经济走势的关键因素和最大挑战。决定美联储加息与否的关键是通胀压力和失业率情况,目前来看,就业率和通胀数据均接近美联储目标,美联储加息条件明显增强。2016年12月15日,美联储宣布加息25基点,预计2017年美联储将进行2—3次加息。截至2016年10月,美国核心通胀率[①]当月同比已上涨至2.1%,失业率为4.6%,已较为接近美联储预期的加息条件。加之,2017年特朗普政府预计将增加基础设施支出以促进经济增长,可能会加速通胀预期,进一步增加加息压力。然而,利率上涨一方面将会伤及美国房地产、汽车等对利率水平非常敏感的行业的复苏势头。另一方面,美元将进一步升值,强势美元可能给美国出口类企业和海外经营的大型制造商带来巨大压力。这都会给美国经济增长带来"逆风"。

再次,企业投资放缓可能进一步加大美国经济面临的不确定性。全球经济增长乏力,经济复苏充满不确定性,企业对投资保持谨慎,投资降低或成常态。这也将继续导致美国劳动生产率降低,2017年、2018年,美国经济复苏的主要障碍是美国企业的资本开支相对偏弱,企业不愿增加投资,甚至连生产的意愿也不强。同时,美国已进入新总统任期,政策实施的不确定性将进一步压制企业投资意愿。这可能导致美国经济陷入中长期低速增长。另外,美国经济一直深受人口老龄化、劳动生产率增长放缓等因素影响,短期内美国经济将很难突破金融危机以来的年均增速。

最后,仍将有部分因素支撑美国经济平稳增长。一是美国就业市场或将持续改善,成为驱动美国经济增长的根本。截至2016年10月,美国失业率已降至4.6%,2017年就业市场或将继续改善。二是居民消费增长将继续保持平稳,成为延续此前温和复苏态势的后盾。这主要得益于劳动力市场逐步改善,且薪资稳步上涨。三是特朗普将在2017年

[①] "核心通胀"指数排除了食品与能源成本的通胀率。

实施增加基础设施投资和减税等积极的财政政策,这将成为支撑 2017 年美国经济增长的短期因素。因此估计,2017 年美国经济相较 2016 年稍有上扬,但中长期内经济难有强劲复苏势头,许多新的政策和不确定性成为掣肘的关键。其中,2016 年经济相较 2015 年温和增长,增长率为 2.66%,2018 年经济增速可能低于 2017 年,即分别为 2.79% 和 2.89%(表 3-1)。

表 3-1 全球主要发达经济体和新兴经济体经济增速 (单位:%)

年 份	2012	2013	2014	2015	2016	2017	2018
美 国	2.22	1.49	2.43	2.43	2.66	2.89	2.79
英 国	1.18	2.16	2.85	2.33	2.39	1.38	1.76
日 本	1.74	1.36	−0.03	0.47	0.63	0.52	0.48
欧元区	−0.88	−0.32	0.90	1.66	1.91	1.75	1.69
新兴经济体	4.74	4.55	4.55	4.51	4.55	4.72	5.01

- 注:本表数据中 2012—2015 年数据来自世界银行的 WEO 数据库和 IMF 数据库,2016—2018 年数据为本报告预测值。其中新兴经济体选取阿根廷、巴西、保加利亚、中国内地、捷克、香港地区、埃及、爱沙尼亚、匈牙利、印度、印度尼西亚、韩国、拉脱维亚、立陶宛、马来西亚、墨西哥、菲律宾、波兰、俄罗斯、新加坡、南非、泰国等 22 个国家和地区。

(2)欧元区:增长动能削弱,政治不确定性加剧经济失速风险

受英国脱欧的负面冲击和示范效应,欧元区凝聚力持续衰退,经济增长充满变数。英国将启动脱欧协商、欧洲多个国家将举行重要选举等不确定性将给经济增长前景蒙上阴影。未来两年,欧元区经济增长困难重重,并会随着不断产生的新的政治矛盾而放大。各成员国之间区域合作和政策协调空间逐步减少。

其一,欧洲的贸易会深受英国脱欧的负面冲击,截至 2016 年 8 月,欧元区商品贸易进出口总额月均同比增速降至 −1.7%,相较 2015 年下降 5.7%。同时,欧元区是英国出口的第一大目的地,占据英国出口一半以上,脱欧也将给英国经济带来巨大打击。其与欧元区签订的各项协议、规定和法律依据等都将被打破,在中短期内,英国经济面临艰难挑战。

其二,短期内欧元危机仍在,欧洲一体化态势被打开缺口。2016 年

意大利银行业深陷危机,意大利修宪公投变得扑朔迷离。同时,法国和德国对未来发展方向仍有巨大分歧,2017年两国大选后,欧元这个单一货币很可能遭遇更大困境。因此,2017年和2018年,欧洲政经紧张局势将导致欧元区经济进入下行通道,难以维持目前相对稳定的增长势头。

其三,欧元区市场的相对优势和吸引力逐渐下降,欧元贬值空间逐步扩大。2017年英国脱欧程序启动之后,欧元相对美元将呈现贬值态势,甚至欧元对美元或将达到平价。

另外,特朗普上台后,美元将继续保持强势,与之相伴的是英镑相对美元出现贬值预期。这或将导致英国央行进一步放宽货币政策,下调利率。然而,由于欧元区相对较高的薪资水平和稳健的就业率,未来两年,私人消费或将成为欧元区经济增长的主要驱动力。截至2016年10月,欧元区消费者信心指数从此前的－8.0上升到－6.1,超过此前预期。2016年4—6月间,欧元区就业人数达1.53亿人,较年初增长0.4%,创2008年以来最高。私人消费复苏和就业率的改善将部分对冲英国脱欧对欧元区经济增长造成的冲击。

具体来看,虽然各成员国经济增速难以企稳回升,但各国增长趋势也略有不同。英国脱欧风险导致外部融资环境继续恶化,经济将失去增长势头;意大利银行业面临较高的不良贷款压力,经济复苏势头放缓;德国受特朗普新政的不确定性以及英国脱欧影响,增长预期缓中趋降;法国受到欧元区整体环境和形势的恶化,增长或将放缓。综上所述,预计欧元区2017年和2018年经济将分别增长1.75%和1.69%。

(3) 日本:低迷增长仍将延续,或可能转向恶化

日本经济仍将深陷收缩困局,在世界经济不确定性增加和安倍经济学效果不明显并不断产生新问题的背景下,日本经济增长举步维艰,或将陷入持续低迷的泥潭。日本在经历20多年的经济增长失速后,仍未见好转,原因是深层次、多方面的,涉及经济、制度、文化、国际影响等诸

多因素。

具体来看,一是政策层面,刺激政策后劲不足,安倍经济学正在"褪色",政府没能准确判断经济形势并及时实施正确的宏观调控政策措施。安倍经济学中的"3 支箭"即货币宽松、增加政府支出、刺激私人投资,并未明显地推动经济增长,反而呈现出不少副作用。首先,超宽松货币政策加剧了市场波动。日元汇率明显受到西方国家央行政策和海外投资者心理的影响。同时,货币刺激政策促使日元贬值,短期内给出口商带来收益,但国内居民的消费支出并未跟上,通胀率也低位徘徊。加之 2016 年全球经济不确定性增强,日元被迫成为避险货币而走强,压缩了本已降到负利率的货币政策空间。其次,安倍经济学未能惠及中小企业和普通民众。在大企业信心高涨的同时,中小企业信心指数仍在负值徘徊。富裕阶层享受到股票、地产升值带来的财富效应,工薪阶层则尚难看到收入提高的可能。再次,进口物价上涨明显,加大了中小企业的经营成本和普通消费者的生活负担。更多的企业一直寻求在海外,而不是在国内投资。最后,安倍经济学推动政府债务激增,2016 年日本政府债务已经达到本国 GDP 的 2.5 倍,全国总体债务水平更是 GDP 的 6 倍。高负债只能通过提高消费税来弥补,以充实财政收入。

二是体制层面,相互持股制、主银行制、终身雇佣制及年功序列制等日本式企业制度是一种典型的政府主导型经济体制,这种传统经济体制的弊端及其顽固性,使得诸多长期累积的制约日本发展的结构性问题难以得到根本解决。一方面,企业相互交叉持股在一定程度上保护了低效率企业,投资者监督约束企业的功能丧失;主银行不仅是企业的大股东,而且与企业保持长期稳定的交易关系,这在一定程度上把企业与外部市场分隔开来,导致企业对主银行的过度依赖与经营效率的下降;而终身雇佣制和年功序列制等企业内部体制,不仅造成企业管理者的官僚化倾向,以及企业家精神的衰减,也导致日本劳动力市场缺乏灵活性,使优胜劣汰的市场竞争机制难以正常发挥作用。另一方面,政府通过产业政策、规制、行政指导等多种手段,对产业发展、企业活动和居民行为进行广泛而过度的干预,市场规则在很大程度上让位于官僚机构的意志,市场机制作用受到过多人为的破坏和扭曲,导致日本企业逐渐丧失开拓创新精神而过度依赖政府,企业竞争力不断下降。

初步预测,2017年和2018年日本经济增长率分别为0.52%和0.48%。

3.1.2 新兴经济体:增长出现分化,整体风险降低

2017年,新兴经济体经济发展将略有好转,2017年、2018年两年的经济增速好于2016年,但尚难实现强劲且可持续的增长。部分经济体经济抗压力开始增强,短期内的金融风险相较去年降低。然而,仍有风险尚未释放,其中,美元持续走强、地缘政治的不确定性、新兴经济体自身尚处于结构性改革之中等都将成为威胁其经济平稳增长的风险因素。新兴经济体之间增长预期略有差异,大宗商品的回暖、石油减产后价格预期上升等使得部分新兴经济体增长预期出现好转迹象。而部分新兴经济体面临经济调整和转型难题,经济增长或将继续放缓。但总体而言,新兴经济体仍将是支撑2017年全球经济增长的中流砥柱。

本报告预测,2017年和2018年全球22个新兴经济体总体经济增长率将分别达到4.72%和5.01%,具体如下。

(1)增速可能下滑型:马来西亚、泰国、菲律宾、新加坡、韩国,以及土耳其、墨西哥、南非等

新兴经济体中经济体量较小、外债规模庞大、偿债能力降低且经济增长依赖外需的国家,2017年会面临较为严重的增长问题。这些新兴经济体主要有东南亚的马来西亚、泰国、菲律宾、越南、新加坡,东亚的韩国,以及阿根廷、墨西哥、南非等。其中,因资金流向逆转、过度依赖原产品出口,以及受世界和外围因素影响的马来西亚和泰国,经济增长或将受到严重影响。另外,由于外部需求改善并不显著,新加坡将继续深受商业服务、批发和零售贸易表现疲弱等因素影响,经济出现下滑态

势。自然灾害如厄尔尼诺现象导致农业产品低迷将会对菲律宾的经济增长造成影响,但是在持续走强的国内需求的弥补下,菲律宾经济增长或将出现轻微下滑。受国内政局不确定性以及结构调整等影响,加之全球经济乏力尚难带动企业扩大投资和民生消费,韩国经济增长率可能下降。同样,受国内政治不稳定、政策难以保持持续性、失业率高企和旱灾等的影响,南非经济存在很强的不确定性,下滑概率增加。预计2017年,马来西亚、泰国、菲律宾、新加坡、韩国、墨西哥、南非等,经济增长率分别为3.56%、3.45%、5.20%、0.39%、0.99%、3.10%、0.98%。

(2)增长可能稳定型:中国、印度、印度尼西亚

在新兴经济体中,中国、印度和印度尼西亚的经济规模相对较大,内需空间充足,资本市场开放程度相对不高,且处于经济发展的追赶期,经济增长还将进一步释放潜力。虽然短时间内增长放缓,但尚能维持稳步增长趋势。

对中国而言,经济增长稳中有进。随着供给侧结构性改革的不断推进,有助于中国应对多方面的风险,包括出口需求持续疲软、制造业投资减少和资产价格泡沫等风险,未来经济结构将更趋平衡。其中,制造业增速保持稳定、服务业和消费类产品增长有望加速,将继续支撑经济增长。但下行风险仍在,如美联储加息和美元走强周期中,人民币依然面临较大的贬值压力,国内货币政策面临边际收紧的约束,贬值预期下的资金流出也将对国内资金面带来更严峻的考验。同时,在房地产调控和基建边际效应下降背景下,2017年中国经济增长也将面临一些挑战。

印度出口开始恢复,投资者信心得到提振,经常项目赤字有所下降,通胀率已被控制在较低水平,为经济平稳增长带来支撑,但印度本身的体制问题、发展不平衡、教育基础落后以及产业结构失衡严重等问题,都将限制印度经济快速复苏。

在印度尼西亚,由于基建项目的陆续启动,政府或将扩大财政支出。印度尼西亚央行也可能出台降低基准利率等刺激经济的货币政

策等,其有望保持稳步增长态势,但政府支出缩减和出口持续走弱、国内需求疲软、外部需求不振等因素也将继续成为不确定性因素。本报告预计,2017年中国、印度和印度尼西亚等的经济增长率分别为6.55%、6.96%、5.01%。

(3)增长可能向好型:巴西、俄罗斯等

以俄罗斯、巴西等为代表的资源型新兴经济体,受益于大宗商品价格的回暖,以及美俄关系改善、巴西国内局势稳定等影响,有望扭转衰退局势,呈现明显好转。2017年特朗普上台后,美国加大基建需求,将进一步支撑大宗商品的需求。由于美元进入加息周期后,这些国家的货币一直呈现贬值状态,在2017年大宗商品稍有回暖之际,俄罗斯和巴西等的货币贬值幅度将十分有限。俄罗斯制造业逐渐反弹,2016年10月制造业采购经理人指数PMI为53.7%,比上一个月提高1.3个百分点。同时,消费下滑速度持续放缓,进出口继续回暖以及通胀压力持续缓解等利好因素驱动俄罗斯经济增长。得益于大宗商品开始反弹、国内政局趋于稳定等,巴西经济有望走出过去两年的衰退局势,但巴西制造业短期内仍难恢复。截至10月份其PMI仅46.3%。长期看,巴西经济复苏将是一个缓慢过程。本报告预计,2017年俄罗斯和巴西的经济增长率分别为0.15%、0.12%(表3-2)。

表3-2 全球22个新兴经济体GDP增长率预测值　　　　(单位:%)

国家/地区	2016年	2017年	2018年	地理位置
捷克	3.22	2.00	1.17	中欧
爱沙尼亚	0.52	0.41	0.40	北欧
韩国	1.65	0.99	0.61	东北亚
波兰	2.78	1.97	1.45	中欧
中国香港地区	1.41	0.67	0.23	东亚
拉脱维亚	1.37	1.06	0.91	东北欧
立陶宛	0.93	0.71	0.68	东北欧
俄罗斯	−2.52	0.15	0.47	东欧和中亚
新加坡	1.01	0.39	0.03	东南亚
阿根廷	3.44	3.39	3.13	拉美与加勒比地区
巴西	−2.19	0.12	1.25	拉美与加勒比地区

(续表)

国家/地区	2016 年	2017 年	2018 年	地理位置
保加利亚	2.81	2.39	2.05	欧洲和中亚
中国大陆地区	6.74	6.55	6.30	东亚
匈牙利	2.04	1.42	1.07	欧洲和中亚
马来西亚	4.10	3.56	3.25	东亚与太平洋地区
墨西哥	2.90	3.10	3.04	拉美与加勒比地区
南非	1.02	0.98	0.92	撒哈拉以南非洲
泰国	3.39	3.45	3.36	东亚与太平洋地区
埃及	5.54	6.21	6.46	中东和北非
印度	6.89	6.96	7.02	南亚
印度尼西亚	4.92	5.01	5.02	东亚与太平洋地区
菲律宾	5.19	5.20	5.12	东亚与太平洋地区

注：本表数据为本宏观经济分析组预测结果。

3.1.3 中国：增长小幅下探，供给侧改革进入深化阶段

2017 年中国供给侧结构性改革进入深化阶段。受外部世界迟缓复苏、内部结构快速转型的影响，中国经济发展主要在于实现稳定经济增长与消减资产价格泡沫之间的平衡。预计未来两年内中国将延续小幅下降的增长轨迹，其中，提升出口贸易、提振实体经济、改善投资和产出结构、防范金融风险是当前中国经济需要解决的主要问题。本报告预测，2017 年和 2018 年的中国经济增速分别下滑至 6.55% 和 6.30%（图 3-3）。

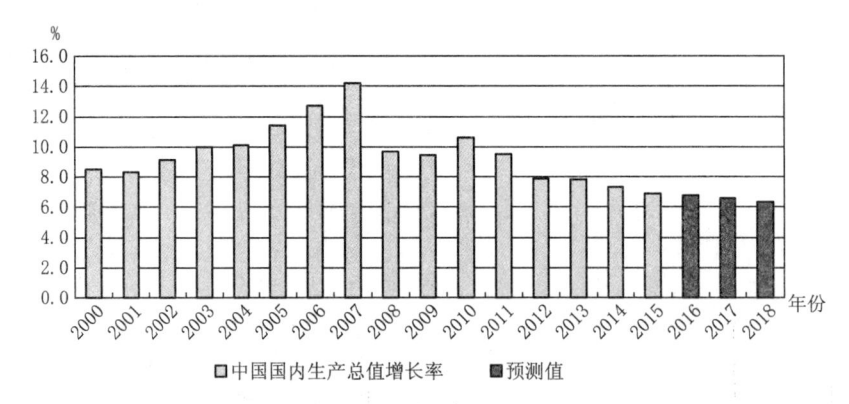

图 3-3 中国 GDP 增长率（2000—2018 年）

• 数据来源：国家统计局，其中 2016—2018 年数据为本报告预测结果。

2016年是中国"十三五"开局之年,经济发展有着就业增长超预期、大宗商品价格回暖带动工业企业利润上升、国内产出结构转型等诸多亮点。长期来看,我国通过改革将原本依靠要素投入的增长方式改为依靠技术进步与配置效率改善的增长,但当前中国出现了较为严重的资金"脱实入虚"问题,这导致一方面实体经济低迷、投资放缓,另一方面房地产业火热,资产泡沫严重,限制了我国运用财政政策和货币政策促进经济增长的效果。未来还需继续深化供给侧改革,提升实体经济回报率,发展新兴产业,寻觅新经济增长点,促使资金自发地配置到实体经济中。

(1) 需求端分析:出口和投资增速持续放缓,消费平稳增长

一是投资增长放慢,保增长与投资结构优化矛盾凸显。首先,自2009年以来中国固定资产投资增长持续放缓,2016年1—10月累计投资增长率8.3%,低于2015年全年10%的增速,2016年可能是中国进入21世纪以来首次出现个位数固定资产投资增长。其中,第二产业投资增速放缓最为严重。其次,供给侧改革促使投资从产能过剩行业转向回报率更高的行业。从分行业投资数据看,采矿业、黑色(有色)金属冶炼加工业、化工业等传统产能过剩行业投资增长率明显放缓,而科技含量较高的通信、电子、汽车制造等行业仍有较旺盛的投资需求,通过投资的行业间转移有助于提升中国投资效率。再次,传统投资结构持续恶化,民间投资观望情绪明显,主要靠国有部门拉动投资。受短期信心不足、劳动成本上涨、融资困难、实体经济回报率下降等影响,中国民间投资增速出现加速下跌趋势。与此相对,国有控股部门投资扩张。从具体行业看,民间投资集中的制造业投资增长放缓,国有资本主导的基础设施投资增长保持高位(图3-4)。最后,受房价上涨刺激,房地产投资增长快速反弹。2016年1—10月份房地产业投资增长率为6.6%(图3-5),高于2015年全年1%的增长率。房地产业投资反弹,短期内有利于提升经济表现,但长期而言,不利于增长动力转换。

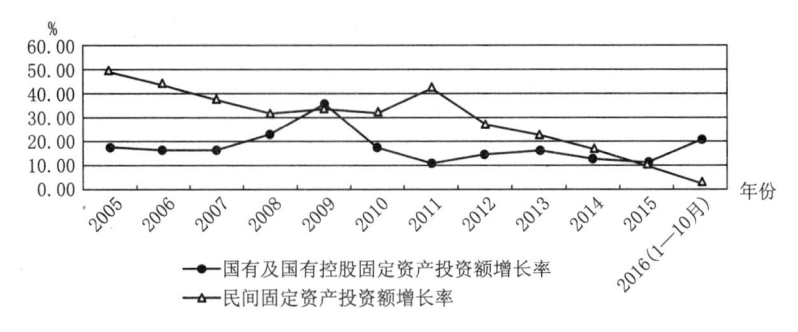

图 3-4 中国民间与国有固定资产投资额增长率比较

- 注:增长率为当年累计值与去年同期相比,投资额均采用名义值计算。
- 资料来源:国家统计局。

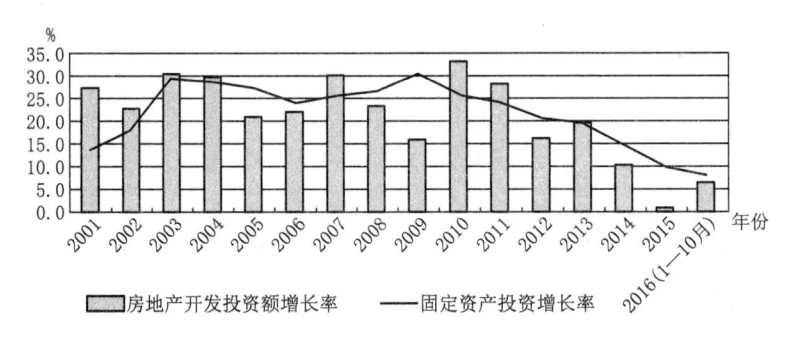

图 3-5 中国固定资产投资增长率

- 注:增长率均为名义值。
- 资料来源:国家统计局。

二是消费平稳增长,新兴消费提升较快。首先,从总量变化来看,近15年来中国消费增长最快的是2008年,当年社会消费品零售总额增速为22.7%,之后消费增长持续放缓,2016年1—10月社会消费品零售总额增长率为10.2%(图3-6),与2015年的10.5%大致持平,2016年消费增长保持非常平稳的态势,每月同比增长波动微小。其次,从短期结构变化看,2016年消费增长亮点在于汽车销售及与房地产相关的装潢、家具等行业,前者主要受2015年年底出台的车辆购置税减税政策推动,后者主要源于房地产价格上涨带来的购房热。从长期结构变化来看,中国家庭消费支出逐渐从传统的衣食住行向交通、通信、教育、文娱、医疗保健等新兴消费领域转变。此外,新兴购物方式如网络购物、电视购物已成为重要消费渠道,对传统实体销售渠道如百货业形成冲击。

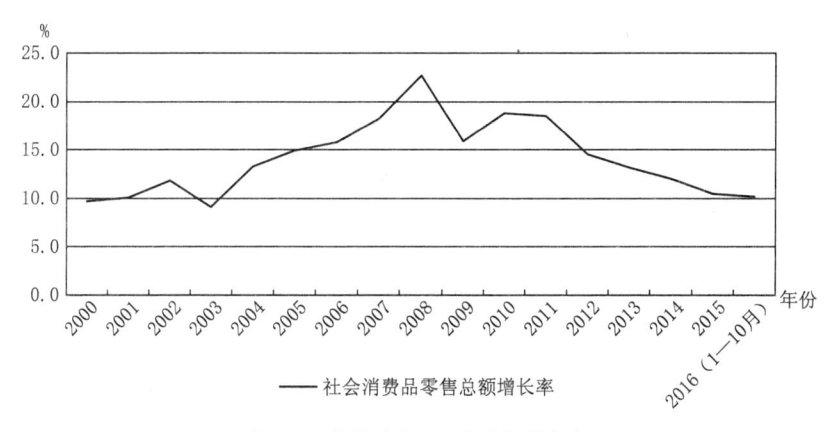

图 3-6 中国消费品零售总额增长率

- 注:消费额采用名义值计算。
- 资料来源:国家统计局。

三是出口总额持续下滑,对美贸易减少是主因。2016 年中国对外贸易总体延续了 2015 年的低迷走势,前三季度进出口值均较 2015 年同期下探,但下跌幅度有所收窄。据中国海关总署数据显示,2016 年 1—10 月,中国进出口累计值 2.98 万亿美元,与 2015 年同期相比下滑 7.6%;其中,进口同比下降 7.5%,出口同比下降 7.7%。总体来看(图 3-7),2016 年全年实现出口正增长可能性较低,这将是中国进入 21 世纪以来第三次出现贸易总量负增长,预计全年进出口增长与世界贸易增长同步的发展目标难以完成。受美国复苏势头减缓影响,2016 年 1—10 月中国对美国出口出现明显负增长(-8.0%),未来美国新任总统特朗普的经济政策主张将为中美贸易带来更大不确定性。美国增加关税、促进本国制造业回迁等贸易保护主义措施将对包括中国在内的新兴经济造成较大影响。与此同时,英国脱欧、意大利修宪公投失败为欧盟经济一体化蒙上阴影,还有新兴经济体复苏缓慢等因素都可能拖累中国贸易增长。考虑全球经济复苏缓慢和贸易保护主义抬头,预计我国未来出口负

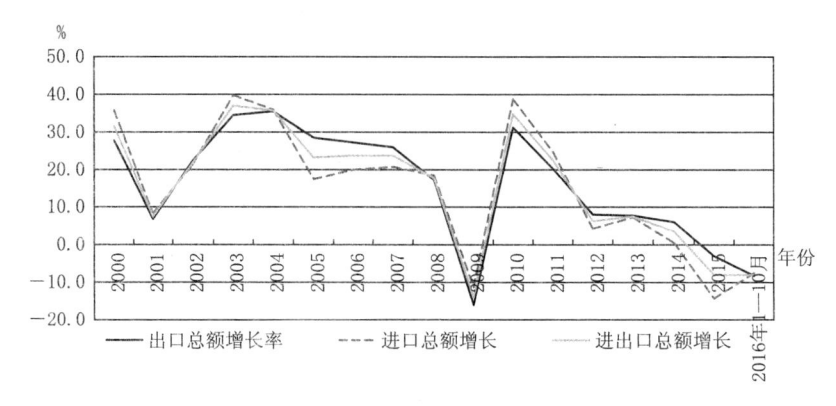

增长趋势可能持续,贸易增长动力难寻。

图 3-7 中国进出口同比增长率

• 资料来源:国家统计局和中国海关总署。

(2)供给端分析:就业成为新亮点,价格回升促进经济回暖,生产率提升仍需结构转型支持

一是就业增长好于预期,市场已进入劳动力供给下降轨道。2016年前三季度城镇新增就业人数、调查失业率、登记失业率等指标均好于年初预期值,目前已提前完成全年新增1 000万人就业的目标任务。长期来看,中国劳动力供给量持续下降,以15—59岁劳动年龄人口衡量,劳动力供给量在2011年到达峰值(9.25亿人),考虑到劳动参与意愿因素,预计以经济活动人口来衡量劳动力供给也将在2017年后出现下降趋势。[1]劳动力供给下降不利于经济产出增长,但对就业则有较为正面影响,但也需避免劳动成本快速上涨带来的工作岗位流失,警惕劳动力个体供给与需求不匹配导致的摩擦性失业。此外,中国生育政策进一步放宽,未来人口红利仍然可期。

二是价格回升缓解产能过剩行业压力,有利于企业利润趋向回暖。

---

[1] 中国社会科学院人口所主编:《人口与劳动绿皮书:中国人口与劳动问题报告 No.17》,社会科学文献出版社,2017年。

2016年以来去产能初见成效,表现为工业企业库存、杠杆率和单位成本持续下降。在产量收缩、需求增长、流动性宽松等多重因素作用下,中国煤炭、钢铁、有色金属、原油等价格大幅回升。以煤炭为例,焦炭价格从2016年1月上旬的579元/吨飞速上涨至11月下旬的2 019.8元/吨。[①]产品价格上扬推动企业利润快速上涨,利润总额增长率快于同期主营业务收入变动,2016年1—10月份规模以上工业企业利润总额同比增长8.6%(图3-8),相比来看,2015年全年利润增长率仅－2.3%。考虑到房地产限购政策加强、车辆购置税减免到2016年年底、基础设施建设增长较为稳定,国内大宗商品上涨趋势可能会逐渐放缓,未来产能过剩形势仍然严峻,需通过加强供给侧改革进一步淘汰落后产能,提升整体行业竞争力。

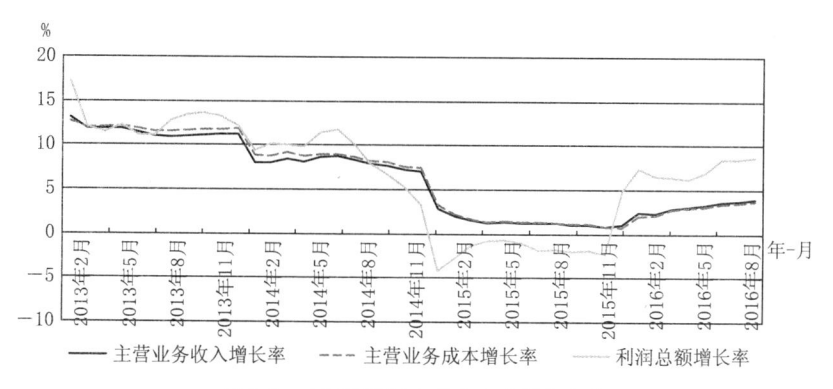

图3-8 中国规模以上工业企业利润变化

- 注:增长率采用名义值计算。
- 资料来源:国家统计局。

三是结构转型促使劳动生产率提升。随着人均产出水平不断提升,中国经济中第三产业的地位更趋重要,2013年服务业增加值首次成为三次产业中比重最高的产业,2015年起服务业占比首次超过50%,2016年前三季度服务业占比已经达到52.8%(图3-9),较上年同期提高1.6个百分点。考虑到服务业劳动生产率远低于工业,从工业主导简单

---

① 参见中国统计局每旬公布的《流通领域重要生产资料市场价格变动情况》表格中价格。

转向服务业主导不利于整体经济中劳动生产率提升,要实现2020年全员劳动生产率从8.7万元提高到12万元,一方面需通过创新提升服务业乃至工业自身劳动生产率,另一方面要通过产业间和产业内要素再配置,提高第二、第三产业中相对生产率较高的行业比重,逐步实现劳动生产率改善。

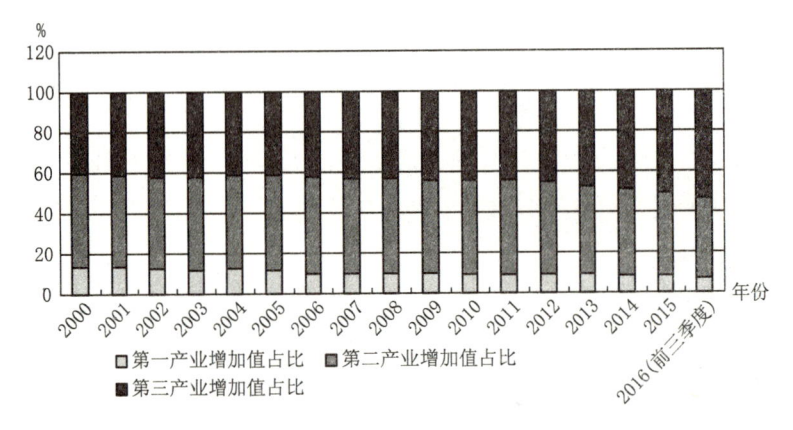

图 3-9 中国三次产业结构变化

• 资料来源:国家统计局。

(3) 中国经济未来风险与新动力:债务风险、资产价格泡沫与资本流出的风险与新动力

一是债务风险从政府债转向企业债。地方债风险基本可控,置换逐步进行中。财政部数据显示,截至2015年年底,中央和地方两级政府债务占GDP比重为39.4%,即使考虑到地方政府融资平台等带来的部分债务,预计债务占GDP比重也在45%以内,远低于欧盟60%警戒线。2016年,全国地方债发行规模大幅上涨,财政部年初下达的新发行债券以及置换债券的规模均超过2015年。总体而言,地方债务增长规模处于监控之下,风险基本可控。企业债风险加剧,债转股重启。2016年以来,受经济下行、大宗商品价格下滑、去产能政策等因素影响,企业债违约个案的数量和规模较去年快速上升,据统计,截至2016年上半年,中

国债券违约数量累计62笔,涉及37家主体企业,共计376.3亿元,已远超上年全年128.7亿元的规模[①],其中国企违约规模已超过民企。为防范债市系统性风险、降低企业杠杆率,2016年10月中国重启新一轮债转股。数据表明,10—12月,工商银行、中国银行、建设银行共落地债转股规模超过1400亿元[②]。

二是房地产市场冷热不均,新一轮调控开启。当前中国房地产行业呈现"冰火两重天","去库存"与"稳房价"需求同时存在,政策调控难度很大。二三线城市中,民众购房需求冷淡、房企库存高企,"去库存"是当务之急;而在北上广等一线城市,尽管采取了户籍限购、提高首付比例等多种方式加以调控,房价仍居高不下,价量齐涨的抢房风潮再现,"稳房价"成重中之重。如果保持较为宽松的货币政策以期带动房地产"去库存",容易造成资金流入一线城市房地产业、进一步加大地产泡沫的后果。由图3-10可见,中国M2与房地产价格走势基本一致。另一方面,如果严厉地"降房价"则可能造成包括钢铁煤炭等一系列上游行业需求萎缩,影响经济平稳增长。这一两难困境加大了政策调控难度。

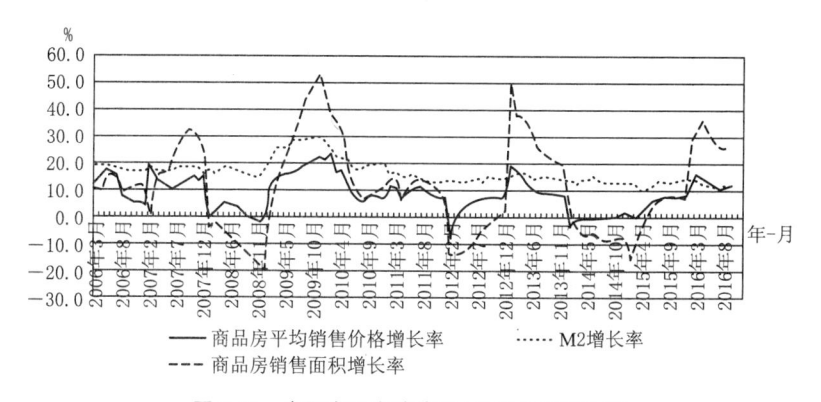

图3-10 中国商品房价格和M2变化趋势比较

• 资料来源:国家统计局。

[①] 俞宁子、刘斯峰、陈绿原:《中国债券违约大增,亟需建立预警系统》[N].《上海第一财经日报》2016年9月。

[②] 李静瑕:《债转股万亿"盛宴",银行捷足先登》[N].第一财经日报2016年12月14日。

三是资金"脱实入虚",资产泡沫严重。当前中国经济存在严重的"脱实入虚"问题,资金主要趋向房地产、股市等金融市场,实体经济遭到冷遇。从信贷来看,2016年1—10月新增人民币贷款超过10万亿元(图3-11),但金融机构对实体经济的支持力度并没有增强。新增贷款中,居民贷款占比50.6%,高于上年全年约35%的水平,其中绝大多数是房地产按揭贷款,而新增企业贷款仅占47%。从投资来看,对市场最为敏感的民间投资增长呈现断崖式下跌,民间投资集中的制造业投资持续放慢,实体经济回报低、周期长、负担重的问题充分显现。资金集中于虚拟市场直接推动资产泡沫高涨、加剧国内金融风险,股市与房市轮流出现非理性的价格变动,包括2015年A股的大涨大跌、2016年的房价猛涨。而在2016年10月房地产市场遭到严厉调控之后,股市又出现了小幅上涨。

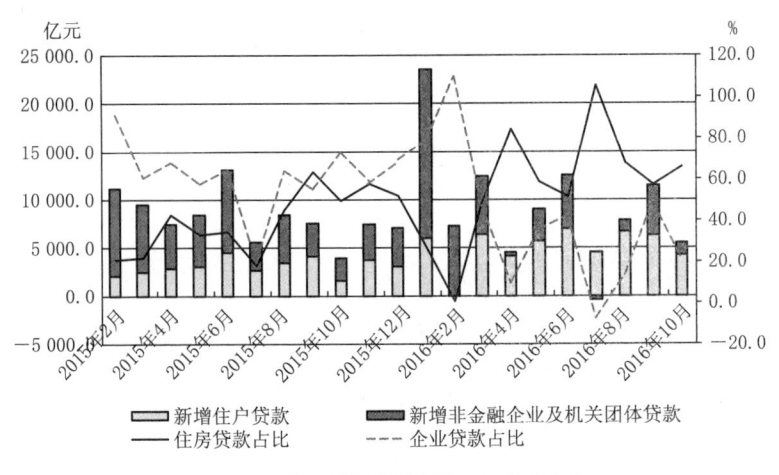

图3-11 中国新增信贷中住户与企业占比

• 资料来源:中央银行网站。

四是人民币出现贬值压力,短期资本外流。从2016年10月起,人民币兑美元汇率快速贬值,导致短期内资金流出压力增大、国内外汇储备下降。此轮贬值更多是受外部因素如美元加息预期影响。当前亚洲新兴市场国家兑美元汇率都出现下滑,资金正在从包括中国在内的亚洲地区流向欧美发达经济体,因此短期人民币兑美元汇率将在美元加息落地后恢复稳定。从国内因素来看,中国经济增长仍然保持6%以上的中高速,外汇储备充分、贸易量稳定,因此人民币兑美元汇率不太可能出现过度或者过快贬值的情况,预计短期内人民币汇率将恢复稳定。

五是供给侧改革进入深化阶段并形成新的动力。供给侧改革是我国应对新常态、调整经济结构的重要举措。当前我国各地各部门已结合实际情况提出了落实供给侧改革的实施方案,包括关停"僵尸企业"、限制融资等方式为煤炭钢铁等典型过剩行业去产能;深化户籍改革、促进房地产行业去库存;以企业兼并重组、破产清算、资产证券化、债转股等多种方式去杠杆;以营改增等财税改革降低企业成本;补足基础建设等方面的硬件短板和制度体制方面的软件短板,充分落实"三去一降一补"任务。2016年我国供给侧改革已初见成效,包括煤炭钢铁行业产能增长放缓、价格回升,工业企业利润率有好转趋势,全国新增就业稳定等。2017年,我国将继续大力推行供给侧改革,并进入攻坚的实质性阶段,积极应对国内经济下行、国外复苏缓慢局面,不断提升企业竞争力、促进国内需求提升,为经济增长提供持续动力。

3.2 国际金融:短期仍有动荡,长期稳定可期

3.2.1 美国进入新总统任期,全球金融市场或出现短期动荡

美国已进入渐进加息周期和新总统任期,短期内美元走强已成常态,造成其他国家货币竞相贬值,多国汇率波动成为国际金融市场短期内持续震荡的催化剂。尤其是2017年,特朗普上任后实施的减税与加大基础设施投资等新政,将进一步加剧美元走强趋势。这将给新兴市场国家汇率带来较大冲击,致使这些国家汇率再现一波贬值浪潮。美联储已正式加息,预计2017年美联储将迈出渐进式加息步伐,继续推动美元

在2017年上半年震荡升值。由图3-12可知,截至2016年12月9日,美债收益率与美元双双走强,而且仍将呈现继续走高之势。预计2017年美元回流现象更加严重,将导致全球信贷市场呈现紧缩风险。再加上英国脱欧程序启动、法国和意大利政治不确定性以及欧洲银行业危机等,这一系列风险事件都可能进一步引发全球金融市场动荡,同时也可能外溢到实体经济,值得警惕。

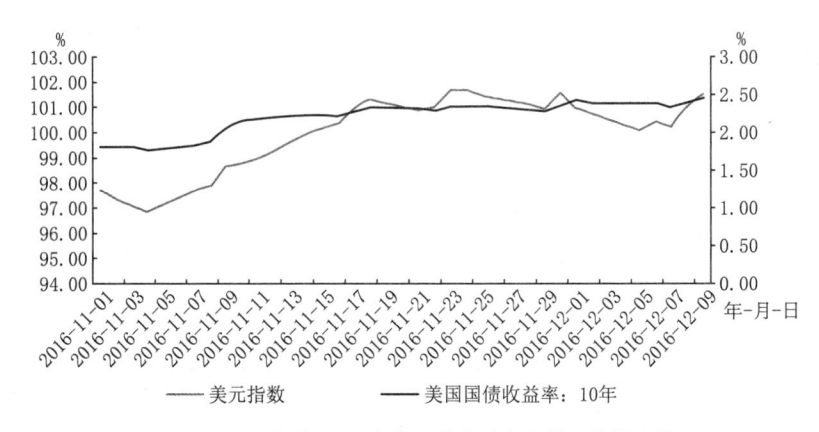

图 3-12 2016年美国10年期国债收益率和美元指数走势图

- 注:私人资本为证券和债券类资本。
- 资料来源:Wind数据库。

3.2.2 全球资本继续"脱实入虚",新兴市场再现资本外流隐忧

全球实体经济增长乏力,吸引资本能力不断降低,而当下全球大类资产冷热频繁交替,这并非资产价值驱动的结果,而是全球资金流动的货币现象。由此导致资产配置抛弃低收益的实体经济,流向高收益高风险的虚拟经济市场,大量资金"脱实入虚",冲击资产市场的供求平衡,进一步压低资产收益率,并恶化资产荒。另外,美元走强的外溢效应导致美元资本继续回流美国,不仅对全球资本流动产生较大影响,也会使新兴市场再现资本外流风险。图3-13显示了2013—2016年发展中经济体国际私人资本净流入量占GDP比重。总体上看,私人资本净流入

量呈递减之势,由 2013 年占 GDP 的 4.58% 下降至 2016 年的 4.08%。而且,这一趋势或将在 2017 年和 2018 年得以加强。这是由于美元升值导致全球范围内的非美元贷款以及以美元计价资产的敞口正在扩大,各类投资者在全球范围内重新配置资产,新兴市场或发展中经济体将再一次面临资本逆流带来的金融市场动荡。由于新兴市场是危机后全球货币宽松政策的受害者,是过度流动性输入的被动接受者,所以极易因为流动性逆转而引致国内金融动荡,给新兴市场和全球金融市场带来新风险。展望 2017 年,全球实体经济也难有实质改善,资本流动性"脱实入虚"的现状难以改变,美元升值将导致资本市场动荡继续加深,因此需进一步加强国家间的协调与合作。

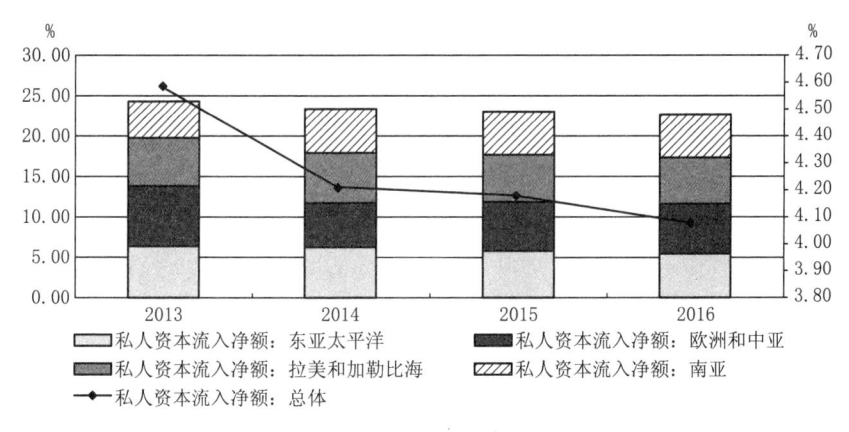

图 3-13 国际私人资本净流入量占发展中经济体 GDP 比重

- 注:私人资本为证券和债券类资本。
- 资料来源:Wind 数据库。

3.2.3 G20 推动全球高效金融治理,发展中国家地位有望上升

全球金融市场动荡再起,在国际金融市场有高度溢出性和联动性前提下,现行的全球金融治理体系依然由美欧主导,存在诸多漏洞,不利于新兴经济体和发展中国家的发展,将会导致新风险不断涌现且得不到解决,致使局部或个别国家的金融风险更易在全球范围内产生震荡效

应。G20 为各国在结构改革领域的协调提供了全新平台，为全球经济增长注入了新动能。

首先，G20 通过改革国际货币基金组织和世界银行的治理结构，提升了新兴和发展中国家的话语权。长期以来，发达大国在国际金融秩序中拥有绝对的领导地位，国际金融秩序的基本架构是美元主导的国际货币体系与国际货币基金组织、世界银行集团等两大支柱。G20 会议则重点研究扩大特别提款权 SDR 的使用，解决当前国际储备货币供需矛盾，择机选择更多符合标准的货币加入，为发展中国家在金融治理方面提供更多的话语权。另外，还将人民币正式纳入 SDR，人民币成为第一个被纳入 SDR 篮子的新兴市场国家货币。这有利于改革传统国际货币体系。

其次，G20 积极推动和鼓励各成员国采取措施促进基础设施投资，扩大全球总需求，其中，亚投行的成立不仅服务于亚洲振兴，也是发展中国家占多数且拥有较大话语权的体现。这一方面促进了新兴经济体地位的提升，另一方面为资本"脱实向虚"提供解决方案。由此可见，G20 不断加强并深化对国际金融治理架构的改革力度，逐步完善全球金融治理，通过改革国际金融机构，平衡发达国家和发展中国家的地位，提升各国应对全球性挑战的能力，不断释放世界经济新活力，稳定全球金融市场。

3.3 世界贸易：回暖缺少支撑，增速依旧缓慢

3.3.1 多因素继续影响贸易回暖，贸易增长或将持续放缓

距离全球金融危机爆发已 8 年，全球货物贸易低迷之势仍未见好转迹象，过去 3 年世界贸易增速均低于 3%，而在经济高速增长阶段，尤其是 2008 年金融危机之前，全球贸易增长率是全球经济增长率的两倍。预计 2016 年全球贸易增速将连续第五年放缓，不仅贸易增速本身不断

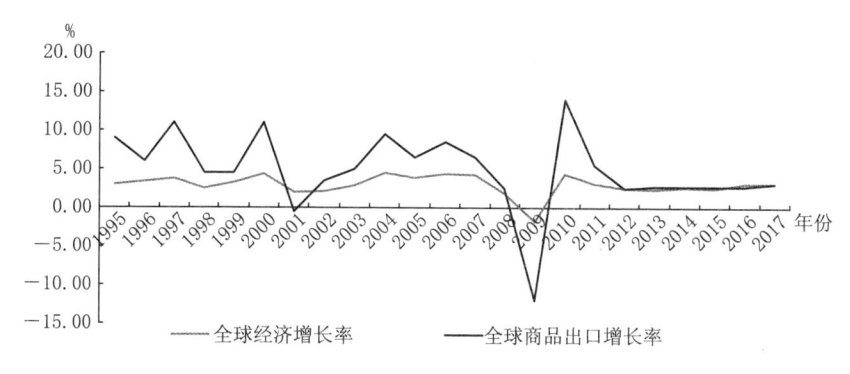

图 3-14　1995—2017 年全球贸易和经济增长率走势

- 注：2016 年、2017 年经济增长率数据为笔者预测结果。
- 资料来源：Wind 数据库。

下滑，而且与危机前贸易增速高于 GDP 增速的现象相比，危机后贸易增速基本低于 GDP 增速（图 3-14）。通过对比危机前后全球商品出口增长率均值和经济增长率均值可知，1995—2007 年全球商品出口增长率均值远高同期经济增长率，而 2008—2017 年全球商品出口增长降速明显，呈现低迷之势（见图 3-15）。究其原因，一是需求不振导致生产活跃度降低。由经济低迷引发需求不振，如波罗的海干散货指数（BDI）连连下跌，在 400 点以下不断刷新史上最低值，说明海运不活跃。另外，近几年以铁矿石为主导的大宗商品需求低迷，也反映了生产不活跃。二是全球价值链重构，分工模式改变，支撑贸易高速增长的动力逐渐消失或正在改变。危机前那种产品的不同生产环节位于不同国家的全球价值链分工模式已无法继续深化，全球贸易增长缺乏有效动力。在新的分工模式尚未真正建立之前，贸易增速低迷将是长期存在的现象。三是全球产品供应链缩短减少了国际贸易量。全球沟通便利化、低油价等有助于延长供应链，而 3D 打印技术、地缘政治风险等会缩短供应链。以前部分国家属于全球供应链的一部分，但现在可能正在丧失这种地位，导致贸易规模在量上减少。四是价格因素导致以货币单位衡量的贸易额变动。金融危机以来大宗商品价格波动明显，由于各国财政政策和货币政策刺

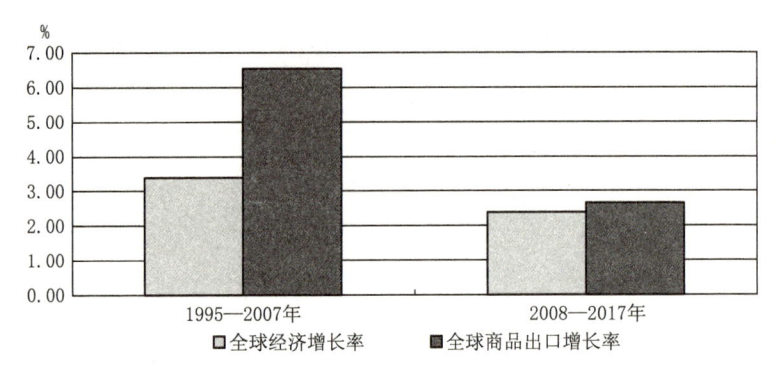

图 3-15　危机前后全球商品出口增长率和经济增长率的均值对比

- 注：2016 年、2017 年经济增长率数据为预测结果。
- 资料来源：Wind 数据库。

激，2010 年和 2011 年大宗商品价格反弹，2012 年和 2013 年又开始下跌，导致以货币单位衡量的贸易额下降。危机期间，出口商为促进出口往往采用价格战，导致制造品价格也会不同程度地下降。同时，美元走强也会导致以美元计价的贸易额增速受到影响。

3.3.2　大宗商品价格上扬带来贸易局部回暖，但幅度有限

自 2015 年 12 月底至今，主要大宗商品一改单边下跌态势，价格持续上涨，多数品种的价格几乎回到 2014 年下半年的水平。一方面，持续多年的价格下跌之后，许多生产企业和中间商已被迫退出市场，供给量减少，市场出现新的供需平衡关系。石油输出国组织（OPEC）已达成减产协议，利好 2017 年供需关系转换和投资者预期转向，原油市场有望在 2017 年迎来供需平衡，有利于油价企稳回升。另一方面，经济增长对大宗商品有刚性需求，大量资金寻求回报稳定且估值相对较低的资产，也推动了大宗商品价格上涨。尤其是作为全球大宗商品最大的进口国和消费国，中国国内价格的上涨带动全球大宗商品价格上扬。预计 2017 年大宗商品价格将有小幅回升，带动相关贸易量小幅增长。但深受经济增长乏力和投资需求疲弱的大格局影响，大宗商品价格上升幅度相对有

限,中短期内难以带动贸易全面回暖。

3.4 全球投资:复苏进程受阻,产业双向转移

3.4.1 经济不确定性阻碍投资复苏,全球资本流动格局正在重塑

2017年,由于宏观经济环境进一步恶化、投资限制更多等风险持续存在,加之全球政治经济存在的诸多不确定性,将进一步弱化投资者信心。同时,美元走强和全球贸易保护主义倾向增强带来新的投资风险,都将推迟全球投资复苏进程。然而,全球资本流动格局已经发生巨变,新兴市场国家依旧是吸引外资流入的主体,但由于各国经济增速放缓并推动结构性改革,资本流入势头相较危机前出现减弱态势。在对外投资方面,发达国家投资者大量减持海外资产,而发展中国家投资者则加大海外并购。其中,中国也一改以往以吸引外资为主的开放策略,转而主要吸引高端制造业、装备业和服务业等为主,企业"走出去"步伐加快。人民币国际化进程加快,正推动中国成为国际投资领域的重要力量。为应对全球投资疲弱局势,G20杭州峰会为重振国际投资提出了应对之策,共同制定《二十国集团全球贸易增长战略》和全球首个多边投资规则框架《二十国集团全球投资指导原则》,继续支持多边贸易体制,重申反对保护主义,或将为全球投资带来增长新契机。

3.4.2 第四次产业转移浪潮兴起,转移路径已发生显著变化

2008年金融危机后,全球第四次产业转移开始启动并逐渐兴起。与前三次相比,新一轮全球产业转移在动力和方向上呈现出明显不同:一是转移的动力已然不同。全球范围内已发生过三次产业转移:第一次在20世纪50年代,美国将钢铁、纺织等传统产业向日本、联邦德国等区域转移;第二次在20世纪60—70年代,日本、联邦德国向亚洲"四小龙"和部分拉美国家转移轻工、纺织等劳动密集型加工业;第三次在80年

代,欧美日等发达地区、国家和亚洲"四小龙"等新兴工业化地区、国家将劳动密集型产业和低技术型产业向发展中地区、国家转移,特别是向中国内地转移。前三次转移主要受经济全球化下生产分工细化的影响,企业出于追逐利润最大化的需要而将低端制造业转移至拥有廉价劳动力的发展中地区、国家。而第四次产业转移主要是在中国迅速飙升的劳动力成本和原材料等生产要素成本的挤压下,企业为减少被压缩的利润空间而寻求的新的产业和空间转移。二是转移的方向存在差异。前三次产业转移都是单方向的由上往下的转移,即由发达地区、国家向新兴发展中地区、国家转移,而第四次转移出现了双向的转移。一方面,以劳动密集型产品出口或代工为主的中小制造企业正由中国内地向越南、缅甸、印度、印度尼西亚等发展中地区、国家及由中国东南沿海区域向中西部等劳动力和资源等更低廉的地区转移。另一方面,一部分高端制造业在美国、欧洲等发达国家"再工业化"战略的引导下开始出现回流。全球第四次产业转移浪潮的兴起,或将带动全球投资的逐渐复苏。

第4章
新常态孕育世界经济新周期

自金融危机以来,全球经济进入深度调整与再平衡的新常态[①]。从再平衡的过程及其进展来看,当前的世界经济已无法从根本上实现西方国家所希望的平衡状态。短期内,世界经济已不是一个简单的再平衡问题,也不是恢复危机前的高增长模式,而是面临新长周期的结构性调整和转换。因此,应从长周期的视角来深刻理解和全面认识当前世界经济面临的新常态。本质上,世界经济新常态其实是一个全球性长周期现象。走向新常态的世界经济正告别上一轮长周期,同时也在孕育新的经济长周期。我们判断,当前的世界经济进入了发展长周期的转折点上,目前正处于新老周期过渡转换的关键阶段。同样处在经济发展大阶段转换的中国,既要引领和推动世界经济顺利实现大周期转换,更要敏锐抓住世界经济新老周期转换的新态势,把握世界经济即将迎来第六长波的新机遇,让世界经济第六长波助推中华民族复兴,让中国超越式发展助推世界经济第六长波新繁荣。

4.1 世界经济正在从艰难的再平衡走向新常态

经济再平衡是危机后世界经济发展的内在要求,也是世界经济重新走向繁荣的必由之路。全球金融危机发生后,一些西方国家和经济学家

---
① 李扬:《全球经济进入深度调整与再平衡的"新常态"》[N],《经济参考报》2015年1月5日。

就提出"危机根本原因在于失衡"、"走出危机需要全球经济再平衡"的观点[①]。然而,金融危机以来,世界经济再平衡的过程十分艰难曲折,全球经济失衡之势不但没有收敛,反而有所加剧。时至今日,世界经济并非像危机后很多西方国家所倡导的那样,通过以平衡抗危机、以平衡换复苏、以平衡促发展的简单"再平衡"实现复苏,并回归原来的增长轨道,而是正迎来发展的新阶段,并呈现出新常态。

4.1.1 世界经济再平衡过程曲折艰难

(1) 再平衡是世界经济发展的内在要求

全球经济失衡是当前全球经济发展的主要特征,并对全球经济发展造成了重要影响。2005年国际货币基金组织(IMF)总裁拉托在题为《纠正全球经济失衡》的演讲中正式使用"全球经济失衡"(Global Imbalance)的概念,并指出全球经济失衡的现象是:一国拥有大量贸易赤字,而与该国贸易赤字相对应的贸易盈余则集中在其他一些国家[②]。事实上,国际收支的不平衡仅是表象,更深层的问题在于全球经济结构的失衡,而根源是国际分工体系的变化。始于2007年的国际金融危机,不同于过往的任何一次危机,它既不是马克思所说的生产过剩,也不是凯恩斯所说的需求不足,而是全球经济的结构性危机,即经济全球化带来的全球经济结构严重失衡[③]。因此,从本质上来看,此次全球经济危机是全球经济结构严重失衡的结果,而回归平衡成了后危机时期世界经济发展的内在要求,也是世界经济重新走向繁荣的必由之路。

全球金融危机发生后,不少经济学家就提出世界经济必须再平衡的观点。2009年在美国匹兹堡举行的第三次G20峰会上,美国提出世界经济"可持续与平衡发展框架",主张改变现行的全球经济增长模式,即

---

① 王国刚:《走出"全球经济再平衡"的误区》[J],财贸经济2010年第10期。
② 杜鑫:《全球经济失衡及中国的对策》[J],《贵州财经学院学报》2007年第3期。
③ 许佩倩:《全球经济再平衡与我国开放经济的新定位》[J],《世界经济与政治论坛》2011年第6期。

未来美国居民应降低消费水平,提高储蓄率,提高工业制成品出口能力,减少贸易逆差,减轻经济增长对消费的依赖;同时要求中国等贸易顺差国减少出口,转向扩大内需①。国际社会就如何实现全球经济再平衡也提出了各种意见,但归纳起来,主要是两种基本途径:一是通过政府协调和干预手段,推动世界各主要经济体的国内均衡来实现,即贸易盈余国减少出口、扩大内需,贸易赤字国减少消费、增加出口。这一方案明显有利于发达国家,不利于发展中国家,而且逆国际分工规律。二是通过发达国家加快科技创新、发展新兴产业、改善出口能力、取消出口封锁来实现平衡。目前全球经济不平衡直接表现为发达国家可以向发展中国家出口的产品严重不足,中低端产品缺乏竞争力,对高端产品又实行封锁。而背后原因是发达国家缺乏新产业的带动。虽然危机后发达国家都把加快发展新兴产业提升至战略高度,但科技创新并非短期内就能见效,加之近年来过度膨胀的虚拟经济大量侵占实体经济利润,影响了新兴产业的发展②。

(2)世界经济再平衡之路任重道远

尽管全球经济再平衡是必然趋势,但实现再平衡的过程艰难曲折,面临诸多障碍,各国国内根深蒂固的经济发展模式与错综复杂的国际贸易金融关系为世界经济再平衡带来极大挑战。首先,现有利益格局无法根本打破。再平衡涉及现有各大经济体的利益调整,即谁来承担再平衡的成本,或者怎样"共同承担再平衡之痛"③。无论是减少消费、增加储蓄,还是减少出口、增加内需,都涉及结构的调整,都可能影响本国经济增长和就业。其次,新国际分工体系不会轻易改变。再平衡需遵循国际产业分工的客观规律,新国际产业分工格局是长期积累逐步形成的,跨国公司在全球产业链中的主导地位也是不会轻易改变的,中国等发展中

---

① 裴长洪:《对未来世界经济发展趋势的若干认识》[J],《中国经贸导刊》2010年第1期。
② 许佩倩:《全球经济再平衡与我国开放经济的新定位》[J],《世界经济与政治论坛》2011年第6期。
③ 迈克尔·佩蒂斯:《共同承担全球经济再平衡之痛》[N],《金融时报》(英国)中文网,2009年12月15日。

国家在制造业方面的成本优势仍然是影响国际产业分工的重要因素[①]。最后,国际经济治理结构的弊病短期难以改观。全球金融危机充分暴露了当今国际经济治理结构的弊端,漏洞百出的金融监管制度和美元霸权地位都是导致危机发生和加剧的重要因素。要使全球经济回归平衡必须改革国际经济治理结构,构建新的国际经济秩序,但这显然不是短期能够解决的任务[②]。

客观事实也表明,尽管金融危机后各国政府不断采取各种经济贸易政策进行经济再平衡,但回归平衡之路却并不平坦。从 IMF 的统计数据来看,危机至今,全球经济失衡状况不仅未获改善,反而愈演愈烈。首先,全球贸易失衡有所恶化。危机前的 2007 年,全球 186 个国家中,有 41 个国家经常账户赤字率高于 10%,101 个国家高于 3%,121 个国家高于 0;而 2013 年,有 44 个国家经常账户赤字率高于 10%,101 个国家高于 3%,126 个国家高于 0[③]。可见,全球经济失衡并未发生根本性的改变,西方国家倡导的所谓内生增长模式依旧只是口号,始终缺乏付诸努力的真正行动。

其次,全球财政失衡未见改善。财政失衡既是透支增长模式最直观的表现,也是债务风险长期存在并不断恶化的根源。2007 年,全球 187 个国家里,有 5 个国家财政赤字率超过 10%,3 个国家超过 3% 国际警戒线,99 个国家高于 0;2013 年,有 8 个国家财政赤字率超过 10%,79 个国家超过 3%,148 个国家高于 0。2007 年,99 个财政赤字国家的平均赤字率为 3.3%;2013 年,148 个财政赤字国家的平均赤字率为 4.07%[④]。据 IMF 预测,2017 年全球财政赤字率将达 3.37%,高于危机初期 2007 和 2008 年的 0.59% 和 2.16%,并且将连续第三年高于 3% 国

[①] 许佩倩:《全球经济再平衡与我国开放经济的新定位》[J],《世界经济与政治论坛》,2011 年第 6 期。
[②] 裴长洪:《后危机时代经济全球化趋势及其新特点、新态势》[J],《国际经济评论》,2010 年第 4 期。
[③④] 程实:《为什么危机阴霾又至?》[EB/OL], http://news.ifeng.com/gundong/detail_2013_09/03/29263202_0.shtml。

际警戒线①。可见,全球财政失衡并未出现明显改善,财政风险在全球范围仍具有明显的普遍性。

总之,全球经济再平衡决不会是一路坦途,更可能是一个相当长的痛苦调整过程。目前,世界经济呈现出五大结构性悖论:一是货币量化宽松刺激与全球增长放缓的悖论;二是全球高债务积累与低消费需求悖论;三是智能化制造与充分就业的悖论;四是经济增长放慢与收入分配恶化并存的悖论;五是虚拟经济热与实体经济冷的悖论。由于这一系列的"悖论",世界经济依然处在"低增长、低通胀、低利率"和"高债务"的"三低一高"的大格局中,全球复苏脆弱,经济增长艰难,且有进一步下行预期,并有可能陷入危险的"大衰退—低增长—低利率—低物价—低回报—低投资"以及由此产生的"低增长—低收入—低消费"这种"自我低增长循环陷阱"②。而这五大结构性悖论的存在,也将导致世界经济在旧有框架下达成全球经济再平衡几无可能。世界经济的真正复苏和持续发展已不是仅仅依靠旧有框架下的纠正失衡就可实现的再平衡问题,其需要寻求新的增长动力、构建新的增长结构。我们认为,世界经济短期内不是一个简单的再平衡和恢复老的高增长模式的问题,而是面临新长周期的结构性调整和转换。在结构性调整和艰难再平衡过程中,世界经济正在走向新常态。

4.1.2 深度调整的世界经济面临新常态

金融危机以来的世界经济再平衡并未取得实质进展。但在深度调整和再平衡过程中,世界经济的内涵和外延都在发生新的深刻变化,一些新特征、新趋势开始浮现,且变得越来越清晰。危机过后,以消费型为特征的美国经济和以生产型为特征的中国经济开始步入结构性改革

---

① 佚名:《2017年市场风险预测》[EB/OL], http://money.163.com/16/1018/14/C3LQQ5RD002580S6.html。
② 权衡:《G20峰会,"中国方案"为何备受关注》[N],《解放日报》2016年8月15日。

和战略调整新阶段,世界经济增长结构正在发生重大调整。不管是否情愿,世界经济注定进入新常态,迎来新阶段。

(1) 世界经济新常态具有丰富内涵

旧常态下的世界经济,主要是指过去一轮增长的长周期内世界经济增长的上升阶段,主要是依靠全球化资源配置、科技革命和创新、新兴经济特别是亚洲经济发展推动的世界经济大繁荣大发展。而所谓世界新常态,是指在2008年金融危机之后,世界经济出现增长衰退,全球经济进入结构性调整和再平衡的过程,经济增长面临去杠杆化、再平衡以及新的动力转换,包括全球主要经济体资产负债表重新修复等新常态下的一系列新选择[1]。

世界经济新常态既包含世界经济本身的新常态,也包含中国经济的新常态,更包含中美经济的新常态。新周期的经济复苏阶段并未完成、仍在艰难推进中。需假以时日方可成规模,它的实现还有赖于新的动力引擎、新的结构支撑、新的规则约束、新的治理管控、新的目标指引。但就目前已显现的雏形而言,我们认为世界经济新常态基本具有六方面的核心内涵,即新增长、新结构、新动力、新治理、新规则、新目标[2]。它们相辅相成、互为促进,对实现世界经济包容性增长是缺一不可的有机整体。

新增长是指经历过金融危机前的持续高速增长和危机重创后的总体增长乏力之后,世界经济回归到一个正常增长区间,保持相对平稳而均衡的增长。新增长意味着世界经济不是再回到危机前的高增长状态,而是在资源、环境的开发利用几近地球最大承受能力的情况下,寻求更加具有质量和效益的资源环境友好型增长。

新结构是指经过全球金融危机以来各国经济结构和全球经济格局的持续调整,世界经济所呈现的一种更为均衡的结构状态。所谓新

---

[1] 权衡、张军等:《世界经济有没有新常态?》[N],《文汇报》2015年1月9日。
[2] 关于世界经济新常态的内涵,参见本书附件一。

常态下的世界经济新结构不仅包括世界各国内部的经济结构调整以及由此形成的国际分工体系和经济结构的新变化,还包括世界各国经济实力此消彼长所带来的全球经济格局的新变化。危机爆发后,消费型发达经济体、生产型新兴发展中经济体都加大了自身产业结构调整的力度。前者通过高起点的"再工业化"切实推进实体经济的发展;后者通过扩大内需不断挖掘经济增长的内生动力。全球经济重心进一步向亚洲转移,南方经济体的重要性进一步显现;南北双方的非对称性依赖相对缓和。

新动力则是支撑世界经济新增长、孕育世界经济新周期的核心动力,亦即在金融危机爆发后上一轮科技产业革命的动能几乎消耗殆尽、原有增长动力受到破坏,常规经济刺激政策已从根本上失去效力,由方兴未艾的新一轮科技革命和能源革命孕育出新的产业发展引擎,形成世界经济增长的新动力。其既包括创新这一驱动世界经济发展,使其得以最终走出困境实现复苏的永恒动力所催生的引领世界经济发展方向的新业态;也包括新兴发展中经济体群体力量继续增加,与发达经济体的差距逐步缩小,其中已上升为世界第二大经济体且保持中高速增长的中国与持续占据领先地位的美国一起构成世界经济增长的双引擎。

新治理主要指金融危机使既有的以发达经济体为主导的全球经济治理机制受到冲击,新兴发展中大国在国际经济事务中的参与度和影响力提高,全球经济治理体系变革,形成相对更为公正合理的全球经济治理新机制。这既包括危机后替代 G8 成为全球经济治理重要平台的 G20、新兴经济体话语权提升机制,也包括正在改革的 IMF、世界银行等既有国际经济治理机构,更包括由新兴发展中大国发起构建的金砖五国、基础四国、亚洲基础设施投资银行(AIIB)等新涌现的全球治理机制。其中,近年来中国通过共建"一带一路"、设立 AIIB 等更加深入地参与全球经济治理,将对世界经济新格局产生深刻而长远的影响。

新规则是指金融危机后由于贸易保护主义抬头和深度区域经济一

体化的增强、国际金融市场持续动荡和脆弱性上升,贸易投资一体化和高标准规则、全球金融稳定和安全的重要性进一步显现,国际经贸、货币金融规则变革,形成覆盖范围更广、自由化便利化程度更高、更关注"下一代"贸易和投资议题、更多对边界后措施进行规范的国际经贸投资新规则和更具代表性、稳定性、合法性、协调性的国际货币金融新规则。其不仅包括发达经济体主导的在某种程度上决定国际经济贸易投资新规则走向的跨太平洋战略经济伙伴协定(TPP)和跨大西洋贸易与投资伙伴协议(TTIP),也包括发展中经济体相对主导的区域全面经济伙伴关系(RCEP),还包括对WTO规则进行完善和补充的《贸易便利化协定》。人民币加入特别提款权(SDR),成为第一个来自发展中国家的篮子货币,国际地位不断提升;多元化的新型国际货币金融体系逐步形成,不但与全球经济、金融格局的变化相适应,而且能够切实增强新兴经济体在国际货币金融体系的话语权。

新目标指的是金融危机后面对能源危机和气候变化及全球不平等,不再单纯追求经济增长速度和规模扩张,形成"构建创新、活力、联动、包容的世界经济"新目标。这一目标是提升世界经济增长潜力和抗风险能力、引领国际经济合作方向的更具可持续性、包容性的世界经济发展目标。

(2) 世界经济正在走向新常态

虽然世界经济面临新常态,但显然目前尚未进入新常态,或者说正处在旧常态向新常态过渡的关键阶段。具体表现为[①]:

其一,世界经济结构面临调整和重构,特别是全球化推动下的传统分工体系和经济结构将发生深刻变化,生产型经济体(如中国、印度)逐渐转向扩大内需,消费型经济体(如欧美国家)逐渐实行再工业化,能源型经济体也因为页岩气技术等新能源革命而发生结构性调整,世界经济

---

① 权衡、张军等:《世界经济有没有新常态?》[N],《文汇报》2015年1月9日。

结构性调整正在进行中;生产型经济体、消费型经济体和能源型经济体的旧分工体系和结构正在发生深刻变化。

其二,世界经济地理板块和结构会发生新的变化,特别是随着新兴经济体的崛起,原来主要由欧美日主导世界经济增长的格局也正在发生深刻变化;实际上这个变化在过去10年中已经发生,只是目前新的雏形尚未形成。

其三,世界经济增长动力正在面临新的转换,后危机时期新科技革命和新能源革命方兴未艾,全球范围内的创新驱动新发展的动力机制正在培育和形成中。

其四,中国经济将继续发挥对世界经济复苏、增长的引领作用,从危机时期到后危机时期,中国经济增长对世界经济复苏和增长作出了重大贡献。目前中国经济进入中高速增长和结构调整、动力转换的新常态,随着结构性调整和创新驱动新动力的形成,中国经济会进一步成为世界经济增长的重要动力和重大贡献者。尤其是目前已经出现的"高水平引进来,大规模走出去"都会为世界经济复苏和增长作出新贡献。

其五,世界经济新格局下中美经济也会走向新常态,中美经济新常态同样会成为世界经济增长的新力量。旧常态下的中美经济平衡关系其实是一种"双顺差、双逆差"式的"恐怖平衡",金融危机打破了这种恐怖平衡。中美如何实现各自的再平衡,是中美经济走向新常态的关键所在,这也被视为纠正全球失衡的重要环节。中美经济再平衡,不是简单地回归原点、重新走上"恐怖平衡"轨道,而是在经济结构上更优化、经济质量上有所提升。中国力求通过自身的再平衡,实现经济的对外整体平衡。中美在各自再平衡的过程中、基础上,逐步优化相互之间的依赖关系,不断扩大新的合作空间和领域,进而发现并形成新的增长途径,这是中美经济走向新常态的核心。这种在各自再平衡基础上所达成的中美经济新常态,是世界经济实现新平衡的重要因素。

4.1.3 中国引领世界经济走向新常态

（1）中国经济新常态推动世界经济复苏

全球经济危机以来，世界经济复苏非常缓慢，贸易保护主义卷土重来，且愈演愈烈。目前，全球经济仍处在持续深度调整期，低增长、低利率、低需求和高失业、高债务、高泡沫等风险有增无减，主要发达国家的宽松政策已经基本用尽，效果并不明显。英国脱欧、国际金融市场频繁动荡、部分新兴经济体经济发展遇到困难等，使全球经济不容乐观，也使世界经济可持续增长目标受到挑战。

金融危机爆发后中国成为全球经济增量的最大贡献者，发挥了重要的稳定器作用，是影响世界经济复苏的重要因素。据 IMF 测算，2008—2015年，中国贡献了全球 GDP 增长总量的 47%，是当之无愧的世界经济"火车头"。2015 年，全球贸易出现两位数负增长，中国在全球贸易中的份额却从 12.2% 上升到 13.8%，几乎以一己之力支撑着全球贸易局面[1]。乐观来看，未来 5—10 年中国就有可能超越美国成为世界第一大经济体；未来 5 年中国"将进口超过 10 万亿美元商品，对外投资超过 5 000 亿美元"，中国将"为世界经济提供更多需求，创造更多市场机遇、投资机遇、增长机遇"。中国仍将是世界经济增长的重要推动力和结构调整的重要支撑。通过长期结构调整所形成的内在平衡，将推动世界经济走向更高层次的复苏[2]。

（2）中国以新理念引领世界经济新发展

中国在经济转型升级和全面深化改革的关键时期，提出"创新、协调、绿色、开放、共享"五大发展新理念。这五大发展新理念将引领中国经济发展全局，同时这也是顺应危机后世界经济大调整、大变革、大创新的新要求，必将为引领世界经济下一个长周期的复苏、繁荣和发展提供积极的发展动能[3]。

---

[1] 杨常对：《"中国方案"促世界经济再平衡》[N]，《钱江潮评》2016 年 9 月 3 日。
[2] 权衡：《中国正推动世界经济走向新常态》[N]，《社会科学报》2015 年 1 月 15 日。
[3] 权衡：《中国以新理念引领世界经济新发展》[N]，《文汇报》2016 年 8 月 24 日。

创新发展有助于为世界经济的新阶段和新发展提供新的动力。世界正处在新老周期、新旧动能转换的关键时期,也需要通过新一轮科技革命、技术创新和制度创新,推动世界经济增长实现转换。中国实施创新驱动发展,既是为中国经济转型发展提供新动力,也是为世界经济长周期下的新增长探路。

中国的协调发展有助于为世界经济全面稳定发展提供范本。中国提出城乡协调发展、地区协调发展等,也是绝大多数发展中国家当前面临的共同问题,中国率先探索协调发展的实践方案,必将为发展中国家实现协调发展提供先行先试的范本和经验;同时,中国这样一个发展中大国,实现协调发展,也是为全人类的文明发展作出新贡献。

中国的绿色发展有助于为世界经济和全球可持续发展提供方案。中国作为最大的发展中国家,提出绿色、低碳发展和环境保护,本身就是对世界经济可持续发展作出自己的积极贡献,同时也为全球资源保护和世界经济长期发展提供新的方案。

中国的开放发展有助于为世界经济和全球化新阶段提供新选择。中国倡导开放发展,一方面是中国经济新常态下对外开放发展战略的全面升级,也是顺应后危机时期全球化发展的新趋势和新要求,更是对后危机时期贸易保护主义势力的有力回击,有助于推动世界经济加速全球化进程,而不是一些国家采取的"逆全球化"做法。

共享发展为全球包容性增长探索中国实践和道路。中国提出共享发展理念,旨在推动收入公平分配、发展成果人人共享,这正是世界经济实现包容性发展的重要体现。今天的世界经济比历史上任何时候,都需要加快解决全球性不平等问题,包括解决发展中国家和发达国家内部的财富分配不平等等。

(3)"中国方案"促进经济全球化新发展

全球化正处在十字路口。但是中国"一带一路"倡议不仅为全球经济走出危机阴霾、实现强劲复苏和持续发展提供了崭新思路,更是在逆全球化潮流下,为推动经济全球化发展注入新的动力和活力。中国的"一带一路"正在高举全球化大旗,成为逆全球化背景下的新亮点和新动力。

除"一带一路"倡议外,杭州 G20 峰会也进一步放大了中国发展新理念的外溢效益。G20 杭州峰会提出"构建创新、活力、联动、包容的世界经济",并围绕扩大 SDR 的使用、增强全球金融安全网、推进国际货币基金组织份额和治理改革、完善主权债重组机制和改进对资本流动的监测与管理等提出系列建议。立于改革潮头的中国将向世界分享经验、贡献方案、提供智慧,从全球经济治理的角度去协调发达国家和发展中国家的利益,促进世界经济再平衡,为推进全球贸易和投资自由化提供东方智慧和中国方案。

4.2 世界经济发展亟待进入新一轮长周期

新常态是一个客观状态,是经济发展规律使然[①]。世界经济进入新常态是客观的、必然的。在 2014 年中央经济工作会议上,习近平总书记敏锐地指出:"这次国际金融危机,实质上是世界经济长周期变动的反映,是资本主义各种矛盾激化到一定程度的必然产物,是全球经济结构深刻调整的历史结果。"这就明确告诉我们,必须从长周期的视角来理解和认识,仍由发达经济体主导的全球经济运行及其变化的规律。

从长周期角度看,我们认为,世界经济已经告别上一个周期性的高增长阶段,即将进入新的周期性发展阶段,目前正处在新周期的孕育期和调整期。而支撑世界经济由第五长波向第六长波过渡转换的核心动力,在于重大技术创新和产业变革能否取得实质突破。

---

① 参见 2016 年 1 月 18 日习近平总书记在省部级主要领导干部学习贯彻十八届五中全会精神专题研讨班上的讲话。

4.2.1 世界经济新常态是一个全球性长周期现象

世界经济的变化是由不同的长周期组成的(表4-1、图4-1)。长周期或长波是1926年苏联经济学家康德拉季耶夫提出的一种为期50—60年超长时间跨度的经济周期,这种长波周期的推动力是创新与主导产业的演化。随着科技应用经历大幅扩展、平稳增长、矛盾爆发、衰退,再到新的核心科技突破的循环,长波周期推动经济经历复苏、繁荣、衰退、萧条的轮回。同时,由于技术创新的应用时间较长,长波周期通常经历20—30年的上升,紧接着20—30年下降的长周期波动,并对全球

表4-1 世界经济长周期划分

五轮长周期	繁荣	衰退	萧条	复苏	标志性技术创新
第一轮长周期	1782—1802年	1815—1825年	1825—1836年	1838—1845年	纺织机、蒸汽机
第二轮长周期	1845—1866年	1866—1873年	1873—1883年	1883—1892年	钢铁、铁路
第三轮长周期	1892—1913年	1920—1929年	1929—1937年	1937—1948年	电气、化学、汽车
第四轮长周期	1948—1966年	1966—1973年	1973—1982年	1982—1991年	汽车、计算机
第五轮长周期	1991—2007年	2007—?年			信息技术

• 资料来源:Wind、平安期货研究所。

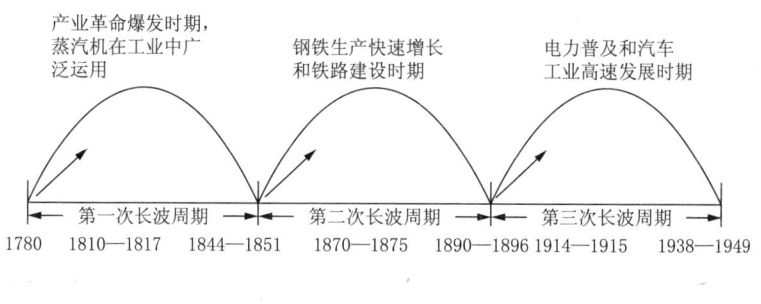

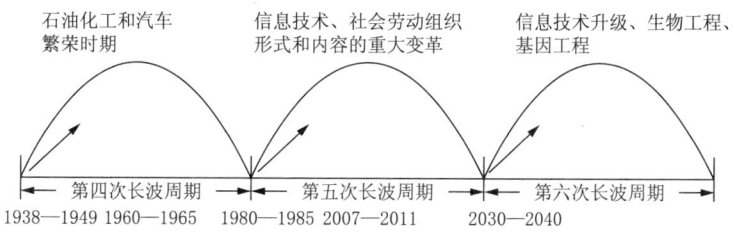

图4-1 世界经济长波周期示意图

• 资料来源:Wind、平安期货研究所。

经济产生深远影响。经过近百年的发展,长周期理论已成为一种阐释世界经济发展大势的主流理论。

自18世纪工业革命后,在科学发现—技术创新—产业革命—市场扩张机理作用下,世界经济经历了共五轮长周期:第一轮长周期从1782年至1845年,这轮长周期上升期的主要动力,是发端于英国以蒸汽机为代表的基础技术创新以及纺织技术的发展。第二轮长周期从1845年至1892年,主要归功于钢铁、煤炭和铁路诸领域的革新。第三轮长周期从1892年开始进入上升波,于第一次世界大战前转入下降波,直至1948年结束。这一轮长周期中,电气、汽车制造等技术的发明使用,使得电气、汽车和化学工业快速发展,并最终把汽车工业培育成支柱产业。第二次世界大战后,世界经济进入第四长波周期上升波,创造了20世纪五六十年代发展的黄金周期,并以1973年石油危机爆发为转折进入下降波。这一时期的科技创新来源于电子计算机、生物、航天和新材料等广泛领域的革命性变化。第四轮长周期期间酝酿了第四次新技术革命,并于20世纪80年代末90年代初以信息革命为标志进入第五长波周期上升波,直至2008年美国金融危机爆发。支撑这一上升期的科技创新堪称百花齐放、层出不穷,它们共同成就了以信息技术和高端生产性服务业为核心的"新经济"[①]。

长周期理论带给我们的重要启示是,所谓世界经济新常态其实是一个全球性长周期现象;世界经济增长从来都不是均衡前进,而是呈现繁荣与衰退的周期性特征,每一次增长低谷,都在孕育新一波增长高潮;同样,在一段较长的繁荣期之后,也必有一段较长的下行期相伴。不能掉以轻心的是,长周期的下行阶段,短则近10年,长则延续30余年。

2008年世界金融危机宣布第五长波周期繁荣期的结束,由此转

[①] 李扬:《认识中国经济新常态》,宣讲家网2016年11月11日。

入第五长波周期的下降波。如今,我们正处在第五轮长周期的下行阶段,而这一下降周期将可能延续10多年甚至更长时间。这意味着在此后一个较长时期内,世界经济难以像之前那样快速增长。这种状况很可能持续到能够带动世界经济新一轮繁荣的科技革命和产业革命的出现。

因此,我们认为,世界经济已经告别第五个周期的高增长阶段,即将进入新的周期性发展阶段,目前正处在调整期和新周期的孕育期。这个阶段的世界经济,已经与上一轮发展周期有了根本性不同,关键就是决定经济增长的内部因素和外部环境已经发生了深刻变化:一方面,全球人口结构发生变化并由此决定了劳动生产率出现下降,全球经济增长面临新的动力转型;另一方面,上一轮科技革命和全球化资源配置机制导致的全球性产能过剩使得世界范围内产业结构面临重大调整;同时,长期以来全球范围内收入分配和不平等问题加剧,造成了全球消费需求不足,世界范围内面临供需结构的挑战和创新。在这样的深度结构性调整和新的长周期发展与孕育的新阶段,传统凯恩斯主义政策范式已无法应对世界经济"三低一高",逆风向调节的政策范式正在导致全球性"流动性陷阱"。因此,我们不能简单地用传统思维方式认识世界经济,而需要新的发展理念,重新思考世界经济的增长速度转换、增长动力转型、增长结构调整以及宏观管理政策的设计[1]。

4.2.2 当前世界经济处在新老周期转换的关键阶段

当今世界经济正处于发展周期的重要转折点上,老的长周期尚未结束,新的长周期还在孕育中。毋庸置疑,这是世界经济长周期转换的关键阶段,它既是世界经济第五长波向第六长波过渡的低谷期,其

---

[1] 权衡:《中国以新理念引领世界经济新发展》,《文汇报》2016年8月24日。

间将伴随较长时间的经济紧缩下行态势;同时也是第六长波发展新动力的酝酿期,关系到支撑新周期的动力能否成功孕育和有序衔接。从世界经济周期转换的历史经验来看,这一时期也是风险与危机频发的敏感期,经济持续紧缩下行将会导致许多矛盾的加剧与风险的放大,从而阻滞和延缓世界经济发展新周期的顺利到来,需要谨慎应对。

(1) 阻滞世界经济新老周期接续转换的四个不利因素

以下四个方面的趋势或因素可能对未来世界经济的复苏增长以及周期转换造成不利影响,需引起关注。

一是逆全球化潮流甚嚣尘上。全球化是经济发展的必然趋势,是对资源进行有效配置的高级手段。着眼当今世界,全球化大势不可阻挡。作为曾经的全球化的主要推动者,以美国为代表的一些西方国家,却开始逆流而动。近段时间,英国"脱欧公投"闹得沸沸扬扬,美国"特朗普现象"显得很有市场,欧盟右翼势力逐渐抬头,欧洲民族主义和民粹主义政党支持者日盛。更重要的是,越来越多的发达国家倾向于实行贸易、投资保护主义,人员、商品、资本自由流动的壁垒愈发明显,多边贸易体制受到冲击。伦敦经济政策研究中心的《全球贸易预警报告》显示,金融危机以来,G20国家共推出了3 500多项新的保护主义政策,这些政策中的81%现仍在执行[1]。

在世界经济复苏乏力、地缘政治冲突加剧的背景下,"逆全球化"潮流给本就深处低谷的世界经济带来了诸多不确定性。一方面,"逆全球化"潮流更易被发达国家利用,成为其实施贸易保护主义,对发展中国家施加限制的新借口。统计表明,从2008年到2016年,美国对其他国家共采取贸易保护措施600多项,大约每4天出台1项,位居世界之首[2]。另有数据显示,2016年上半年,中国出口产品共遭遇17个国家(地

---

[1][2] 宦佳:《国际舆论期待G20"答疑释惑"》[N],《人民日报》(海外版)2016年8月10日。

区)发起的65起贸易救济调查案件,同比增长66.67%[1]。另一方面,"逆全球化"对经济全球化的发展方向和利益分配将产生一定影响[2]。在经济衰退和复苏乏力时期,逆全球化更有可能进一步发酵,升级为实质性逆转全球化进程的国家意志和政府行为,成为影响全球经济发展的重要干扰因素,给世界经济的复苏增长、结构调整及动力转换构成挑战。

二是全球不平等问题日益突出。目前,收入分配差距扩大和不平等正在席卷全球,国与国之间的贫富差距总体上呈现不断扩大之势。现在世界基尼系数已达0.7左右,不仅高于0.4的警戒线,也超过了公认的0.6的"危险线"[3]。从各国内部看,发达国家的经济不平等也越来越明显。统计显示,过去30年,美国中产阶级的收入没有增加,人口规模占总人口比例呈下降趋势,整个社会出现中产阶级"空心化"状况[4]。而以福利和稳定著称的欧洲发达国家同样面临新的不平等难题,体现在失业率上升、移民难民危机、恐怖袭击增多等。持续的收入不平等积累了越来越严重的社会怨气,以打"民粹牌"而受欢迎并当选的美国总统特朗普折射了美国社会不平等的严峻现实,而许多欧洲人对地区合作的失望正在侵蚀欧洲一体化的自信,英国脱欧已是明证。在大量发展中国家,不平等问题的一个突出表现是贫困难题。UNCTAD近期发布的《发展与全球化:事实与数据》报告指出,目前全球仍有8亿多人生活在极端贫困中[5]。他们无法公平享有接受教育的机会,也得不到必要的医疗救治,甚至连饮用水等基本生活需求都得不到保障。不平等日益呈现全球普遍性,将对世界经济产生外溢影响。正如世界银行行长金墉所强调的

---

[1] 于佳欣:《上半年中国遭贸易救济调查案同比增66.67%》[EB/OL],新华社,http://news.xinhuanet.com/fortune/2016-07/19/c_1119244581.htm。
[2] 王军:《全球化与"反全球化"的博弈》[EB/OL],《半月谈网》,http://www.banyuetan.org/chcontent/sz/wzzs/szft/20161123/214284.shtml。
[3] 参见习近平总书记在G20杭州峰会上发表的演讲。
[4] 许缘、江宇娟等:《中国力推包容增长应对全球"撕裂"》[EB/OL],新华社,http://news.xinhuanet.com/overseas/2016-10/09/c_1119680084.htm。
[5] 袁晗:《2015年全世界仍有8亿多人生活在贫困之中》[EB/OL],新华网,http://news.xinhuanet.com/live/2015-10/12/c_1116794545.htm。

那样,不平等带来的"孤立主义和保护主义越来越令人担忧",而且在一定意义上对全球化发展和世界经济可持续增长带来巨大挑战①。

三是人口老龄化程度不断加剧。全球迎来了人口结构转变,人口加速老龄化对居民消费和劳动供给形成深层抑制。这已成为发达经济体和主要新兴市场经济体共同面临的难题。联合国数据显示,2005年全球65岁以上人口占比达7.3%,已进入老龄化社会。预计到2020年,全球有13个国家将成为"超高龄"国,即20%以上的人口超过65岁。而到2030年,"超高龄"国家数量将升至34个②。全球老龄化带来全球人口结构变化,将深层次减少家庭储蓄,从而降低全球投资。同时,人口加速老龄化降低劳动参与率,抵消人口总量增长对劳动供给的积极作用;加之高收入经济体及我国劳动力数量已达峰值,日本等发达国家人口负增长长期化,以扩大劳动供给来推动全球经济增长受到明显制约。IMF在2015年发布的《世界经济展望报告》警示,人口老龄化、劳动生产率提高缓慢正迅速将全球经济推向黯淡的低增长深渊。

四是科技创新进程缓慢乏力。创新是从根本上打开增长之锁的钥匙。金融危机8年来,世界经济恢复缓慢、增长脆弱,是因为上一轮科技和产业革命所提供的动能已经接近尾声,传统经济体制和发展模式的潜能趋于消退,而新一轮科技革命和产业变革仍处量变阶段和突破前夜,距离真正爆发尚需时日。关键是,迄今为止的创新仍以信息技术智能化应用为主,属于信息技术革命的延续和深化。这意味着,短期内将难以产生类似蒸汽机、电力和信息技术的新通用技术。而从历史经验看,只有通用技术创新才能广泛促进全要素生产率提高和资本效率,进而推动经济增长,特定领域的专用技术创新很难发挥这样的作用。在通用技术创新难有新突破的形势下,发达经济体和新兴市场全要素生产率增速明

---

① 许缘、江宇娟等:《中国力推包容增长应对全球"撕裂"》[EB/OL],新华社,http://news.xinhuanet.com/overseas/2016-10/09/c_1119680084.htm。
② 佚名:《2030年超高龄国家增至34个》[EB/OL],新浪财经,http://finance.sina.com.cn/world/20140822/095920090724.shtml。

显放缓甚至下降,成为全球潜在增长率下降的重要原因。同时,通用技术创新难有新突破导致新产业难以集群式成长,企业投资空间缩小、收益率降低,经营目标普遍从利润最大化转向负债最小化,去杠杆化加快、信用收缩加剧,对经济上行形成拖累和阻滞[①]。

(2) 推动世界经济新老周期平稳过渡的四项关键举措

一是加快全球产业结构调整。世界经济已告别上一轮长周期的高增长阶段,即将进入新的周期性发展阶段。上一轮科技革命和全球化资源配置机制导致的全球性产能过剩,使得世界范围内产业结构面临重大调整。金融危机以来,西方发达国家负债消费、新兴经济体出口拉动、资源输出国依赖资源出口的世界经济发展模式被打破。无论发达国家还是发展中国家,其产业构成都在进行新的调整和改变,致力于生产效率的提升和新兴产业的培育,其重点是提高传统产业的资本效率、技术含量和附加值,培育战略性新兴产业。美欧日三大发达经济体在新一轮结构调整中表现出一些相似特征:首先是以再工业化为核心,把发展实体经济、重振制造业尤其是高端制造业放在重要位置,推动经济由虚向实。其次是以绿色增长和智能增长为基本方向,大力发展清洁能源、可再生能源和节能低碳等产业。再次是以新能源技术和新一代信息技术为主要特征,强调推动IT技术发展和运用。对于发展中国家和新兴经济体,不仅要抓住全球产业链重构、全球价值链重构的机遇,提升传统低附加值制造业在全球价值链和全球产业链中的地位,同时还要把握全球产业重新布局以及发达国家产业结构调整的大趋势,加快培育战略性新兴产业,推动产业转型升级。

二是培育和推动世界经济新周期。新老周期转换的实质是新旧动力的转换。当前,传统动力弱化、新动力尚在孕育,新旧动能衔接不上、增长动能不足是导致这一时期经济持续下行的重要原因,也是阻碍新老

[①] 姚淑梅、杨长勇、李大伟:《世界经济处于弱复苏周期》,《中国发展观察》2016年8月9日。

周期过渡转换的关键因素。综观世界经济周期演化规律,世界经济周期与产业升级或交替更新具有紧密关系。全球经济每一次高速增长的上升周期,归根结底都主要依赖于新兴产业的培育、兴起和快速发展。事实上,当前全球经济表现,更说明迫切需要新一轮产业与技术革命将其带入新的上行周期。研究表明[1],引领全球经济尽快步入良性上行周期并成为下一轮全球经济增长新引擎的新兴产业应具备以下四个条件:这个新兴产业需要新技术、新材料来支撑;这个新兴产业必须能够直接提供物质产品,或能够直接或间接地促进物质产品的生产供给;这个产业还必须具有连带效应,同时具有一定的规模;在新旧产业交替升级的过渡期,必须注重这种新兴产业与新技术革命对传统产业的改造升级,使老产业能够促成新产品出现、培育新市场、提升新价值。全球经济需要加大培育和发展新兴产业,需要加大符合人类消费需要的新兴产业的研发投入。随着技术与产业的渐渐成熟,新兴产业的引擎和发动机功能将逐步完善,终将掀起新一轮的全球经济扩张,从而带动新一轮世界经济发展长周期。

三是加强全球宏观经济政策协调。经济全球化的深入发展加深了全球经济联动性和各经济体宏观经济政策的溢出效应,全球携手直面问题、形成共识、同心协力共促经济增长,对世界经济平稳可持续增长具有重要意义。当前,处在新老周期转换、新旧动力衔接关键阶段的全球经济相较于过去更加敏感、脆弱,加强各国间尤其是发达国家与发展中国家在重大政策上的沟通与协调,是共同应对下行风险和不确定性、维护全球经济稳定健康发展的必然选择和当务之急。世界主要经济体需要采取联合行动,建立一个更加简化、透明的经济政策制定和执行框架,加强在财政、货币、汇率、金融监管、环境保护等各系统的协作[2]。G20是当前全球宏观经济政策协调和全球经济治理最重要的政策平台之一。在G20框架

---

[1] 张颢瀚、樊士德:《新兴产业的兴起与全球经济新周期的到来——兼论世界面临的全球战略任务》[J],《学术月刊》2012年第8期。
[2] 曹文炼:《加强全球宏观经济政策协调势在必行》,《中国经济时报》2016年9月5日。

下,需要就明确的量化指标达成协议,如在财政赤字水平、公共债务、汇率政策等方面。此外,全球宏观经济政策协调牵涉各国既有权益及责任的相对变化,必然会引发复杂的矛盾冲突。如何平稳推进并增强对进一步发展的决心和信心,需要关键参与者的引导和努力。从这个角度看,美中作为全球第一和第二大经济体,在 G20 以及国际货币基金组织、世界银行、世界贸易组织等国际层面达成共识、密切合作尤为重要。

四是完善全球经济治理机制。世界经济复苏艰难和低增长循环陷阱,暴露了全球经济治理机制的内在缺陷。首先,全球经济治理的手段与治理的议题出现偏差。危机后的治理,重在货币刺激和复苏增长,而没有把治理目标放在如何消除和解决结构性过剩这一导致世界经济失衡的根本原因上。其次,全球经济治理的内在结构存在缺陷,并未真正考虑新兴市场经济体的因素、作用、权利和诉求,特别是忽视发展中国家在全球贸易、投资中的地位和作用,这就导致世界经济复苏更加分化和失衡。再次,全球经济治理机制无法应对和解决许多新的共性问题,如全球性不平等与减贫、技术与网络空间问题、资本流动性监管、货币政策协调等。因此,全球经济治理机制亟待改革、创新和完善,要通过强化全球经济治理,实施集体行动,推动全球性结构改革,抵御和克服世界经济长期衰退的风险[1]。中国在全球经济治理中正逐渐发挥负责任大国的作用,积极推动现有全球经济治理机制和协调机构的完善。中国提出"一带一路"倡议,合作成立亚投行、丝路基金等,就是要努力发挥新治理机制对全球经济的协调和推动作用,弥补现有机制的缺陷和不足,促进全球经济治理和发展。

4.2.3 世界经济周期性调整呼唤新科技革命

(1) 技术革新是新一轮经济长周期的触发器

世界经济长远发展的根本动力源自创新,而技术革新尤其是重大技

---

[1] 权衡:《"中国"方案为何受关注》,《解放日报》2016 年 8 月 16 日。

术革命与突破则是新一波经济增长繁荣的触发器。工业革命以来,人类社会经历了五次技术革命。每一次技术革命都是在相互关联的若干通用技术领域,同时或先后发生了颠覆以往技术路径的激进式创新。当新的技术体系形成以后,围绕该技术体系,人类生产、生活、消费等的组织模式都将发生改变。这是因为新技术产生以后,人们为追求利润最大化、成本最小化,就会产生新的生产组织模式,再围绕新的生产组织模式,重构社会组织方式、行为方式、消费模式等。这就是所谓的技术—经济范式[1]。

具体来看,第一次技术革命塑造了一个完全不同于农耕文明时代以手工劳动、分散割裂、自给自足的生产生活模式,形成了具有现代文明特征的技术经济范式。第二次技术革命使人类进入了蒸汽机和铁路时代。在新的经济范式下,建立了现代邮政体系,传统的马车逐渐消失,陆路的运输和成本大幅下降,内陆贸易和交流得到了加强。第三次技术革命主要体现在钢铁、电力和重型机械的广泛应用,人类进入了钢铁和电气化时代。这一技术革命对应的是大规模生产和电气化,大幅降低了生产成本。第四次技术革命以石油化学和汽车制造为代表,开启了石油与汽车时代。这个时代形成了以化石能源为支撑的"碳锁定"。很多产业都是在石油化工基础上进行突破,并由此形成现代社会的生产和组织模式。第三次与第四次技术革命,在技术—经济范式方面共同形成了工业化成熟时期的典型模式。主要表现在:大规模、标准化、流水线的生产组织模式。相应的在生活消费方面,出现了大型超市、购物中心、大众消费等工业时代的新消费模式。第五次技术革命标志性事件是英特尔发布首款微处理器,宣告了信息时代的到来。在英特尔微处理器发布后,人类社会慢慢进入了 PC 时代,信息处理能力得到增强。信息作为独立要素,其独立性在经济社会运行当中不断增强,进而出现了知识经济、信息经济、柔性制造及范围经济[2]。

---

[1][2] 蔡跃洲:《大数据将引发新经济长周期》,《中国社会科学报》2015 年 8 月 26 日。

世界经济长周期与技术替代具有高度关联性,经济增长与衰退意味着技术的产生与退出。在增长低谷期,新技术对旧的技术和生产方式产生强大冲击,但还没有完全创造新的投资和生产高潮,不足以推动经济增长进入上升周期。技术创新成果吸收完成后,新的经济高潮则将到来。如世界经济的几次增长周期分别对应蒸汽机械革命、铁路化、电力普及、计算机和信息技术的兴起。我们认为,世界经济当前的增长低谷,就是在孕育新的根本性的技术突破。

(2)以新技术革命开启世界经济的熊彼特周期

熊彼特等学者认为,世界经济长周期是重大科技创新的结果。根据熊彼特的周期理论,每一次重大技术革命往往会伴随50—60年的经济长周期。重大的技术革命对原有的技术带来了颠覆性的破坏,社会需要经过一段时间的接受和适应。一旦跨越临界点,就会引发大规模的投资需求。全社会要素资源向新技术领域大量集聚,生活消费方式也将发生重大变化并引发新需求,从而带来经济上升阶段,开启新经济周期。因此,熊彼特周期实质上是创新周期,是新产业替代老产业、新产品替代老产品的周期。当然,新旧交替不是把旧产业全部淘汰掉,而是将新的资源配置方式注入旧产业,从而创造生产、经营、消费的新模式。

从目前技术革命端倪和世界产业变革总态势看,支撑第六长波周期新繁荣的动力可能来自以下几个方面[①]:其一,以智能化、智慧化为主要特征的 IT 技术革命的深化,以及基于新能源技术、新环保技术、生物工程技术、新材料技术等的新科技产业革命。其二,2010 年左右出现的大数据革命也可能引发第六次技术革命。所谓大数据革命,本质上就是以物联网(万联网)、云计算、大数据等相关技术为主的第二次信息技术革命。相比之下,信息通信技术可能会在新一轮技术革命和新技术体系中处于核心地位。事实上,以大数据、云计算、物联网等技术为支撑,人类

---

① 蔡跃洲:《大数据将引发新经济长周期》[N],《中国社会科学报》2015 年 8 月 26 日。

的生产生活组织方式已经发生剧烈变化,呈现个性化、定制化、分布式、网络化、智能化、集成化和服务化等特征。大数据革命以及与信息通信技术相关联的新能源、新材料领域,即各通用技术领域出现的革命性变化和激进式创新叠加在一起,有望引发新一轮的产业技术革命,从而形成新的主流技术体系。伴随着新的主流技术体系的形成,很有可能会形成新一轮的经济长周期。

从历史经验来看,当技术革命的标志性事件出现10—20年以后,将开启新一轮的经济长周期。目前可见的标志性迹象是互联网牵引的新工业革命,信息技术进入到广泛和深度应用阶段,引发新的生产方式、生活方式、交往方式和管理方式。如在产业形态上,基于网络化、智慧化的新型业态不断出现;在组织形态上,信息技术与制造技术的融合使分散式和社会化生产方式部分替代"集中生产、全球销售"的传统生产组织模式,超大公司将向平台化方向发展,小型公司和个体化的组织越来越多,与大型公司相互依赖,形成一个创新创业网络[①]。

必须看到,新一轮产业与技术革命不可能一蹴而就。新兴产业以及新技术革命的前期研发投入十分巨大,而且风险也较大,从产业结构调整、优化到升级,直到演变为主导产业,最后成为全球经济新的经济增长主动力,需要较长时间。也应当坚信,虽然目前新一轮科技革命和产业变革仍处在量变阶段和突破前夜,但距离形成质变和真正爆发可能还需10—20年甚至更久。但新科技产业革命正在到来的途中,并已初露曙光。而这或许就是世界经济新一轮长周期开启的前奏。

4.3 敏锐抓住世界经济周期性转换的新机遇

总结历史经验,每次世界经济出现周期性转换,总是蕴含着重大发

---

① 廖胜华、谢忠平:《应对世界经济周期性调整,拓展开放布局》[N],《羊城晚报》2016年2月23日。

展机遇。就中国而言,此次世界经济长周期转换的特别之处在于,它同中国经济的大阶段转换并行交织且相互作用,这对我国经济发展的战略无疑具有重要意义。

4.3.1 中国经济发展大转型与世界经济长周期转换并行交织

习近平总书记在2016年中央经济工作会议上指出,"认识新常态、适应新常态、引领新常态,是当前和今后一个时期我国经济发展的大逻辑,这是我们综合分析世界经济长周期和我国发展阶段性特征及其相互作用作出的重大判断"。其中,中国发展阶段性特征,主要是指当前中国正处在从低收入向中等收入发展,转向中等收入向高收入发展的阶段。这种转换是一次发展战略转型、发展方式转变、发展动力重构,即要完成经济发展的转型升级。在此转型中,将面对"中等收入陷阱"的挑战。实现这一历史转变并非一蹴而就,从"十二五"开始,可能需要2—3个五年计划,甚至更长一些时间。

世界经济由第五长波向第六长波过渡转换,与我国经济发展的这一过渡转换交织重合、相互作用,是金融危机后经济运行的总态势、总格局,其中包含了国际、国内双重挑战与双重机遇。这是我们制定短期政策与长远战略的基本点。因此,要把中国经济发展大阶段转换与世界经济第五长波向第六长波转换结合起来。有学者研究认为,第六长波繁荣期将会出现在21世纪20年代初中期,延续到40年代初。这一时段正是中国由中等收入走向高收入,建设发达社会主义社会,实现中华民族复兴的决定性时段[①]。为此,必须从科技革命前沿动态出发,全力抢占世界发展第六长波繁荣周期的战略制高点和先导权。工业革命以来,世界发展的每一长波繁荣期的形态,都代表着那一时段人类文明发展的最

---

① 梁桂全:《敏锐抓住世界经济长周期的转折性态势》[N],《南方日报》2016年2月1日。

新、最高台阶。我们必须面向世界,让世界第六长波助推中华民族复兴,让中国超越式发展助推世界第六长波新繁荣。

4.3.2 抓住世界经济结构性调整和周期性转换的历史性机遇

世界经济的结构性调整和周期性转换,为我国经济发展提供了重要的战略机遇。

在世界经济长周期转换过渡阶段,我国所面临的战略机遇期在内涵和条件上已与之前大不相同。过去,当世界经济的发展尚处于长周期的上行区间时,全球经济相对繁荣,国际市场需求旺盛,我国适时加入世界贸易组织,成功实施出口导向型的发展战略,实现了经济的高速增长,取得了举世瞩目的成就。而在新形势下,原先的发展战略必须调整,要落实创新驱动战略,抢占新一轮科技产业革命的制高点。

随着新科技产业革命的孕育和兴起,在新的生产力和生产方式变革下,过去工业革命的发展路径和产业演进逻辑正在发生重大变化。上一波工业化浪潮是制造业的全球化,成本竞争与规模竞争的逻辑决定了产业的全球布局。据此我国改革开放的重要方向就是充分利用土地、劳动力等资源要素相对低廉的优势,大力承接世界加工制造业的产业转移。但当前的技术变革正在对生产要素进行新的重组,大批量制造和流水线式生产模式受到挑战,规模经济的重要性相对下降,知识与创新的重要性更加凸显,创新全球化时代来临。资源要素的配置路径也随之发生改变,物资因素的重要性相对下降,人才、技术等创新要素的重要性上升,资源要素越来越依托全球创新创业网络进行扩散,跟随创新创业的步伐进行全球流动。并且,创新全球化更加具有马太效应的趋势,越是创新创业活跃地区,越能吸引要素聚集,一旦格局锁定,后来者很难追赶。面对当前技术变革还处于起步阶段、离路径锁定还有一定距离的发展形势,中国必须以时不我待的机遇意识与危机意识,按照创新全球化趋势,义无反顾地推行全方位改革,大力拓展对外开放格局,在资本、技术、人才等方面融入全球创新创业网络,实现从过去的垂直分工转向走至创新前沿[①]。

[①] 廖胜华、谢忠平:《应对世界经济周期性调整,拓展开放布局》[N],《羊城晚报》2016年2月23日。

第 5 章
特朗普新政对中美经济的影响及中国的应对

2016年,美国宏观经济延续了2015年以来的复苏势头,多个宏观指标表现超预期,通胀与就业指标为年底加息带来强力支撑。2016年也是美国四年一度的大选年,特朗普的当选,为全球经济带来更多不确定性。美国即将步入特朗普时代,以减税、扩大基建以及放松监管为代表的特朗普新政在短期将刺激美国宏观经济的进一步向好。预计2017年上半年,美国宏观经济复苏势头增强,新政将在一定时期内刺激国内就业及消费水平上升,中长期内仍存在不确定性。特朗普新政将对中美关系带来深远影响,中国需及早应对,谋定而动。

5.1 美国2016年季度宏观经济形势回顾

2016年美国宏观经济整体表现向好,复苏势头维持平稳。分季度来看,一季度宏观经济增速放缓,二季度则有所回暖,三季度持续改善,四季度虽因大选增添了不确定性,但市场依旧释放出积极的信号。美联储年底加息"靴子落地"。

2016年第一季度美国宏观经济增速放缓,GDP环比折年增速为1.3%。而2016年第二季度美国经济形势有所回暖,GDP折年增速达到3.7%。从制造业运行情况来看,第二季度美国供应管理协会(ISM)

制造业采购经理指数(PMI)连续上升,6月达到53.2%,创一年来新高。与此同时消费保持温和增长,6月份密歇根大学消费者信心指数由5月份的94.7下降至93.5,但仍处于高位(详见图5-1、图5-2、图5-3、图5-4、图5-5)。

　　第二季度美国经济有所回暖,主要是受制造业扩张以及消费改善的影响。一方面,制造业新订单和生产指数增长带动制造业活动持续扩张,大宗商品价格企稳和美元升值对制造业的不利影响有所减弱;另一方面,就业增长和低利率环境对家庭消费支出产生助推作用,美国国内

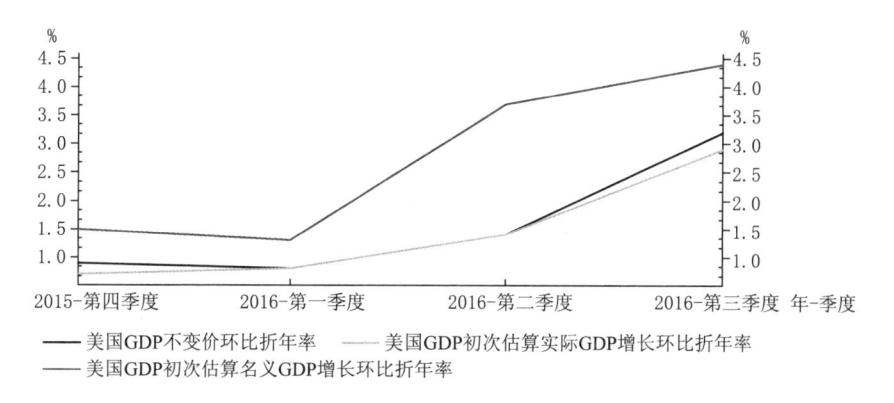

图 5-1　美国宏观经济增长水平环比折年率

• 资料来源:Wind 资讯。

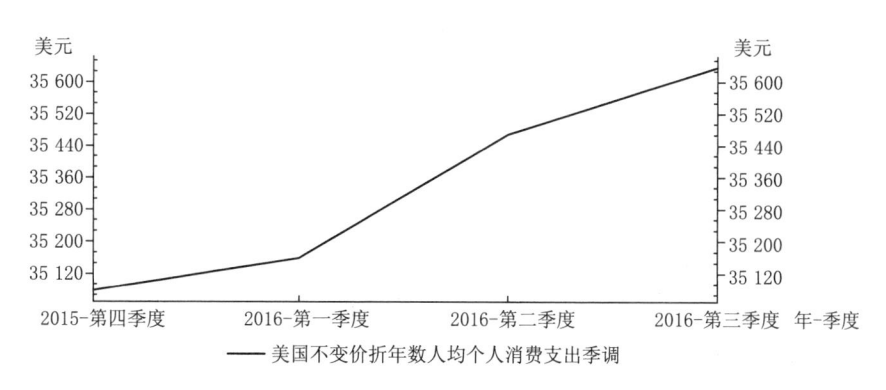

图 5-2　美国人均个人消费支出季调

• 资料来源:Wind 资讯。

图 5-3 美国失业率水平季调

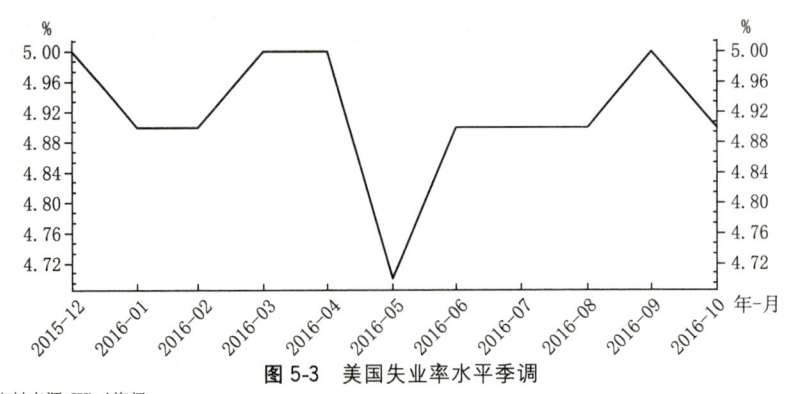

• 资料来源：Wind 资讯。

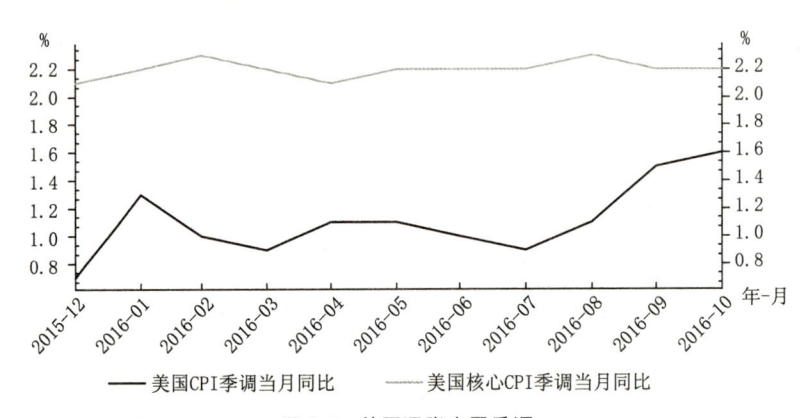

图 5-4 美国通胀水平季调

• 资料来源：Wind 资讯。

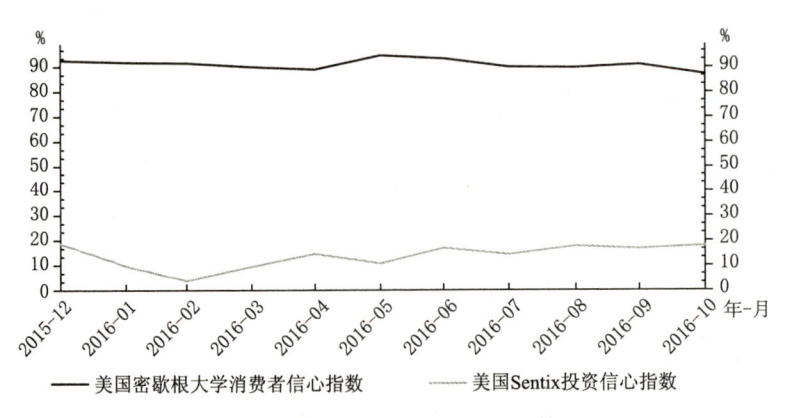

图 5-5 美国消费者、投资信心指数

• 资料来源：Wind 资讯。

需求有所增长。但长期来看,美元过度升值、企业投资疲软以及全球经济风险等因素仍可能在一定程度上拖累美国经济增长。通胀与就业也有所改善,6月居民消费价格指数(CPI)同比及环比增幅均不及预期,但与前值保持一致。4—6月CPI分别同比增长1.1%、1%和1%,且环比下降0.4%、0.2%和0.2%。

第三季度美国GDP同比增长1.5%,高于前值1.3%,环比折年增长3.7%,高于前值1.3%。9月美国ISM制造业PMI录得51.5%,ISM服务业PMI录得57.1%,较前值均大幅上升。零售环比大幅上升,9月密歇根消费者信心指数为91.2,在连续三个月下滑后再度上升,消费者信心提升。与此同时,三季度出口环比上升、进口环比下降,制造业整体改善。

四季度以来,美国GDP、消费支出、通胀数据均表现亮眼。11月新增非农就业人口17.8万人,基本符合预期,失业率4.6%,创2007年8月以来最低,显示美国劳动力市场复苏态势良好,已接近充分就业状态。美联储12月加息的最后一道担忧已不复存在,同预期一致,2016年12月15日美联储宣布加息25个基点。预计2017年,特朗普时代再通胀预期升温。

5.2 特朗普新政及其短期内的积极影响

5.2.1 特朗普新政的背景

(1)中产阶级萎缩,失业问题突出

虽然美国经济开始缓慢复苏,但普通民众并未享受到经济复苏带来的实惠,中产阶级萎缩,财富继续向富裕阶层集中,且真实失业问题仍然不小。2009—2014年,美国全部住户收入中位数只增长了6.7%,明显低于全部住户收入增长平均数的10.7%。统计上的失业率从最高的10%(2009年10月)降至2016年10月的4.9%(图5-6),但劳动参与率从 2008 年末的 65.8% 降至 2016 年 10 月的 62.8%（图 5-7）。

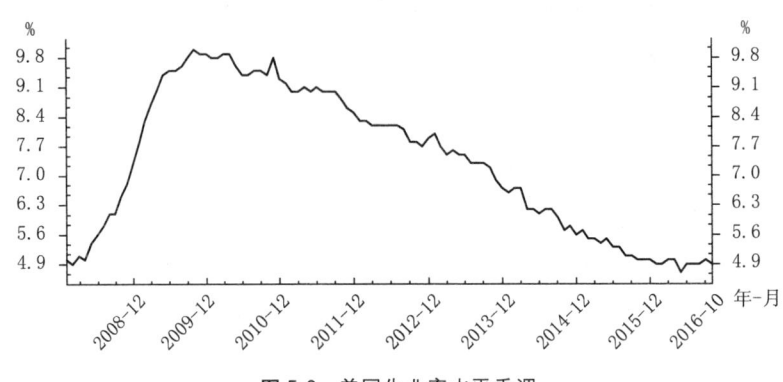

图 5-6　美国失业率水平季调

• 资料来源：Wind 资讯。

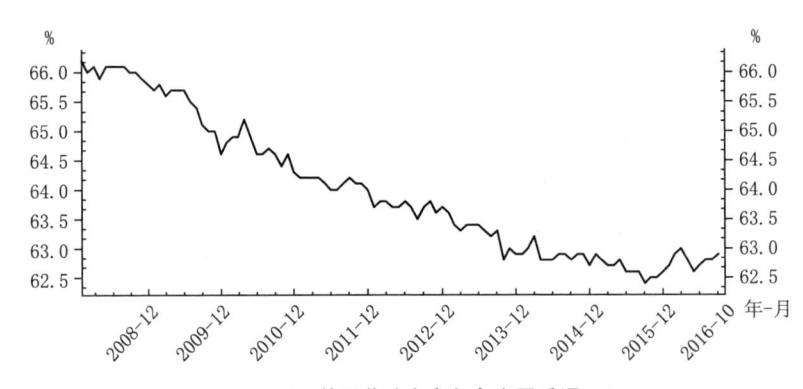

图 5-7　美国劳动力参与率水平季调

• 资料来源：Wind 资讯。

（2）社会福利负担沉重

由于新医保法案实施，美国医保覆盖率从 2008 年年末的 85.1% 增至 2015 年年末的 90.9%。其中，政府医保覆盖率从 29.1% 增至 37.1%，私人医保覆盖率保持不变。美国医疗保险和医疗补助占联邦财政支出的比重从 22.5% 增至 27.9%，提高了 5.4 个百分点。加上收入保障和社会保障支出，四项合计占美国联邦财政支出比重从 2008 年末的 57.6% 增至 65.7%，提高了 8.1 个百分点。债务规模攀升，财政赤字面临上限。2008—2015年,美国联邦政府债务规模从13.8万亿美元增至17.6万亿美元(图5-8、图5-9),占美国GDP的比重从64%增至97.8%(图5-10),联邦政府资产负债率从228.7%增至326.3%。美国财政赤字占GDP比重在2009年达9.8%,2016年预计为3.3%(图5-11)。

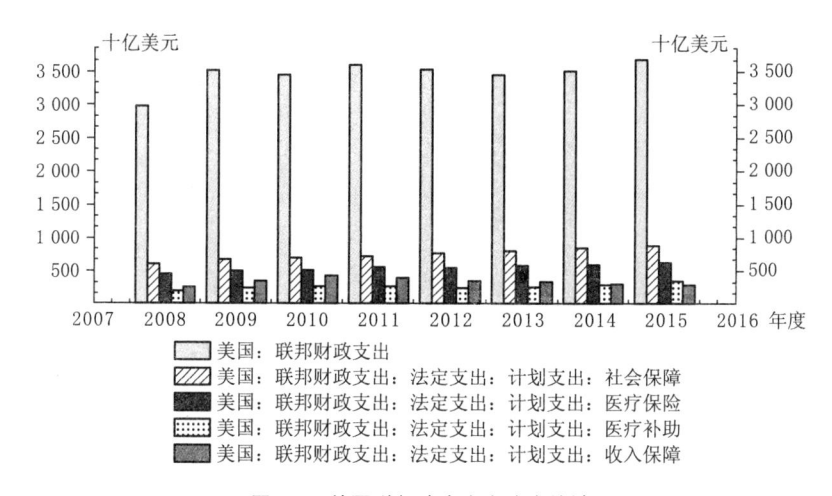

图5-8 美国联邦政府支出分类统计

• 资料来源:Wind资讯。

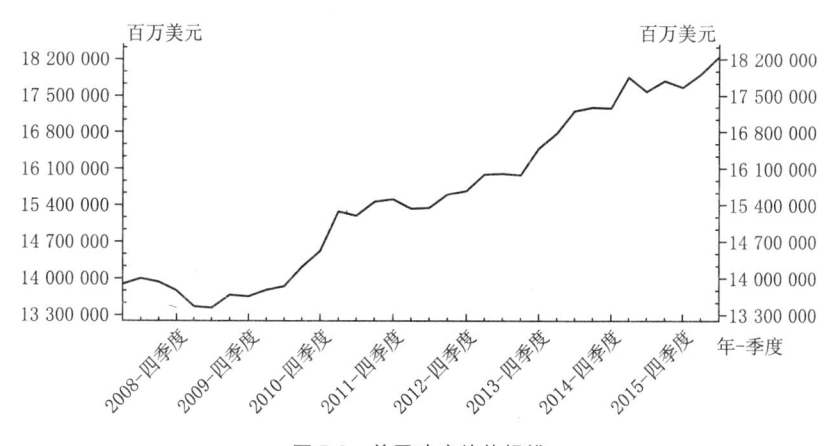

图5-9 美国政府外债规模

• 资料来源:Wind资讯。

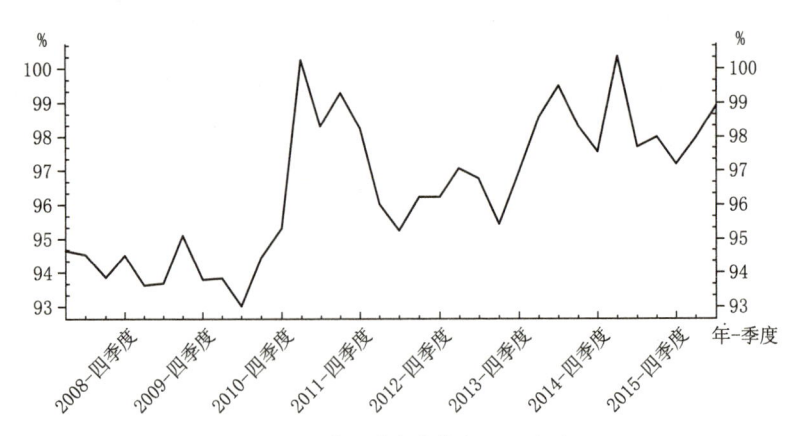

图 5-10 美国政府外债占 GDP 比重

- 资料来源：Wind 资讯。

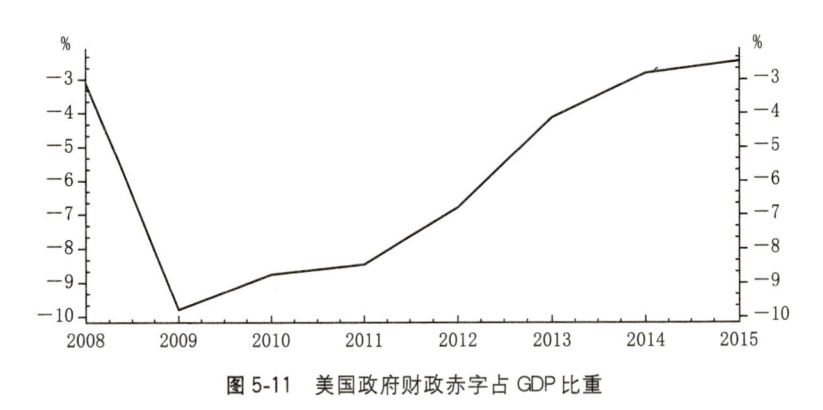

图 5-11 美国政府财政赤字占 GDP 比重

- 资料来源：Wind 资讯。

5.2.2 共和党执政思路下的特朗普政策展望

从特朗普参加竞选以来的政策思路，结合共和党传统及当前美国经济社会背景，"特朗普经济学"的核心很可能包含如下四个方面。

以税收优惠吸引民间投融资运作基建。基建很可能是特朗普新政的必选项目，原因有三：首先，美国基础设施严重老化，迫切需要更新；其次，拉动基础设施重建能够创造大量新增就业，符合特朗普对广大选民的承诺；最后，特朗普本人为地产大亨，且他的竞选资金主要来源于地产商和制造业工厂主,更新基础设施对其利益集团有利。根据特朗普"百日新政"的提议,未来基建试图通过税收优惠吸引私人贷款参与重建。这种思路亦符合共和党"小政府"的政策思路,"私人能完成的事情政府不要插手,发展经济尽量依靠私企的力量而不是压抑其发展"。

减税与削减福利开支并举。特朗普在竞选时提出减税和废除奥巴马政府的新医改法案,这既符合共和党执政传统,也符合当前美国经济背景。其一,减税对富人和大企业更为有利,而共和党背后则多为大企业,以能源和美国的传统制造业为主。其二,减税仍有空间,并且如果只减税而不削减福利开支,特朗普时期的财政赤字压力将很大。虽然已公布的初步治国政策框架并没有公布具体的减税方案,但是明确说明新税收方案税率更低、更简化、更公平以及更能促进增长。根据2015年美国的数据,个税加上企业所得税占联邦财政收入的58%,约1.88万亿美元,按照10%的保守减税幅度,赤字扩大约1880亿美元,这意味着如果特朗普削减开支少于这个幅度,赤字规模必将扩大。

放开市场管制。放松市场管制亦为共和党传统,以20世纪80年代里根时期最为突出。特朗普在竞选纲领、初步治国政策框架(11月11日)和百日新政"短视频"(11月22日)中均强调了放松市场管制,内容主要涉及:取消美国能源生产限制;制定一条新法规,须废除两条旧法规;废除多德-弗兰克法案,放松金融监管。

加息频度或提高但不会超过经济承受力。特朗普曾多次抨击美联储的低利率政策,认为低利率对经济造成扭曲,并曾扬言换掉鸽派主席耶伦。

5.2.3 特朗普新政短期效果预判

特朗普的"基建+减税+加息+放松管制"经济政策方案有助于再通胀和经济复苏,利空债市,利好股市和商品。首先,特朗普的财政刺激政策会同时拉高通胀水平和财政赤字率。债务水平的上升推升美国长期国债收益率。特朗普上台以及相应的刺激计划引发投资者对通胀的重估，通胀预期上升导致全球债市齐步下行。其次，再通胀和财政刺激使得美国股市基本面得到改善，利好周期性行业。减税刺激消费也有利于消费行业。在废除多德-弗兰克法案的预期下，股市的风险偏好有望得到修复，市场投资者情绪好转。再次，如果美国财政刺激加码，经济将持续复苏，那么大宗商品需求将迎来边际增长。

专栏 5-1　　美国大选两党候选人经济政策比较

1. 税收政策

共和党主张小政府、低税负、合适福利、支持人民持枪、加强国防预算等均是其传统观点。特朗普计划把个人所得税从现有的 7 个层次简化为 3 个层次，远低于现行税法中的最高一档。特朗普对富裕阶层征收的个人所得税将提升到 33%，使得其目前计划更符合共和党的观点。民主党方面则向来主张大政府、高税收、高福利、反对人民持枪、消减国防预算。希拉里的经济政策包括税法改革、提升福利以及振兴美国经济的计划等。在税制改革方面，希拉里的政策主要是对富裕阶层增税，用于基建投资以及福利开销。她主张对美国前 1% 的高收入群体征收 3/4 的税收，同时支持施行巴菲特税，即对年收入超过 100 万美元的人群征收不低于 30% 的税收。另外，她更加倾向于支持科学研究，以创造全新的产业，并对贫困地区采取低税。

2. 贸易政策

共和党一贯主张减少甚至避免政府干预的自由市场政策，但特朗普的主张与该党一贯的主张相比则显得另类。特朗普的经济政策围绕"让美国再度强大"，反对"全球化"以及"自由贸易"。特朗普也明确表示反对跨太平洋伙伴协定（TPP），并决定重新谈判北美自由贸易协定（NAFTA）。特朗普反对全球化，其拒绝自由贸易的出发点在于认为民主党的政策将美国人手中的工作都转移到了海外，对美国的制造业及就业造成了严重损害。因此他威胁将对从中国及墨西哥进口的商品征收45%和55%的惩罚性关税。民主党方面,尽管希拉里曾经支持奥巴马的TPP,但与特朗普对外贸易问题的强硬相比,也毫不示弱,提出以惩罚汇率操纵国并加强贸易监管及执法,来保护美国人的就业。

3. 制造业及基建投资

两党都提到要在基础设施建设上投入庞大资金以刺激民间投资。特朗普表示要花费比希拉里多近乎一倍的金额用以投资美国的基础设施建设并刺激美国的就业;特朗普有意发行"基础设施债券"并向民间开放,并且主张基础设施应使用美国制造的产品。特朗普也支持低利率政策,以利于借债来兴建道路、桥梁、公共交通,但这一点与共和党的一贯主张是相悖的。民主党方面,希拉里提议在未来5年内投资2 750亿美元,并建立基础设施银行。

专栏 5-2　　　　全球顶级智库对特朗普当选的看法

经济学人智库(the Economist Intelligence Unit,EIU)评选出了全世界十大会造成深远影响的因素,其中"特朗普当选美国总统"在榜上排名第六。EIU还认为,特朗普对自由贸易的敌对倾向特别是孤立墨西哥和中国的倾向可能迅速升级,演化为贸易战。报告指出,如果特朗普当选美国总统,将会"极大地扰乱国际经济秩序,并提高美国政治与安全的危险程度"。

欧洲顶级智库 Open Europe 近日撰文指出,若特朗普当选后利率上行的趋势延续,欧元区政府的现金紧张最终可能引发救助计划,而这种计划将引发民粹主义政党崛起。奥地利或迎来极右翼的总统,反欧盟的右翼党派也可能掌控意大利政坛。仍在谈判中的TTIP协定在欧洲已经面临很多障碍。由于特朗普对贸易协定的质疑,TTIP现在可能又要面临美国的否定。现任欧盟贸易专员表示"实在不清楚"特朗普是否希望继续谈判,而前任欧盟贸易专员则认为"TPP已死"。欧盟委员会主席已经敦促特朗普清晰说明 TTIP 协议的有关问题。特朗普在此前也有过态度 180 度反转的经历,且国会和共和党也可能阻碍其推行保护主义政策,但是难以判断他将如何违背保护主义的承诺。

布鲁金斯学会预计,特朗普当选将令美、英、亚股市出现 10%—15% 下跌,原油可能有 4 美元跌幅,墨西哥比索可能暴跌 25%,市场波动性激增。特朗普当选总统对市场的影响,堪比英国脱欧。

英国皇家国际事务研究所(Chatham House)认为此次大选中,由于许多美国民众逐渐失去对政府的信任,甚至产生了愤怒情绪,直接导致特朗普当选。特朗普当选之后,尽管美国可能不会离开北大西洋公约组织,不会背离欧洲,但是美国的重要性也许会遭到其盟友的质疑。

卡内基国际和平基金会认为"想到特朗普可能会赢,但没想到特朗普会这样赢",特朗普虽有胜选可能,但大概率还是希拉里会当选。特朗普赢得了很多新选民,如同里根在 20 世纪 80 年代赢得了许多民主党的选民。

• 资料来源:根据美国智库彼得森国际经济研究所研究报告、《美国两党总统候选人的经济政策及其影响分析》等整理而来。

5.3 特朗普新政对世界增长的可能影响:不确定性与风险

5.3.1 特朗普当选对世界经济的可能影响

特朗普的经济政策不仅决定着美国经济的走势,还在很大程度上影响着全球经济形势。美国是全球第一大经济体,而世界经济当前正经历着崎岖不平的低增长态势。

各界对特朗普最大的担忧在于他的贸易保护主义和限制移民的言论。尽管他究竟会在多大程度上将竞选言论转化为政策尚不确定,但一些主流媒体表达了较为悲观的预期。《经济学人》认为,一个合理的初步猜测是,特朗普当选美国总统将在总体上对全球经济不利。该杂志进一步预计,特朗普的举措至少在短期内可能对美国以外的经济体造成更多不利影响。

特朗普引发的潜在经济问题的广度和性质,取决于其"经济民粹主义"中两个主要因素的相互作用。一是提振总需求的举措,主要是减税与基建投入;二是贸易保护主义。倘若特朗普更多地倾向于第一个因素,并更少地倾向于第二个因素,美国经济受到的直接损害将会是有限的。但即便如此,特朗普当选给美国以外经济体造成的总体影响仍可能是负面的。

在贸易问题上,特朗普将正式发布美国关于退出 TPP 的通知。他主张,TPP 是美国的"潜在灾难",政府将重新谈判和签订公正的双边贸易协定,将就业和产业带回美国。

特朗普当选凸显了全球经济主张中存在的分歧。它与英国脱欧公投一起意味着战后全球经济秩序受到了广泛排斥。这可能使美国和世界经济在数月甚至更长时间内陷入不确定性漩涡。

特朗普的胜选再次显示出,世界的主要分歧不再是左派与右派的分歧,而是国家与全球、工薪阶层与精英人群、民粹主义者与建制派之间的分歧。这意味着,特朗普不是平常意义上的新当选总统。尽管名义上是共和党人,但特朗普的竞选立场与共和党传统的政策宗旨相悖,他用民粹主义言论大肆抨击全球化。

这一立场将如何转化为政策还不得而知。这种不确定性有两个方面:事情可能比预期更糟糕,同时也可能好于预期。在较为乐观的情况下,特朗普缺乏意识形态标准的特点可能会是一个优点。正如他此前所说:"我做交易。我谈判。"但另一方面,特朗普也可能受制于性情和政治经验不足,这将是较为悲观的因素。

5.3.2 特朗普当选对国际局势的可能影响

特朗普上台之后,很可能会履行竞选承诺,削减军费开支,并弱化对盟友的军事义务。这种行为可能会在短期内造成安全真空,加剧部分地区的安全竞争,同时强化美国盟友之间的安全合作。前阶段,日韩双方签署《军事情报保护协定》就是因美国承诺的不确定性而搁置争议进行合作的很好例证。此外,安倍赴美拜见特朗普同这种不确定性也有很大关系。

5.4 特朗普政策对中国的四大影响

5.4.1 或将引发中美局部贸易战

中美是世界上最重要的双边贸易伙伴。据美国商务部统计,2015年美国与中国双边货物进出口额为5 980.7亿美元,占美国全部进出口额的比重为15.7%,中国首次超过加拿大成为美国最大的贸易伙伴。经贸是中美两国共同利益交集最多的领域,也是两国通过双边合作和管控分歧获得切实利益、实现互利的领域。中美双边贸易额和双向投资存量高速增长,对促进两国的经济增长作出了巨大贡献。

为实现美国国内就业的增长,鼓励本土制造,特朗普新政提出要对中国征收惩罚性关税。对此,美国知名智库彼得森国际经济研究所对特朗普贸易战的可能后果进行了情景分析,结果显示:在全面贸易战情景下,美国对中国、墨西哥进口商品分别征收45%和35%的关税,中国和墨西哥也对美国进口商品征收同样的关税,美国将会出现进出口萎缩,国内物价上升,消费、投资连续多年低于无贸易战的基准情形,经济增速不断下滑并于2019年进入经济衰退,失业率从目前的4.9%攀升至2020年的8.6%;在中止贸易战情景下,即美国对中国和墨西哥高关税政策执行一年后中止,美国消费、投资也同样会连续数年低于基准情形,经济增速到2018年将降至1.2%,失业率到2019年将升至6%。

但是,与中国全面贸易战也需国会通过。在美国,总统没有权限对另外一个国家的商品全面征收45%惩罚性关税,这需要其国会授权。即使共和党也控制国会,预计国会也很难批准与中国的全面贸易战。

虽说全面贸易战较难发生,但中美局部贸易战可能爆发。特朗普出于兑现竞选承诺的考虑,必然会做出一些象征性的姿态,预计会针对部分中国商品提高关税或设置壁垒,中美贸易摩擦将会增加。目前,美国自中国的进口商品以机电产品为主,据美国商务部数据,2015年进口额为2 370亿美元,占美国自中国进口总额的49%。家具玩具、纺织品及原料和贱金属及制品分别居美国自中国进口商品的第二、第三和第四位,2015年进口额分别为556.1亿美元、426.2亿美元和248.7亿美元,占美国自中国进口总额的12%、9%和5%。特朗普当选后,若针对某些中国商品发动局部贸易战,那么机电产品可能会首当其冲。

这无疑会加大中国经济下行压力。有研究显示,中国目前可能处在一个超级金融周期的顶部阶段,2017年将是中国进入此轮金融周期下半场的元年。依靠信贷投放来维持经济增长的做法似乎已达极限,拉动2016年经济增长的房地产投资、汽车消费需求将会因信贷收紧而在2017年转弱,2017年的经济下行压力将更加凸显。如果美国提高对中国机电产品的关税,一方面将令中国本就疲弱的出口雪上加霜;另一方面也会导致中国制造业投资和就业人数下降,从而在更大程度上影响中国经济。

5.4.2　或将加剧中国资本外流

特朗普的政策可能同时恶化中国经常账户和金融账户,从而加大人民币贬值压力。局部贸易战可能让中国的贸易盈余受损,经常账户的盈余可能下降。另外,局部贸易战也使企业在中国生产组装的成本上升,从而使中国对外商直接投资的吸引力下降。另外,特朗普的以下主张可能会吸引美国海外资金更多地回归国内:一是削减企业所得税,将企业所得税由35%降为15%,降低美国国内企业税负;二是对外迁的美国企业仅一次性课征低至10%的税收,吸引美国海外资金回流;三是将强迫苹果这样的跨国公司将亚洲的生产线搬回美国,否则将向这些企业征收35%的重税。从近年数据来看,短期资本流动和人民币汇率贬值预期有着较高的关联度,中国资本外流加剧后,人民币贬值压力将再次加大。

5.4.3 或将在地缘政治和军事安全上出现政策混乱

一方面,特朗普认为美军国防开支占经济总量的比例处于第二次世界大战以来的最低水平,希望加大军事方面的投入以重塑美国的军事力量和领导地位。特朗普给中国在南海的活动贴上军事化的标签,并猛烈批评美国政府的不作为。特朗普还批评奥巴马政府在朝鲜、伊朗核问题上的无能为力。在中东,他对目前美国打击"伊斯兰国"组织中的表现非常不满,并表现出对无限制使用武力的偏执。因此,相对于希拉里注重软实力与硬实力相结合的"巧实力"亚洲战略,特朗普更加偏好硬实力。

另一方面,特朗普也表现出一定程度的孤立主义倾向,试图从全球范围内实施战略收缩,例如试图与俄罗斯实现某种和解和在打击"伊斯兰国"组织方面的合作,要求日韩等盟国分担美国实施安全保证的费用。从这个角度来看,他将中国视作军事威胁的言论很可能只是竞选言论。这种战略收缩无疑将扩大中国在亚太地区的影响力,但也很可能会导致原来受到压制的地区不稳定因素凸显,造成地区安全秩序失衡,带来更多的冲突和动荡。特朗普曾说会与金正恩进行直接对话,威胁韩国要撤回驻韩美军。解禁集体自卫权的日本也会加快向"正常国家"的转变。在这种情况下,地区权力格局将发生剧烈的变动,这对中国的实力运用和外交智慧都提出了非常高的要求。如果应对不力,该地区将被失衡的权力格局进一步撕裂,成为地缘政治上的破碎地带,变成不断给中国带来安全挑战的麻烦之源。

5.4.4 或在能源和气候领域合作空间广阔

特朗普坚定地支持开采和使用石油、煤炭、常规天然气和页岩气等化石能源,希望实现彻底的能源独立,摆脱对石油输出国组织和其他任何敌对国家的能源依赖。因此,他认为应该取消在一些联邦辖区的能源开采禁令。与此同时,特朗普对气候治理表示强烈的怀疑,认为这是自我束缚发展能力的行为。即便存在一定程度的气候变化,他也不认为是人类活动造成的,而是天气本身的原因。所以,未来美国政府很可能会放低在该领域的调门,在一定程度上减轻了中国在应对气候变化问题上遭遇的国际压力。

5.5 中国应对"特朗普新政"的四大措施

总而言之,特朗普的政策缺乏专业性、连贯性和稳定性。无论是对个人还是国家来说,这种不确定性往往意味着巨大的风险。当然,也不能忽视美国政治制度和官僚机构对总统的制约能力。从积极角度来看,这大大减轻了特朗普政府可能带来的政策灾难及其严重性。但从消极角度来看,这也很可能导致美国政府陷入不断内耗、无所作为的境地,降低其对国际体系的秩序输出,加速国际关系的"离散"和碎片化。针对这种情况,中国应提早准备,尽力减轻特朗普新政的不确定性给中美关系所带来的冲击。

5.5.1 抓住美国战略收缩间隙推进 RCEP 战略布局

事实上,TPP 和区域全面经济伙伴关系(RCEP)都是实现自由贸易协定(FTA)的重要路径,一旦 TPP 流产,RCEP 会备受重视,包括日本等 TPP 签署国也会在 RCEP 谈判中放低姿态,从而降低谈判的难度。另一方面,如果没有 TPP,RCEP 成员国加速谈判的紧迫性也会降低。因此,对中国而言,应抓住机会,力推 RCEP 谈判进程。如果达成 RCEP 协定,将会加大中国在地区层面的经济影响力。而其他没有囊括在 TPP 中的东南亚国家也将从 RCEP 中受益,但这些国家需要的是高质量的 RCEP 协定,以维持它们各自经济体和整个地区的竞争力。

5.5.2 提高国内资产回报率以应对美国加息风险

美国加息增加了美国资产吸引力,加剧了资金外流,我国应提高国内资产回报率来加以应对。一是稳住国内经济,11月工业投资出现触底反弹,预示着经济或短期企稳,有助于增强对中国短期投资回报率的信心。二是短期内需稳住利率、不宜降息,应主要通过降准来对冲资金外流。三是加快改革,提高中国经济的效率。

5.5.3 做好应对准备,保持中美之间战略定力

未来中美关系在美国社会深刻变动的情况下必然会遭受各种形式和程度的干扰,但双方巨额的经贸利益已经成为稳定两国关系的压舱石。30多年间建立起的制度性沟通渠道也在发挥避免战略误判的减震器作用。应尽快度过初期的相互试探,早日实现稳定的良性互动。

5.5.4 创新互动模式,加强危机管理能力

中方应继续积极探索一些技术性措施,规范双方的互动模式,防止战略误判和操作失误引发冲突,防止出现两国战略博弈引发的安全困境,管控双方在热点地区的战术博弈可能引发的突发危机。

5.6 加拿大经济形势分析与中加经贸关系展望

5.6.1 加拿大经济开启复苏势头

支撑加拿大经济的主要支柱是对外贸易,商品出口占其国内生产总值的41%。加拿大地域辽阔,森林和矿产资源,农业、渔业资源都非常丰富,特别是石油,是该国经济的重要支柱之一。加拿大的旅游业也十分发达,据世界旅游组织统计,加拿大在世界旅游组织收入最高国家中排名第九。这些使得加拿大被冠以资源出口型国家、石油国家和旅游经

济型国家。

鉴于美国经济呈现向好态势,加拿大经济从2016年1季度起也开启了复苏的趋势。GDP同比增速由2015年四季度的负值一跃升至2016年一季度的1.34%;二季度略有回调,但仍保持在1.25%,开始向好;三季度大幅上升至2.03%(图5-12)。

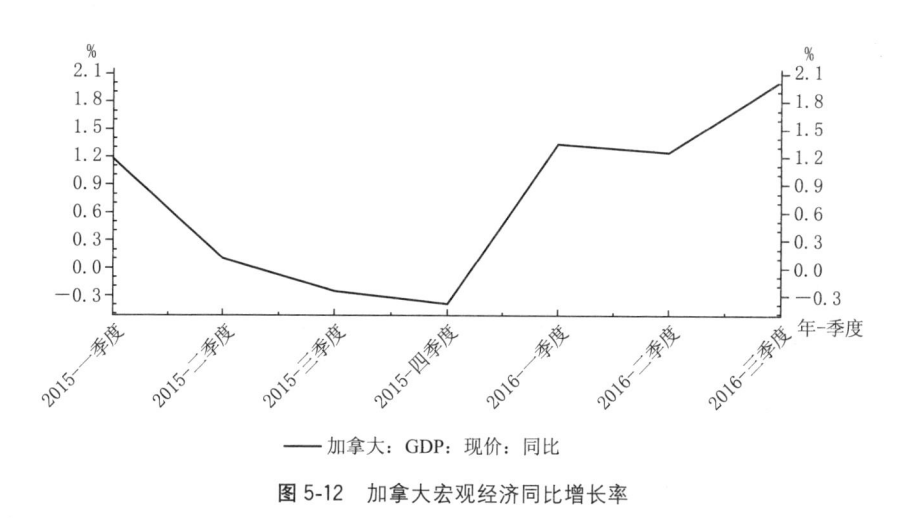

图5-12 加拿大宏观经济同比增长率

• 资料来源:Wind资讯。

另外,2016年3月加拿大就业人数增加4.1万人,同时全职和兼职就业人数均有上升,失业率也摆脱了近三年高点,表明劳动力市场正在稳步复苏。2016年4月,加拿大零售销售月率扭转跌势,增长0.9%,高于前值0.8%[①]。零售数据对于判定经济现状和前景具有重要指导作用,零售销售的提升意味着消费支出的增加,经济情况好转。

另一方面,石油价格已经见底并迎来反弹,鉴于石油工业是加拿大经济的主要支柱,石油价格的反弹也意味着其经济增速持续加快。虽然油价的调整将需要几年时间,油价再平衡达到何种水平存在很大的不确定性,在可预见的未来,油价不会突破前高,也不会再次呈现断崖式下

① 数据来源:加拿大统计局。

跌,低油价将维持一段时间。同样,资源类产品的价格也已经见底,这有利于加拿大这样的资源出口型国家的经济复苏。

由于经济增长率较低,通胀率不高(加拿大统计局6月17日公布的数据显示,5月CPI年率上升1.5%,低于前值1.7%)。加拿大中央银行将继续维持低利率政策。加币汇率呈上升通道。

5.6.2 中加经贸合作展望

近年来,中加经贸交流不断深化,合作水平持续提高。两国经贸关系从昔日的单一商品贸易发展到今天的全方位、跨领域、多元化合作。我国已是加拿大第二大贸易伙伴、第二大出口市场和第二大进口来源地。2015年双边贸易额达到557亿美元,是建交之初的370多倍。2014年10月,《中加投资保护协定》正式生效,它是两国经贸关系的重要一步;2015年3月,北美首个人民币业务清算行在多伦多正式启动,这标志着中加金融合作迈入新阶段。

中加双方的经贸发展势头良好,但中国和加拿大的贸易额在两国对外贸易总额中所占的比例依然较小,双方经贸合作缺乏大项目支撑。未来两国可在清洁能源和高铁等项目方面加大合作力度。对于加拿大来说,中国给其带来的机遇不仅在于对能源矿产的需求,更在于中国不断壮大的中产阶层催生的巨大消费市场。从东岸海鲜到西岸蔬果,从保险、保健到教育培训,加拿大诸多领域拥有向中国出口的机会。加中贸易理事会的研究指出,如果启动加中自贸协定谈判,将促进投资、增加出口、创造更多就业机会。从全球经济发展格局来看,中国有巨大的市场,加中自贸协定将使加拿大极大受益,每年将增加数十亿加元出口。

第6章
欧洲经济：英国脱欧的连锁反应与欧洲一体化受挫

2016年，欧洲经济缓慢复苏，低增长、低通胀与高失业率并存，经济复苏动力仍然不足。在英国脱欧影响下，2017年分裂主义和民粹主义将加剧欧洲的政治风险。区域一体化的倒退将严重拖累欧洲经济增长的内生动力，而政治上的不确定性可能加大经济失速风险、债务通缩风险和银行业风险，从而全面恶化欧洲经济复苏环境。与此同时，债务危机、高失业率以及老龄化问题也会进一步制约经济的发展。在多重危机与风险因素叠加之下，欧洲经济仍将维持羸弱之势。

6.1 2016年欧洲经济形势回顾

6.1.1 欧洲经济继续维持低增长态势

受国际金融危机和欧债危机影响，欧洲经济2012—2013年连续两年负增长；从2014年起，增长动能逐渐恢复，经济形势有所好转；2015—2016年上半年继续保持复苏势头（图6-1）。由于大部分成员国的经济改革政策取得较好成效，大宗商品价格降低，欧洲央行量化宽松货币政策执行顺利，欧洲经济逐步回暖。

在经历英国脱欧公投冲击之后，欧盟统计局数据显示，欧盟28国三季度GDP环比初值为0.4%，同比初值为1.8%，均与前期持平。欧洲三季度经济增长符合预期，这表明尽管结构性改革不足，但欧洲央行复兴

疲弱复苏的世界经济期待新周期

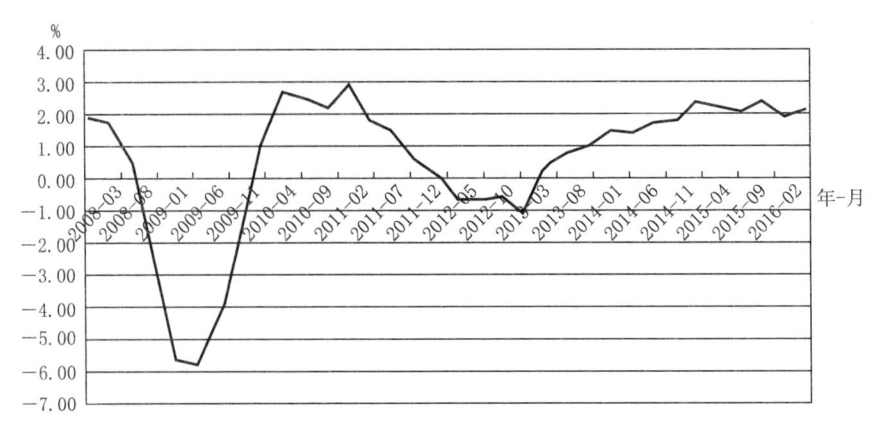

图 6-1　2008—2016 年欧盟 GDP 增长率

· 资料来源：Wind 数据库。

经济的措施已取得一定成效。然而，欧洲经济复苏动能并不强劲。主要原因如下。

第一，全球经济增长速度下滑、全球贸易低迷等因素使得欧洲经济复苏面临不利的外部环境。2008 年全球金融危机以来，全球货物贸易低迷之势仍未见好转，根据 WTO 的统计，过去三年世界贸易增速均低于 3%，而在经济高速增长阶段，尤其是 2008 年金融危机之前，全球贸易增长率是全球经济增长率的两倍。在此种情况下，欧洲经济复苏面临着不利的外部环境。

第二，其劳动力市场情况有所改善，但失业率高企仍是巨大挑战。相对于美国 5% 左右和日本 3.5% 左右的失业率，欧洲国家的失业率维持在 10% 左右，仍处于高位，并且同期青年失业率增加了近 1/3，连续失业一年以上的长期失业者占经济活动人口的比例增加了近一倍，结构性矛盾使得高失业率在短期内难以降低，加重了财政包袱，同时抑制了消费。

第三，金融风险加剧，除了尚未完全解除的主权债务危机，欧洲银行业也危机频发。德意志银行成了引爆欧洲银行危机的导火索。在收到美国司法部 140 亿美元的天价罚单之后，该银行股价屡创新低，并开始大量裁员。在德国,除了德意志银行,德国第二大银行德国商业银行也将裁减近1万个工作岗位,裁员规模高达1/5。彭博数据显示,2016年以来,38家欧洲银行和金融机构服务指数已下跌24%,持续的超低利率、恶化的商业环境成为整个欧洲银行业面临的主要问题。

第四,难民危机的负面影响对欧洲经济社会构成严峻挑战。"巴黎暴恐案"凸显接纳难民可能带来的巨大风险。德国、芬兰、奥地利、瑞士、瑞典、丹麦等国接连发生的有难民参与的性骚扰和性侵犯事件,引起了欧洲社会的巨大震动。近年来,欧洲深陷经济危机,经济增长与人民福利都受到一定影响,如何妥善地处理难民危机是摆在欧洲各国面前的严峻挑战。

第五,英国脱欧引发的政治经济不确定性尚在持续发酵中。英国脱欧公投对全球金融市场产生冲击。但对全球经济而言,由于英国脱欧的过程很可能比预想的要漫长且复杂,因此其对欧盟的经济政策所产生的不确定性也会不断发酵。这种不确定性将导致欧盟国家企业部门的投资受到抑制,使欧盟经济复苏更加步履维艰。

6.1.2　2016年欧洲经济的主要特征

(1) 物价水平维持低位并有通缩风险

如图6-2所示,2008年金融危机以来,欧洲的通货膨胀率一直徘徊在较低水平;2011年以后,欧盟的通货膨胀率持续降低,2014年开始进入通缩状态。其主要原因包括:能源价格下降带动其他大宗商品价格的全面下降;欧美对俄罗斯的经济制裁引起俄罗斯的反制裁,导致欧洲食品出口大幅下降,相应地农产品价格趋于下降。同时,需求不振、工资水平较低、非能源工业品价格下降等是影响通货膨胀率的主要因素。

由于欧洲的通货膨胀率远远低于欧洲央行此前设定的2%的目标,

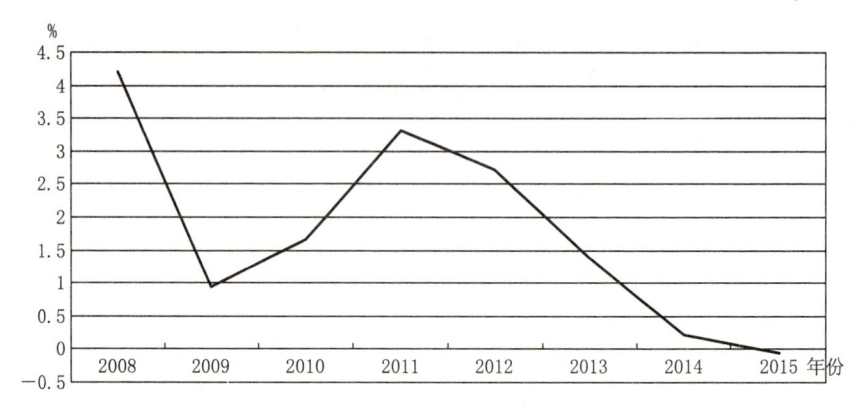

图 6-2 欧盟通货膨胀率(2008—2015年)

• 资料来源:WDI数据库。

为应对通缩和经济下行风险,2016年欧洲央行的量化宽松措施不断加码,包括继续执行负利率政策、扩大资产购买计划的规模和范围、启动旨在鼓励银行放贷的定向长期再融资操作等。

但是,欧洲央行量化宽松政策释放的流动性并未完全传导至实体经济。最新数据显示,2016年上半年欧元区持续陷入通缩。据欧洲央行的预计,2016年欧元区通胀率降为0.2%,2017年、2018年分别为1.2%和1.6%,即在未来3年难以达到2%的政策目标。

(2) 欧洲央行继续实行量化宽松货币政策

在欧洲经济缓慢复苏、通货膨胀率处于较低水平、失业率仍处于较高水平、全球经济增长率下滑,以及英国脱欧造成的经济风险加大的情况下,欧洲中央银行在2014年采取了降息等宽松货币政策工具进行调节,2015年3月又继续推出量化宽松的政策,每月购买800亿欧元资产,一直持续到2016年9月。

尽管全球经济复苏出现了轻微向好的迹象,但欧元区因结构性改革迟缓和一些领域资产负债调整等原因,未来经济增长预计会受到抑制。2016年12月8日,欧洲中央银行宣布将量化宽松政策延长至2017年12月,且到期后可再延长;在同一天举行的议息会议上,欧洲央行再度决定把欧元区三大基准利率维持在 2016 年 3 月降息以来的史上最低利率水平,即主要再融资利率为 0%、隔夜贷款利率为 0.25%、隔夜存款利率为 −0.4%。

(3) 失业率有所改善但仍维持高位

近年来,欧洲国家的失业率居高不下,高失业率成了欧洲经济发展的一大制约因素,也给欧洲社会带来了一系列严重的问题。2008 年金融危机爆发之后,欧洲失业率也"应声而上",在 2009 年蹿升至 9% 以上,并在过去多年逐年上升,在 2013 年到达 10.9% 的最高点。2015 年以来,欧洲国家的失业率逐渐下降。如图 6-3 所示,欧盟的失业率从 2013 年的顶峰逐渐下降。各国的最低工资限制以及劳动力市场改革提升了产出中的劳动收入占比。尽管如此,欧洲各国总体的失业率仍维持较高水平。

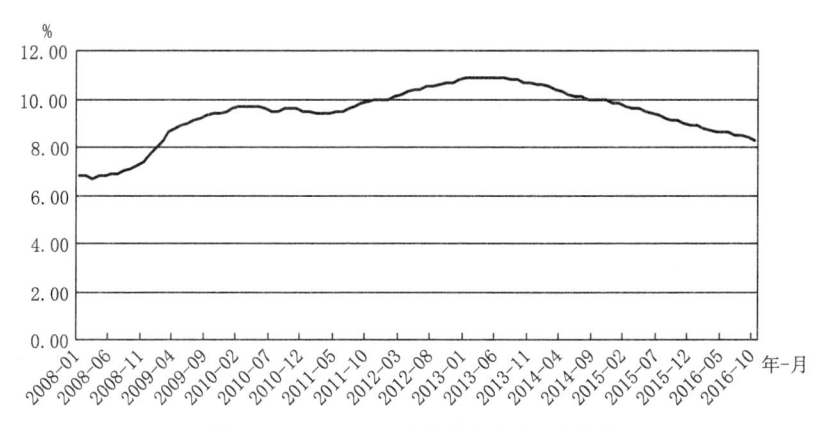

图 6-3　2008—2016 年欧盟失业率月度数据

• 资料来源:Wind 数据库。

由图 6-4 可以看出,目前深受债务危机困扰的国家,如希腊、西班牙、意大利、塞浦路斯和葡萄牙等,同时也遭受着高失业率的困扰。大量年轻人失业是这些国家长期结构性失衡的一种反映。其中,失业率最低的是冰岛,其次是德国。

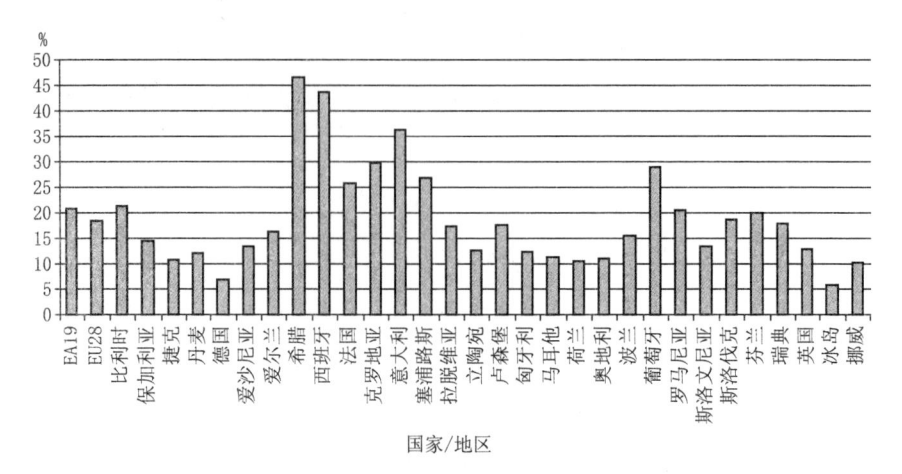

图 6-4 欧盟和欧元区青年失业率(2016 年 10 月)

• 资料来源:欧盟统计局。

(4) 债务危机仍未消除

由图 6-5 可知,从 2014 年开始,欧洲各国的政府债务占 GDP 的比重开始趋稳并略有降低,说明欧洲部分国家针对债务结构的改革取得了一定进展。在继 2013 年年底爱尔兰顺利结束救助计划并推出救助机制后,西班牙和葡萄牙也于 2015 年上半年陆续结束救助计划。

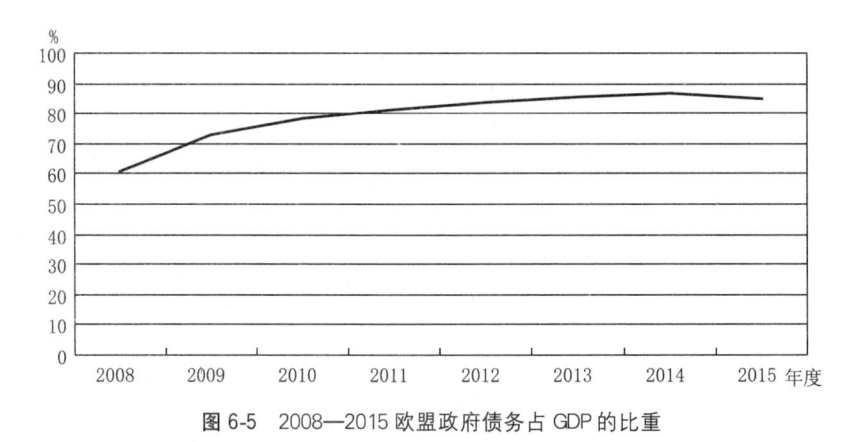

图 6-5 2008—2015 欧盟政府债务占 GDP 的比重

• 资料来源:欧盟统计局。

从单个国家来看,2015 年有 17 个国家的负债率高于欧盟《马斯特里赫条约》中的主权债务总额不得超过本国 GDP 之 60% 的规定。希腊、葡萄牙、意大利、西班牙、塞浦路斯、比利时的负债率均处于较高水平。希腊的负债率继续处于欧盟首位,2015 年已接近 180%(如图 6-6 所示)。沉重的债务使得希腊经济举步维艰,希腊正谋求通过继续实行紧缩政策、申请延长贷款的期限、延长偿债宽限期等方式来减轻偿债压力。

2016 年,在经济前景堪忧、英国脱欧导致不确定性激增的背景下,意大利银行业面临新挑战。公投脱欧后的第一天,部分意大利银行股价暴跌逾 20%。目前,意大利银行业坏账率高达 17%,不良贷款规模占欧元区总额的 1/3,银行坏账问题若处理不当可能诱发连锁反应。此外,与上轮危机发生时相比,大多数受到债务危机困扰的国家政府债务水平与财政赤字水平并没有实质下降。同时,整个欧洲的经济基本面并未好转,政府财政收入极易受到冲击。因此,欧洲债务危机的风险并未消除。

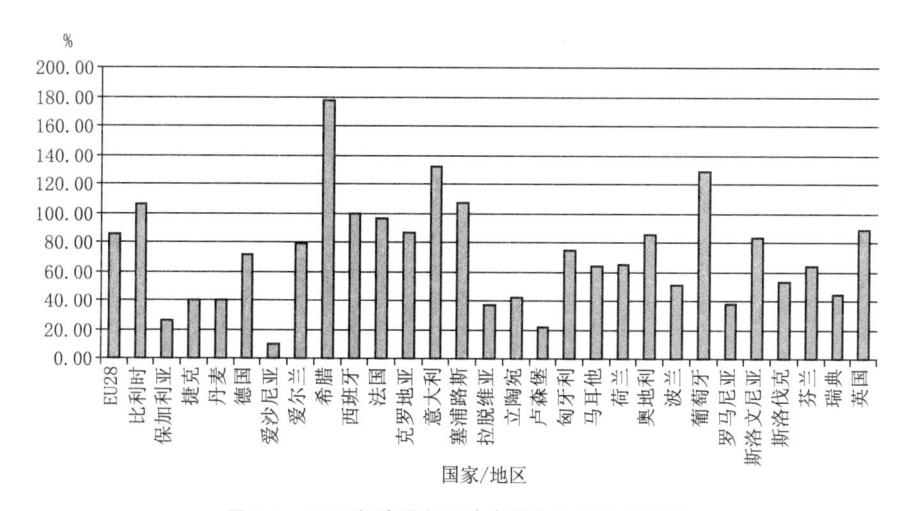

图 6-6　2015 年欧盟各国政府债务占 GDP 的比重

• 资料来源:欧盟统计局。

6.1.3　欧洲主要国家增长出现分化

2016 年欧洲经济在分化中前行,各国经济发展不平衡(图 6-7)。

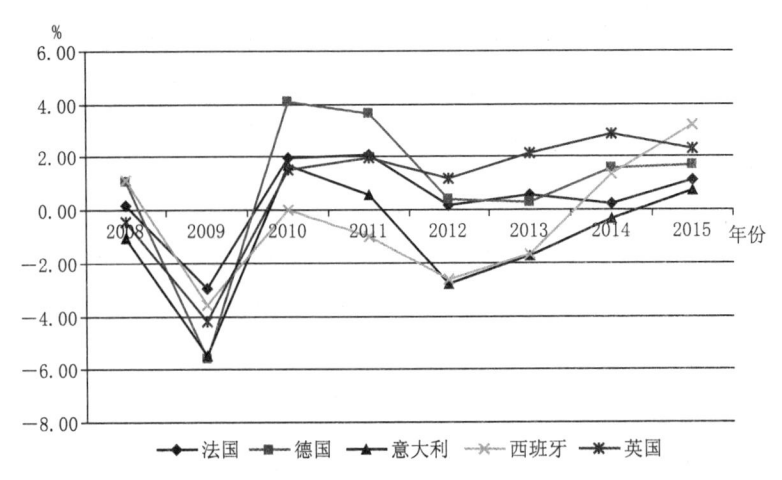

图 6-7　2008—2015 年英、德、法、意、西五国 GDP 年度增长率

· 资料来源：WDI 数据库。

(1) 英国：增长趋势良好，但脱欧使经济前景不确定

2009 年以来，英国的经济增长形势持续好转。服务业、制造业和建筑业这三个主要经济部门的增长速度比较快。2015 年全年实际 GDP 增长率为 2.33%。其主要驱动力仍然来自国内消费和投资，特别是私人消费。这在一定程度上得益于英国政府为拉动住房市场所采取的"购房援助计划"，该计划的实施拟延长到 2020 年。随着经济增长的恢复，英国的财政赤字有所减少，但预计之后政府的债务水平仍将继续上升。为此，英国政府仍计划继续实施紧缩的财政政策，相关措施包括控制社会福利支出、大幅度提高以公司名义购买房产的印花税率、提高烟草税率等。

英国经济复苏增长主要得益于蓬勃发展的服务业以及旺盛的消费需求等。其中，服务业是英国经济增长的重要支柱，其产值占国内生产总值的比重为 78.4%。统计显示，英国服务业需求强劲，新增业务和就业率均持续增长。就消费而言，2015 年第四季度英国家庭支出季率增长 0.7%，为 2015 年最低水平，但年率上升 3.1%。2015 年第三季度，英国家庭支出达到 8 年以来最高，刺激了经济增长。家庭消费强劲主要归功于英国较为稳定的薪资增长、接近于零的通胀率以及基本生活用品价格未出现大幅上涨。

如何处理脱欧事件,对英国和欧盟来说无疑是一项巨大考验。国际货币基金组织在警告全球经济复苏将依然"疲软和不稳定"的同时,下调了对英国经济2017年增长形势的预期。尽管国际货币基金组织将英国2016年的GDP预期调高至1.8％,但是对2017年该指数的预期被调低至1.1％。这一预期是在英国脱欧对其经济造成不利影响的基础上得来的。

从经济联系视角来看,2015年英国43.7％的出口和53％的进口来自对欧盟贸易;英国对欧盟的货物贸易赤字,意味着其进口需求为包括德国等在内的其他成员国提供了大量就业机会;而服务贸易的盈余背后,则是作为世界第二、欧洲第一的以伦敦金融城为代表的英国金融业利用自身的时区、法制、语言、金融人才、创新和历史优势为欧盟成员提供了大量不可替代的特色金融服务,其相互间形成了分工明确的完整产业链;直接投资也是如此,过去10年中,英国吸收来自欧盟国家的直接投资约占其吸收外资总额的50％;在就业上,大约有330—350万英国就业岗位直接或间接依赖英国对欧盟国家的货物或服务出口。因此,能否较好地处理脱欧,关系到未来英国经济的走势。

(2)德国:经济增长稳健,但面临多重挑战

在全球经济面临衰退的背景下,德国经济稳步增长,工资水平较高、劳动力就业状况良好、财政政策较为稳健、财政盈余持续增长,疲软的欧元促进了德国的出口。这些因素也体现了德国经济增长的巨大潜力。但德国经济仍面临一些挑战:新兴经济体经济增速减缓带来的外部需求下降、难民安置、社会老龄化、制造业面临的竞争加剧等问题。

曾被誉为欧洲经济基石的德意志银行,业务遍布全球。其作为德国乃至欧洲的重要银行,如今却成为全球金融市场新一轮系统性风险的最大"制造者"。在2016年年中发布的金融系统稳定性评估报告中,国际货币基金组织将其列为对全球系统性风险"贡献"最高的金融机构,并

表示德国银行体系冲击全球的外溢风险很可能比对德国国内的风险更大。

（3）法国：复苏前景不甚乐观

2016年，法国经济继续低迷，低增长、高失业和公共财政失控依然是法国政府面临的三大难题。与欧盟主要国家相比，法国的复苏相对缓慢。法国之所以长期停滞不前，与法国的经济社会发展模式，如劳动力成本过高、企业竞争优势不足等因素有关。法国必须拿出勇气，大刀阔斧地进行结构性改革，否则难有根本性的改善。

法国失业问题依然十分严重，为缓解这一难题，政府出台《责任公约》，为企业减免400亿欧元的税赋和社保费用，作为交换，企业和雇员在《责任公约》框架内签署有关就业的劳资协议，保障就业。换言之，政府希望通过大规模减负来降低企业用工成本，为企业招工创造有利条件。

2017年法国面临大选，如果代表极右翼势力的候选人胜出，那么又一个国家要进行脱欧公投，这将可能导致欧盟四分五裂，全球市场或爆发更大的危机。

（4）意大利：政治困境使经济前景愈发暗淡

距欧洲债务危机爆发已有7年时间，昔日同受债务危机困扰的西班牙、葡萄牙等国家经济结构改革成效显现，逐渐展现活力，而意大利经济却仍停滞不前，政府还在就赤字占比这个老问题与欧盟讨价还价。伦齐上台后，意大利的经济政策取向开始由财政紧缩为绝对主导向兼顾改善财政与实现经济增长转变。

2016年12月4日举行的意大利修宪公投失败，总理伦齐辞职，意大利亲欧力量将大幅收缩。在2018年的大选中，主张公投"脱欧"的五星运动党可能取得政权。公投失利引发的市场动荡令投资者不敢对意大利处于困境的银行进行资本重组。那么，意大利国内可能有多家银行面临倒闭风险，导致意大利经济前景堪忧。

6.2 英国脱欧的连锁反应及其深远影响

尽管英国脱欧的初震已经过去,全球市场逐渐恢复平静,但该事件的跨市场影响依然在持续发酵中。OECD在最新发布的《全球经济展望》中指出,英国脱欧将不同程度地影响全球。我们认为,英国脱欧对英国和欧盟产生的影响可能是两败俱伤;对中国而言,中英、中欧合作关系则有望进一步深化。

6.2.1 对英国的影响:负面效应不可低估

(1) 有利影响:短期有利

英国退出欧盟,在短期内对英国无疑是有利的。首先,英国可省下每年需缴纳给欧盟的80亿英镑会费;其次,脱欧使英国免受欧盟经济的负面影响,并且使其拥有更加自由的经济政策。此外,近年来,来自罗马尼亚、波兰、保加利亚等国家的大量劳工移民进入英国,给英国社会福利制度和劳动力市场造成一定冲击,脱欧之后,对欧盟移民的限制将使英国国民的就业率得以提高。

(2) 不利影响:长期增长受挫和不确定性增多

在政治方面,一旦失去欧盟成员国资格,英国将难以依托欧盟在欧洲和世界事务中发挥重要作用,其国际地位和影响将大打折扣。

在经济方面,由于欧盟是英国最大的贸易伙伴,占英国贸易总额的50%左右,脱欧将使英国贸易量下降、投资减少、就业率降低,金融中心地位下降,可能引发经济衰退,未来英国能否进入欧洲的自由贸易单一市场面临较大不确定性,贸易环境将显著恶化。由于移民政策将更加严格,移民人数的减少有可能使英国的房地产价格下跌。

此外,作为英国境内"留欧"的最大拥护者,苏格兰在英国脱欧之后有可能进行脱英公投,若苏格兰脱英,英国的综合国力将受到严重削弱。

6.2.2 对欧盟的影响：一体化进程遭受重创

从政治的角度看,英国脱欧使得欧盟在全球政治事务中的地位和影响力下降。一直以来,英国不管是在军事力量、政治地位、金融实力,还是欧盟的国际地位中的贡献都是巨大的。英国脱欧后,欧盟的国际地位和影响力将受到重创。

从经济的角度看,英国脱欧将使增长乏力、深受债务危机困扰的欧盟经济雪上加霜。英国脱欧将进一步损害全球其他地区对欧盟未来的信心。英国脱欧之后,欧洲的资产价格将进一步下降,欧洲各国主权和公司债务的风险继续上升,结合欧元的贬值,将对欧盟内公共和私人融资造成新一轮压力,特别是对那些国债本就高涨的国家而言更是如此。从中长期看,欧盟经济实力受到削弱将不可避免。

从欧洲一体化进程来看,英国脱欧引发的连锁反应使欧洲一体化进程面临较大压力。英国脱欧以及意大利修宪公投失利是2017年欧洲面临更大不确定性的预兆。法国、德国和荷兰等欧洲主要经济体中,民粹主义党派正取得领先。英国脱欧的负面"示范效应"将不断发酵,使原本不稳固的成员国关系面临更严峻挑战。2017年、2018年欧洲多个国家将先后迎来政府换届选举,政治形势不确定性上升,欧洲一体化进程面临较大压力。

6.2.3 对中国的影响：中英合作有望深化

(1) 有利影响：加强中英经贸合作

英国脱欧或将进一步拉近中英经贸合作关系。英国脱欧后,其经济重心可能由欧洲转向亚洲,尤其会加强与中国的战略合作关系。在产业发展方面,英国与欧盟的产业链面临重构,中英有望进一步深化产业合作。在贸易发展方面,今后中国产品进入英国市场将更加顺畅,壁垒降低,商品流通更加自由。英国也有可能单独与中国商讨建立自贸区,达成中英自由贸易协定。此外,从英国对中国"一带一路"倡议的积极性和支持力量来看,脱欧之后的英国可能会更积极主动地加大参与"一带一路"建设力度。

(2)不利影响:人民币国际化增加不确定性

第一,人民币贬值压力增大。英国脱欧带来的全球金融市场动荡将对中国产生巨大冲击。短期主要的动荡将反映在汇率市场。脱欧后英镑大幅贬值,投资者将会更加青睐避险货币,如美元和日元。短期内,会带动人民币兑美元贬值,加剧人民币贬值压力。

第二,不利于人民币国际化。伦敦已成为仅次于香港的人民币离岸结算中心。脱欧之后,伦敦作为全球金融中心之一的地位面临巨大挑战,人民币通过英国在欧洲推广的战略所带来的成本将大大增加,这势必会影响到人民币国际化和中国资本"走出去"的进程。

第三,中国对外投资将受到影响。近年来,英国从中国吸引了大笔投资,英国已经成为中国在欧盟的第二大投资目的地。截至2016年6月,中国公司在英国的非金融类直接投资已经超过130亿美元。如果英国资产贬值,投资英国房地产的中国公司都将面临亏损。随着避险情绪的不断升温,中国投资者原先计划好的对英投资项目将面临收缩,包括正在讨论中的欣克利角(Hinkley Point)核电站、高速公路以及金融服务领域的系列项目都可能暂缓。

第四,中国企业将失去进入欧洲市场的跳板。英国一直在欧盟内主张投资贸易自由化,英国对于中国公司的吸引力,一定程度上是因为通过英国可以深入欧盟市场。但脱欧之后,英国的市场准入和服务贸易的优势将不复存在。英欧之间产生的贸易壁垒会减少这些企业在英国投资的意愿,增加中国企业成本。

第五,英国脱欧使中欧关系变得更加复杂。在欧盟国家中,英国不仅是第一个表态要加入以中国为首的亚投行的国家,也第一个支持在

2016年年底授予中国市场经济地位，并支持欧盟与中国达成双边投资协定的国家。脱欧后，中国在欧盟内部失去了英国的支持，意味着中国与欧盟之间的关系将变得复杂。除此之外，脱欧之后的政治动荡和欧盟内部的相互指责将会导致欧盟与中国的贸易谈判进程搁置。

第 7 章
低迷增长中的日韩经济

日本作为世界第三大经济体,自 20 世纪 90 年代初房地产市场崩溃引发金融危机以来,经济增长一直处于停滞徘徊的低迷状态。2008 年爆发的全球金融危机以及之后遭遇的 2011 年核辐射事件再度对日本经济造成了严重冲击。经济的持续低迷还导致日本长期处于通货紧缩状态,这不仅使日本物价水平全面下行,以及地价、股价等资产价格水平全面下跌,而且也使日本国内投资和消费全面萎缩,社会总需求跌至谷底,从而形成了通货紧缩的恶性循环。

7.1 日本经济:复苏乏力、前景难料

2012 年 12 月安倍晋三再任日本首相后,推出了统称为"安倍经济学"的,包括财政政策、货币政策、结构性改革等在内的一系列激进政策。其目的是想通过更为激进的金融政策、财政政策及产业政策来刺激经济,让日本能够走出通货紧缩的困境,并以适度的经济增长与通货膨胀的良性循环推动日本经济走向持续发展之路。

然而,从推出"安倍经济学"以来,其实施效果由盛转衰。日本经济表面上似乎出现了一些积极的变化,如日元贬值使得日本出口企业的经营业绩有所改善,特别是一部分大型制造业的企业利润呈现上升态势,但大企业的盈利并没有用于扩大设备投资和增加员工工资,而是更多地用于企业留存,也就是说大企业所获得的利益并未通过增加工资的路径

来促进消费的扩大,因而使日本经济仍未摆脱通缩的困扰。不仅如此,安倍政府过于依赖货币政策和财政政策的短视行为也导致结构性改革进展缓慢,对日本经济的复苏可谓治标不治本。

展望未来,多重结构性难题制约了日本经济的增长,日本经济的低迷态势恐难发生根本性变化。此外,在全球经济相互交融的情形下,外部环境的变化,如美联储的新一轮加息对新兴经济体产生的冲击,也会给日本经济带来更大的不确定性。

7.2 日本经济结构性问题凸显

7.2.1 经济增长结构依然堪忧

近两年,在"安倍经济学"的政策刺激下,日本经济增速略有回升。2015年日本经济摆脱了负增长,实现了0.4%的微弱增长。从拉动经济增长的三大引擎看,虽然出口增长加快,全年增幅达到2.7%,但个人消费支出与公共投资的增速下滑拖累了经济增长步伐(图7-1)。

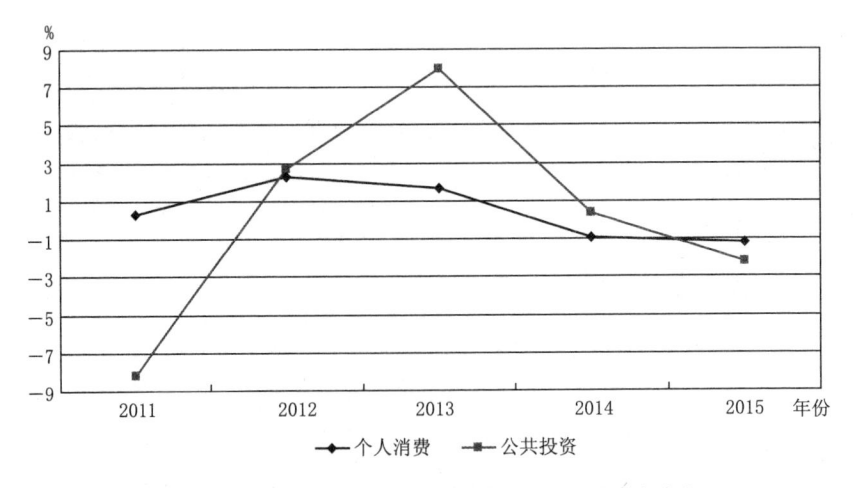

图7-1 2011—2015年日本个人消费与公共投资增长变化

• 资料来源:日本内阁府网站。

2016年,日本经济继续处于缓慢复苏态势,经济复苏步伐虽较2015年有所加快,但增长结构依然堪忧。据日本内阁府公布的统计数据显示,2016年第三季度日本GDP实际同比增长2.2%,远超市场预期,日本经济已呈现连续三个季度的涨势。其中,第一季度和第二季度的GDP实际增长率分别为1.9%与0.7%。但从经济增长的结构看,日本第三季度超预期增长主要是依靠外需拉升,海外需求为日本贡献了0.5%的净增长;而日本国内需求依然疲软,第三季度的内需对GDP的贡献仅为0.1%。日本10月份的消费者物价指数(CPI)较上年同期下滑0.4%,已连续第八个月同比下滑,距离实现日本央行2%的通胀目标还十分遥远。

另一方面,日本的失业率始终保持在较低的水平。就业虽有所扩大,但实际工资下降。现在日本的失业率维持在3.4%左右的较低水平,就业总人口也有所增加,但在失业率下降与就业增加这一光鲜表面的背后,是收入低廉的非正式员工的增加。目前,日本非正式员工的比重已高达40%,工资仅为正式员工六成。非正式员工的增加拉低了全社会总收入水平。2015年日本的实际工资反而下降0.9%,而且是连续四年的下降。总之,低失业、低通胀、低增长的"三低"特征仍将成为今后一段时期日本经济运行的主基调。

7.2.2 对外贸易结构与竞争力有待提升

日本是世界贸易大国,2015年进出口贸易总额位居世界第四。其中,出口贸易一直是驱动日本经济增长的重要引擎。尤其在安倍政府上台后,再次将扩大出口摆到了重振日本经济的核心地位。2014年日本的出口贸易增速从2013年的1.2%跃升至8.3%,远高于G7其他主要经济体。但好景不长,2015年又迅速回落至2.7%,低于除美国外的七国集团(G7)其他主要经济体(见表7-1)。据日本贸易振兴协会(JETRO)的统计显示,2016年4—9月,日本的出口额同比减少了

9.9%,是自 2009 上半财年同比下滑 36.4% 以来的 7 年间最大降幅。其中,9 月份,日本对中国出口同比下滑 10.6%。

表 7-1　G7 各国出口贸易总量的年增长率　　　　　　　　　（单位:%）

年份	加拿大	法国	德国	意大利	日本	英国	美国
2013	2.835	1.670	1.589	0.643	1.212	1.209	2.796
2014	5.299	2.351	4.045	3.147	8.325	1.173	3.382
2015	2.965	6.055	5.385	4.293	2.717	5.040	1.137
2016	2.111	3.900	2.178	3.610	0.560	2.924	0.376

• 资料来源:IMF 数据库。表中 2016 年各国数据为预测值。

　　日本出口贸易状况除了受日元汇率走势的影响外,还取决于进口国的市场需求与出口产品的结构。从 2015 年日本的十大出口目的国排名看,美国、中国和韩国是日本前三大出口贸易伙伴。日本对三国的出口额分别为 1 258.3 亿美元、1 092.9 亿美元和 440.7 亿美元,占日本出口总额的 20.1%、17.5% 和 7.1%。从出口产品的结构看,一般机械、电子设备、运输器材、化学制品以及 IT 关联器械为主要出口产品。其中,日本较具产品竞争力的一般机械、电子设备与 IT 关联器械无论在对美、对中还是对东盟的出口贸易额中均占据较大比重。据日本财务省新近发布的 2016 年 9 月份的日本进出口贸易情况看,日本对美贸易的降幅收窄,而对华贸易的降幅却在扩大。在出口产品结构中,日本对美出口增长的主要是汽车零部件,而下降的是汽车、半导体电子元件与药品等;对华出口降幅较大的是通信设备、有机化合物及半导体电子元件等。与此同时,面向亚洲的智能手机集成电路及零件的出口市场表现强劲。未来如果中日两国的双边政治关系不能出现缓和,则恐将会继续遏制相互之间的经贸合作,从而进一步拖累日本经济增长。

7.2.3　政府债务结构隐患上升

　　在所有的发达经济体中,日本政府的负债规模占 GDP 的比重是最高的。据相关数据显示,日本2015年的政府债务占比为234%,不仅远高于欧债危机国意大利的149%,是美国和法国的两倍多,而且从2007年至2015年的9年间,日本的债务比例增加了72%,上升幅度也超出了其他主要发达经济体(表7-2)。其中一个重要的原因是伴随人口老龄化,日本政府的相关支出在增加。目前,日本存在长期依赖债务来延迟低生产率结构性风险。而且这一不断上升的债务负担,将会通过征税转嫁至私人投资和劳动力市场,从而造成更低的投资与经济增长率。

从日本的债务结构看,主要是政府部门的公共债务占比很大。政府债务主要通过发行国债形成,因而,日本的债权人大部分是国内的居民与私人部门。这表明尽管日本的债务规模占比很高,超出7国集团其他发达经济体,但内债的比例占主导地位,这也是为什么日本的债务规模远超发生欧债危机的国家,而发生债务危机的风险却相对较小。

表7-2 G7各国政府总负债规模占GDP比重 (单位:%)

年份	加拿大	法国	德国	意大利	日本	英国	美国
2007	70	76	64	112	162	45	64
2015	94	117	76	149	234	98	110
变化	24	41	12	37	72	53	46

• 数据来源:BIS第85期年报。

另一方面,从债务偿还能力看,日本仍是世界上最大的债权国。据日本财务省公布的最新数据显示,截至2015年年底,日本政府、企业与个人投资者拥有的海外资产减去负债所得的对外净资产余额约为339.26万亿日元,远高于位列第二的德国的195.24万亿日元和位列第三的中国的192.37万亿日元。日本已连续七年保持对外资产余额增长并创下历史新高。这主要归功于日本企业收购海外企业等直接投资以及机构投资者的海外证券投资增加。

7.2.4 劳动力人口结构影响长期增长

人口老龄化是日本最大的结构问题。目前,日本 15—64 岁人口占总人口比例的 60.6%,65 岁及以上人口占比 26.7%。按照目前趋势不变,2030 年日本 65 岁以上老人占总人口比重达 30% 以上,养老和年轻劳动力不足的矛盾将日益加深。在此背景下,安倍政府依靠释放货币流动性带来通胀预期的上升,从而刺激居民消费增长的短期作用,远不及人口老龄化对消费的抑制那样持久。相反,可能会导致资产泡沫,而非实际消费需求。另一方面,日本 15—64 岁的女性劳动参与率为 66.8%。可见,在促进和提高女性群体劳动参与率方面政府仍有可操作空间。为此,日本政府希望通过增强幼儿的教育设施,新增可吸纳学龄儿童的课后托管项目等更好地保障女性工作岗位,以此提高女性就业的积极性。

7.2.5 产业结构面临升级转型

从日本的产业结构现状看,尽管日本在金属材料、精细化工、工程机械、汽车制造、高端装备等领域保持着较强的竞争优势,但由于这些传统产业的增长空间面临很大约束,对经济增长的支撑能力已逐步下降。而与此同时,以信息为核心的新一轮主导产业还没有充分成长起来,这在一定程度上延缓了日本的产业结构调整和经济走出增长低迷期。不过,在另一方面,日本经济增长的潜在动能也不能小看。这是因为日本的科技创新能力相对较强。在汤森路透(Thomson Reuters)2016 年评选出的《2015 全球创新企业百强》榜单里,日本以 40 家高居榜首,力压美国的 35 家。目前,日本企业正在从家电等传统行业中摆脱出来,并已在医疗、能源、机器人等领域实现了突破。以新能源汽车为代表的汽车产业、以机器人技术为核心的高端装备制造业,以及符合日本老龄化社会基本国情的医疗产业等,将成为未来日本的三大支柱产业。

7.3 "安倍经济学"的政策效果有限

7.3.1 宽松的货币政策效果难定

自2012年年底安倍执政后,日本央行推出了新一轮的量化宽松的货币政策,目的是为了摆脱日本经济多年来的通货紧缩,实现2%的通胀目标。日本的货币市场流动性开始急剧膨胀,平均每年递增30万亿日元;广义货币供应量(M2)从2012年的816.5万亿日元扩大至2015年的907.1万亿日元;M2增速也从2012年的2.5%快速上升至2015年的3.7%。同期的存款利率与贷款利率均保持在较低水平,尤其是存款利率接近零利率水平,始终维持在0.3%。另一方面,日本央行不断扩大其资产购买计划,自2014年10月底开始,已将债券购买规模扩大至年增幅80万亿日元。

在上述货币政策的刺激下,日本的CPI指数由2013年的0.3跃升至2014年的2.7,但之后伴随信贷增速的大幅回落,2015年日本的CPI又降至0.8。在此背景下,2016年1月29日,日本央行决定再度对已实施的量化宽松货币政策加码,宣布采取负利率政策,将金融机构存放在日本央行的部分超额准备金存款利率从之前的0.1%降至-0.1%。同时,继续购买日本政府债券以及其他类型的金融资产,做到三管齐下。目前,负利率政策能否起到使日本真正摆脱通缩、促进经济持续增长的效果尚难定论,还需要时间和市场的检验,但负利率的出现无疑会进一步削弱商业银行的存款创造功能,而且单纯依靠负利率政策恐难以实现通胀目标,因为它还受制于大宗商品价格低迷和日本工资增长缓慢这两大因素。

安倍政府的日元贬值战略能否长期奏效仍存在很大的疑问。事实上,日元贬值是一把"双刃剑"。这是因为在日本对外贸易中,其产品出口大约有6成是用外币结算,而进口近8成是用外币结算。因此,日元贬值虽然对出口型大企业而言有助于改善其经营业绩,但与此同时以美元等外币结算的支付成本也在加大。尤其对于进口企业以及广大中小企业而言,日元过快贬值使其生产成本提高而令其不堪重负。不仅如此,对于日本这样一个资源匮乏且能源高度依赖进口的经济大国而言,石油、粮食价格因为日元过快贬值而大幅上涨,将给日本居民的生活带来较大的负面影响。另一方面,单纯的贬值是无法遏制贸易逆差的,日本的国际贸易逆差具有长期化的趋势。在日本长期债务负担过重的条件下,一旦日元贬值无法扭转贸易逆差,那么持续性贬值将会使日元资产价值缩水,长此以往将使日元在国际上丧失应有的信用地位。相反,日本量化宽松的货币政策的负面效应已开始显现。一是增加了日本的债务风险;二是引发了全球货币竞争性贬值;三是以日元为主体的套息交易再度在全球盛行。未来日本可能会因利率与汇率双重套利驱使更多的资金流出。而这些资金流出会严重冲击与影响全球资金流向与走势,影响国际资产价格的变化,从而加剧跨境资本流动及日本与全球金融市场的波动。

7.3.2 扩张的财政政策余地不大

日本的经济增长很大程度上是依赖政府实施的积极财政政策。从最近几年政府制定的财政预算计划可看出,政府的财政赤字占GDP的比重均远超国际上公认的3%警戒线水平。在2012年、2013年的连续两年里,政府的预算财政赤字的比例更是高达8.5%以上,2014年这一比例虽有所回落,但仍然维持在7.7%的高水平上。日本政府之所以实施财政扩张政策,其主要原因在于日本央行长期实施的零利率政策对实体经济的拉动效果并不理想,日本很可能已陷入货币流动性陷阱,因而货币政策的宏观调控余地较小。

另一方面,日本的财政收入主要来源于税收。为了减轻政府财政负担,日本政府于2014年4月将消费税从5%提升至8%。日本政府上调消费税的目的还在于想通过提高消费税率来提高商品价格,刺激通货膨胀。然而,从2014年实行的消费税改革后CPI与经济走势来看,并没有达到预期的效果。在当前日本出口出现萎缩,投资需求仍旧低迷,且少子化、老龄化问题日益严峻的情况下,提高消费税率很可能适得其反。为此,日本政府将原计划于2017年4月再次上调消费税至10%的决定推迟至2019年10月实行。

据日本内阁府的推算,即便按原计划提高消费税率至10%,且经济稳定增长,到2020年日本的基础财政收支预计尚有超6万亿日元赤字。此次推迟提高消费税率无疑增加了政府大幅削减财政赤字的难度,无法完成政府此前设定的在2020财年实现财政盈余的目标。基于此,日本评级投资信息中心于今年6月6日宣布将日本国债的评级展望从"稳定"下调至"负面",但仍维持日本国债的现有评级。不过,该评级投资信息中心在公报中表示,在日本经济增长力尚看不到提高的预期下,倘若日本政府不推出并实施可靠性和可实施性均高的政策来帮助财政重建,那么日本国债评级被下调将是不可避免的。一旦日本国债的评级被下调,则会提高日本国债的发行成本,这也意味日本政府的融资成本上升,公共债务负担加重。

7.3.3 "新三支箭"的政策目标恐难实现

尽管安倍政府量化宽松的货币政策和积极扩张的财政政策取得了一定的效果,但旧"三支箭"中的"第三支箭"结构性改革的实施效果却不尽如人意。日本经济要想走出低迷,实现中长期增长,仅仅依靠货币政策和财政政策刺激经济是远远不够的,只有通过结构性改革实现日本经济的持续复苏与发展质量的提升才能达到目标。

为此,2015年9月,安倍连任日本首相后不久,推出了以"优先发展经济"、"育儿支援"、"完善社会保障"为核心的"新三支箭"。这一战略计划以2020年为目标,希望实现GDP规模增长至600万亿日元,平均生育率达到1.8%,同时杜绝因家庭护理而放弃工作的现象发生。但上述目标设定的现实性饱受质疑。有日本媒体指出,若要实现600万亿日元的宏伟目标,就必须保持年均3%以上的实际经济增长速度,而这一增速对当前的日本经济而言实属不易。据EIU(经济学家智囊团)预测,日本2016年的实际GDP增长为0.8%,较2015年增加0.5%;2017—2020年的平均GDP增长水平估计为0.7%。而且,一系列的结构性改革还可能会遭到日本国内利益集团的反对,因而恐怕很难在短期内奏效。

此外,特朗普当选美国总统对日美双边贸易及日本经济复苏的潜在影响也不容忽视。一是特朗普主张本国利益优先,推崇贸易保护主义。他执政后美国会退出TPP协议,美国的这一举措将导致TPP协议名存实亡,这对力排众议极力推行TPP协议的安倍政府而言无疑是一个打击,影响依赖外需增长的日本经济的复苏进程。二是特朗普执政后可能会对现行的日本汇率政策施压,逼迫日元升值,这将削弱安倍经济学的政策效果。三是特朗普政府看重美国的出口增长,这将给在日本对外贸易中占有很大比重的对美出口带来较大的影响,如日本对美的汽车出口可能会受到较大的冲击。

总之,未来日本经济增长的前景不容乐观,因为日本经济能否出现持续复苏,将取决于国内需求即消费和投资的强度。一方面,日本国民对未来经济增长显得信心不足,家庭预期未来收入会下降、开支将增加,因而大多数家庭增加储蓄减少消费支出;同时,企业预期未来的资本边际报酬下降,因而扩大实体投资的欲望并不强。另一方面,尽管东京奥运会将有利于提振日本国民的消费和经济活动的信心,但随着日本社会老龄化不断加重和财政状况的进一步恶化,2020年或2021年以后日本是否又将出现"后奥运萧条"还不能确定。

7.4 韩国经济:政权不稳、经济动荡

2016年,韩国经历了一个多事之秋,不仅经济增速大幅下滑,三大

支柱产业前景黯淡,而且政局混乱,朴槿惠政权的岌岌可危使原本陷入困境的韩国经济雪上加霜。"后朴槿惠时代"韩国的政治、外交将走向如何,韩国经济能否走出泥潭,存在较大的不确定性,未来的复苏振兴之路任重而道远。

7.4.1 韩国经济颓势明显

(1) 经济增速急速下滑

近两年,韩国因受经济结构不平衡、制造业竞争力下滑、人口老龄化趋势明显等多重因素制约,经济增长动力日趋衰弱。2015年韩国GDP仅增长2.6%,创下2012年以来最低水平。据韩国央行新近发布的数据显示,韩国2016年第三季度实际GDP环比增长0.7%,比第二季度GDP增速下滑0.1个百分点,环比增速连续四个季度低于1%。此前,韩国央行已将2016年GDP增速预期从2.8%下调至2.7%。

在拉动经济的"三驾马车"中,作为全球第七大出口国的韩国,自2015年以来出口出现持续下滑。据韩国产业通商资源部公布的数据显示,2015年全年海外出口萎缩8%,创下2008年全球金融危机以来的最大降幅。另据2016年8月份发布的经济数据显示,韩国出口已经连续19个月下滑;7月份,韩国的全部共13项主要工业品出口更是全都下降,这对外需依存度极高的韩国经济而言是一个巨大的打击。另一方面,韩国内需市场也持续萎靡不振。据韩国统计厅"9月产业活动动向"的资料显示,2016年9月份韩国零售环比负增长4.5%,达到5年7个月以来的最大降幅。然而,物价却在持续攀升,加重了韩国居民的生活负担。据韩国统计厅11月1日发布的资料显示,10月份韩国消费者物价指数(CPI)同比上涨了1.3%,达近8个月以来上升幅度的最高值。

此外,韩国劳动生产率和制造业开工率持续下滑,代表性企业销售额也持续下降,而与此同时,劳动人口(15—64岁)数量开始减少。这些经济指标也同样预示着韩国经济增速下滑可能呈长期化趋势。

(2) 出口贸易日趋疲软

韩国经济长期依赖的对外贸易尤其是中韩贸易出现明显下滑。中国既是韩国最大的出口市场，又是韩国企业最大的投资对象国。尤其中国企业的国际化成为连接发达国家市场和东亚产业的国际分工结构的纽带，这使韩国和中国之间的经济合作变得更加紧密。因此，韩国经济对中国市场的依赖程度很高，中韩经贸关系直接影响韩国经济的走势。

据韩国海关统计，2015年韩国货物进出口总额同比下降12.3%。其中，出口下降8%；进口下降16.9%。分国别（地区）看，2015年中国内地、美国和香港地区是韩国出口排名前三位的国家和地区，出口额分别占韩国出口总额的26%、13.3%和5.8%。其中，韩国对中国出口额同比下降5.6%，而对美国出口额同比仅下降0.6%。分商品看，机电产品、运输设备和贱金属及制品是韩国主要出口商品，2015年的出口额分别下降了0.4%、3.3%和11.6%，占韩国出口总额的38.1%、20.9%和8.4%。其中，机电产品、光学医疗设备和化工产品是韩国对中国出口的主要产品，2015年机电产品的出口额增长了2.8%，而光学医疗设备和化工产品的出口则分别下降了5.4%和14.3%，这三类产品合计占韩国对中国出口总额的74.6%。

截至2016年8月，韩国对中国的出口额已经连续14个月减少，这主要是因为中国减少了对韩国产品的需求。但与此同时，受电子巨头三星企业note7的"爆炸门"事件和最大汽车制造企业现代汽车的员工大罢工的影响，韩国出口的主打产品智能手机和汽车的出口量锐减，直接导致韩国出口的颓势。

7.4.2 多重因素影响韩国经济走势

(1) 三大支柱企业衰败拖累韩国经济

一直以来，韩国的造船业、电子业及旅游娱乐业的发展支撑着韩国经济的半壁江山。然而,2016年以来这三大产业的支柱企业先后"栽跟头",重创了韩国经济。先是乐天深陷非法集资案的调查之中,其副会长在首尔自缢身亡;随后三星Note7手机因电池起火被召回,并且被世界各大航空公司禁止乘客携带登机;紧接着,韩国海运巨头韩进公司申请破产保护,且同样遭遇世界上的诸多港口拒绝停泊,该公司的船舶被迫在海上漂泊。

乐天、三星、韩进均为家族式企业,其不约而同"出事"的背后暴露出韩国家族式集团在管理运营上的弊端。而且,由于许多韩国家族集团呈现出"章鱼"式发展,涉足多个行业,成立多个子公司,且通过相互抵押进行贷款,因而只要其中一环出现问题,就会直接影响整个集团的经营。

作为韩国第五大财阀的乐天集团,其经营范围已覆盖食品、零售、石化、旅游、金融等多种产业,且在韩国占据重要的市场地位,因集团高层管理人员涉嫌非法筹集资金、侵占公款、营私舞弊以及行贿等而被韩国检方立案搜查。此事件充分反映出乐天集团内部的公司治理结构的混乱及其不正当的经营行为。

世界排名第七、韩国最大的货运公司韩进海运公司的破产表面上看是因全球贸易萎缩,货运需求疲软,但真正的症结还是在家族式企业的管理运营模式上。近几年韩进海运经营状况惨淡,截至2015年年底,韩进海运债务超过6.6万亿韩元,2016年上半年更是累计亏损达4 730亿韩元。韩国大企业的负债率普遍较高,韩进海运的负债率更是超过800%,且负债与股东权益比率将近850%。因此,韩进破产的直接原因是其经营管理不善,导致高负债率久居不下,从而注定企业经营最终难以维继。韩进海运的破产,不仅重创了韩国未来10年的海洋发展战略,打碎了韩国的"海洋大国梦",而且也已经开始对韩国的进出口、物流等行业产生冲击,对韩国经济的长期影响不可谓不大。

对于韩国经济来讲,作为韩国最大的财阀,三星集团的地位举足轻重。其旗下的三星电子公司 2015 年实现 200.7 万亿韩元的营业收入，相当于同期韩国国内生产总值的 13%。如果再算上三星集团的其他子公司，三星集团的年营业收入总额则高达近 300 万亿韩元，近乎韩国国内生产总值的 20%，成为韩国经济的中流砥柱。不仅如此，韩国股市指数涨跌直接跟三星电子的股价息息相关。在由韩国"200 大"企业构成的股指期权指数 KOSPI200 指数中，三星电子就占据总市值的近 20%。然而，三星电子的旗舰型手机 Note 7 自 2016 年 9 月推出后不断出现起火、爆炸等事故，经历了从爆炸、召回、恢复生产、再爆炸直至停产停售等一系列的过程。由于三星电子约一半的利润来自智能手机业务，Note7 的全军覆没给三星集团带来的打击可想而知。有数据显示，三星在全球共需要召回 250 万部 Note7 手机，直接经济损失约合 10 亿美元。三星手机起火事件发生后，三星的股票市值两天内便蒸发了 220 亿美元。而且，在韩国的出口结构中，电子产品占韩国出口总量的 20%，其中手机又占韩国电子产品出口总量的 20%，因而此事件的影响可谓巨大。

乐天、三星、韩进事件还沉重地打击了韩国国民对本国企业的信心，使得长期以来韩国"大集团企业绝对不会破产"的神话轰然破灭，而且也反映出在目前的韩国式财阀体系之下，一旦这些控制着韩国产业命脉的财阀企业出事，韩国经济便会亮起"红灯"。有韩国专家指出，1997 年和 2008 年的金融危机之后，韩国的 IT、造船、汽车等产业纷纷快速发展，使韩国经济迅速摆脱了危机漩涡，但像如今这样三大支柱产业同时出现问题还是首次，韩国经济的警报已被拉响。

(2) 韩国政局动荡增添经济变数

自 2016 年年初起，因受美联储加息预期、欧洲银行业危机以及英国脱欧等国际因素的影响，韩国金融市场动荡加剧，同时出口不振、劳动力就业市场失去活力、家庭负债规模扩大、经济结构调整等国内因素已对韩国经济造成很大压力。朴槿惠政府因"闺蜜干政"事件遭遇的信任危机对萎靡不振的韩国经济无疑是雪上加霜。

针对近年来韩国经济下滑,朴槿惠政府曾提出一系列经济结构改革措施,其中包括扶持相对弱势的服务业的《十三大未来增长动力产业发展计划》,以及提出的针对劳动、公共、教育、金融部门"四大改革"等具体改革方案,其实施效果也颇为显著。然而,韩国三大在野党与执政党新国家党内"非朴系"的成员联合提交的弹劾总统案在国会获得通过,等待宪法法院的最终裁定。这期间朴槿惠被暂停履行总统职务,国家事务交由国务总理黄教安。韩国政权即将发生重大更迭,这使韩国经济结构改革之路前景难料。现阶段由朴槿惠推行的经济改革三年规划恐怕无法继续实施。在此情形下,未来韩国经济如出现负增长也不足为奇。

(3)"萨德"入韩有损对华经贸利益

长期以来,中韩一直保持着相对单纯,且长期稳定而紧密的双边关系。然而,这一关系因2016年7月韩国宣布将部署萨德导弹防御系统而出现裂痕。由于韩国对中国经济高度依赖,因而中韩关系趋冷势必影响到韩国经济。

"萨德"入韩使韩国对华贸易遭受打击。7月份,韩国对华出口额进一步萎缩,出现连续第13个月的下滑。不仅外贸领域,韩国的旅游业、娱乐传媒业也受此影响。由于中国是韩国最大的游客来源地,因此,韩国旅游业收益的增加主要得益于中国游客在韩消费。2015年韩国接待中国游客高达590万人次,创下历史纪录。但自韩国宣布部署"萨德"系统以来,中国赴韩旅游业也因为两国关系转冷而受到影响。据统计,2016年8月份中国游客赴韩人数比上月同期减少3.7%。创下了2016年以来的新低。此外,中韩民间交流也迅速降温,这对旨在进军中国市场的韩国娱乐圈的影响颇大。此前,中国将限制韩国艺人在华活动的所谓"限韩令"的传闻一出,便立即引发韩国各大娱乐公司的股价暴跌,并一度导致韩国股市震荡下行。

7.5 从中韩FTA协议迈向中日韩自贸区协定

7.5.1 中韩FTA协议的签署具有现实意义

中韩经贸关系对双方经济发展都极为关键。一方面,韩国经济和韩国资本离不开巨大的中国市场;另一方面,中国产业及其分工体系的正常运转,也不可能在韩国因素缺失的条件下不受影响。由于目前中韩互为重要的贸易伙伴国,中国是韩国最大的贸易伙伴,而韩国的对华贸易额也已超过日本成为中国的第二大贸易伙伴,[①]因此,2015年6月正式签署的中韩FTA协定将给两国带来实实在在的经济效益。

中韩FTA协定,除了承诺未来中韩双方零关税产品税目将达到90%以上,农产品和纺织品将逐步下调关税以外,还将在服务、投资、金融、通信等众多领域进一步开放市场,这将给韩国经济带来更大的积极影响。一是除韩国时装、化妆品、生活家电、高级食品等主要消费产品有望全面扩大对中国的出口外,以韩国电视剧、电影、音乐为主体的文化娱乐业品牌产品的出口也将进一步扩大;二是除韩国大企业对华投资有望扩大外,韩国中小企业也将全面进军中国市场,且今后韩国企业与中国企业合作时,最多可持股份的比例上升至49%;三是因东北亚地区是丝绸之路的重要起点,欧亚大陆桥和中韩自贸区的建设还将有助于强化中亚、欧美地区与韩国的贸易往来。事实上,自1995年日本发生阪神大地震以后,当初亚洲最大的集装箱港神户港受地震影响,物流开始分散到韩国釜山港。韩国政府也积极提供税收和补贴政策,借此不断提升釜山港集装箱集运的国际地位。如今,东北亚对北美出口的约八成集装箱船舶要经由韩国釜山港驶向北美口岸。因此,从"海上丝绸之路"视角看,韩国釜山港将会是未来东北亚对美贸易的经由港,同时也可能成

[①] 据韩国贸易协会2016年1月17日发布的数据显示,2015年第四季度韩国的对华贸易额达到756亿美元,首次赶超日本(717亿美元),成为继美国之后中国第二大贸易伙伴。

为对欧贸易的始发港。

7.5.2 中日韩自贸区的构建前景有待观察

中、日、韩三国作为东亚地区最重要的国家,既是亚洲经济的支柱,也是全球重要的经济体。三国的经济总量合计超过 16 万亿美元,占东亚地区 GDP 的 90%,亚洲的 70% 以及世界的 20%。中、日、韩三国虽处于不同的经济发展阶段,但经济互补性强,且互为重要的经贸合作伙伴和目标市场,合作潜力巨大。三国对建立自由贸易区的共同愿望由来已久。从 20 世纪 90 年代中期开始,中、日、韩的各种双边和多边经济合作形式不断涌现,反映出三国都看好区域经济合作的发展前景。

中、日、韩自由贸易区谈判自 2012 年 11 月正式启动以来,迄今已举行了 10 轮,会谈取得了积极进展。2014 年 5 月,中、日、韩投资协定正式生效。这是中、日、韩之间第一个促进和保护三国间投资行为的法律文件和制度安排。该协定为三国投资者提供了更加稳定透明的营商环境,对促进和保护三国间相互投资、进一步深化三国投资合作、推动三国经贸关系发展具有极其重要的作用。翌年 11 月,中、日、韩首脑峰会时隔 3 年多后在韩国再次举行,三国领导人明确了要加快中、日、韩自贸区谈判进程,这表明中、日、韩均已充分认识到加强区域经济合作对促进本国及亚洲经济增长的重要性。

展望未来,政治因素有可能阻碍中、日、韩自由贸易区谈判。中日韩三国政治上缺乏相互信任是谈判最大的障碍,没有互信和平稳的政治关系,谈判就会存在诸多变数,而且政治上的分歧、冲突势必会影响经济。"政冷经热"是不可能长期维持的,经贸必然会为政治上的考量让步,从而逐渐走向"政冷经冷"的格局。

第 8 章
东盟经济：共同体建设与中国-东盟 FTA 升级

2016 年，既是东盟经济共同体宣布建成后的第一年，也是中国-东盟 FTA 升级议定书生效之年。在世界经济持续低迷、TPP 命运未卜、英国脱欧的晦暗背景下，东盟整体经济增长相对平稳，不管快慢与否，东盟的经济一体化和对外的区域经济合作都在推进中；2017 年将迎来东盟成立 50 周年，发展前景继续向好。而随着共建"21 世纪海上丝绸之路"的逐步实施及其与"东盟经济共同体愿景"的逐步对接，中国-东盟全方位经济合作不断加强；双方建立对话关系的 25 周年，更是开启未来 25 年提质升级的"成熟期"①之崭新序幕的关键年。无论东盟一体化进程的推进，还是中国-东盟经济合作的升级，对东亚乃至亚太区域经济的繁荣发展均具有极为重要的意义。

8.1 东盟经济：共同体建设的新起点

东盟 6.29 亿人口、2.4 万亿美元 GDP，是亚洲第三、世界第六大经济体。虽然 2015 年 12 月 31 日东盟共同体如期宣布建成，但对东盟来说，其也只是意味着阶段性目标的实现和走向成熟的开始。《东盟经济共同体蓝图 2025》明确，"高度一体化和有凝聚力的经济"、"加强互联互通和

---

① 参见李克强总理的《在第十九次中国—东盟(10＋1)领导人会议暨中国—东盟建立对话关系二十五周年纪念峰会上的讲话》，《人民日报》2016 年 9 月 8 日。

部门合作"与"富有竞争力、创新性和活力"、"更富弹性、包容性和以人为本"、"全球化"的东盟是今后10年经济共同体建设的五大支柱。①

8.1.1 增长整体平稳,分化亦已显现

就整体而言,据IMF在2016年10月的预测(表8-1),2016年东盟实际GDP同比增长4.8%,较之2015年提升0.1个百分点;2017年将进一步提升至5.1%,与其2016年4月的预测一致。随着东盟共同体建设的不断深入,东盟经济发展的前景继续向好。

表8-1 东盟经济增长一览　　　　　　　　　　(单位:%)

经济体	1998—2007年	2013年	2014年	2015年	2016年(预测)	2017年(预测)
东　盟	—	5.2	4.7	4.7	4.8	5.1
老6国							
文　莱	2.0	−2.1	−2.3	−0.6	0.4	3.9
印度尼西亚	2.7	5.6	5.0	4.8	4.9	5.3
马来西亚	4.2	4.7	6.0	5.0	4.3	4.6
菲律宾	4.2	7.1	6.2	5.9	6.4	6.7
新加坡	5.5	4.7	3.3	2.0	1.7	2.2
泰　国	3.8	2.7	0.8	2.8	3.2	3.3
新4国							
柬埔寨	9.3	7.4	7.1	7.0	7.0	6.9
老　挝	6.3	8.0	7.5	7.6	7.5	7.3
缅　甸	12.0	8.4	8.7	7.0	8.1	7.7
越　南	6.8	5.4	6.0	6.7	6.1	6.2

• 注:根据IMF《亚洲和太平洋地区经济展望》、《世界经济展望》(2016年10月)的数据整理而成。

就个体而言,各成员国特点不同,经济态势亦有差异。如果以全球金融危机前1998—2007年的平均增速为基准,大体可分为经济增速已超越和尚未达到危机前水平两种类型。

---

① ASEAN Secretariat, ASEAN Economic Community 2025[R], Jakarta: ASEAN Secretariat, November 2015, p.1.

前者包括印度尼西亚、马来西亚、菲律宾和老挝。经济结构改革和对私营企业投资的鼓励,是印度尼西亚经济发展的重要推动力;《税务特赦法案》也在一定程度上有利于资本的回流。2016年前3季度,印度尼西亚经济分别实现4.94%、5.18%、5.02%的增长;预计2017年还将进一步提升。得益于公共支出、基础建设投入的不断加大和制造加工业、对外贸易的良好表现,菲律宾2016年第一、第二季度分别增长6.8%、7%,第三季度更是增长7.1%;菲政府已推出"十项社会经济发展议程"。①马来西亚自2010年展开的经济转型计划已初见成效,2016年上半年GDP增速4.1%,据马方估计全年将在4%—4.5%之间。②

隶属后者的6个成员国,又可根据2013年以来的经济表现分为总体呈现下降态势的新加坡、柬埔寨、缅甸和总体处于上升态势的文莱、泰国、越南。得益于成衣加工业的出色表现,柬埔寨2016年的经济发展受大宗商品价格的影响相对有限。亚洲开发银行预测,其今后几年将继续保持每年7%的经济增长率。③虽然国内外资本对缅甸政治改革和投资环境改善的信心增加,新政府也已在2016年7月推出12项经济新政策,但受制于国内通胀、主要贸易伙伴需求减弱等因素,缅甸经济增速放缓,IMF在10月下旬再次调低预期,2016/2017财年预计增长6.5%④。

需要强调的有两点。一是发展程度低的东盟新4国,近年来在相对较高的水平上处于平稳发展态势。虽然由于南部及中部的大面积干旱和国际油价的持续处在低位,越南较2015年这一自2008年以来的最快

---

① 《菲第三季度经济增长7.1%,为亚洲最高》,资料源自中国驻菲律宾大使馆经商参处,2016年11月18日。
② 《马总理:经济转型计划已初见成效》;赵胜玉等:《马总理:大马2016年经济增长预期将介于4%至4.5%》。资料来自中新社吉隆坡2016年9月16日电、2016年10月21日电。
③ 滕雨霏:《柬埔寨经济发展潜力巨大等待开发》,资料来自中国网东盟频道2016年11月7日讯。
④ 《缅甸本财年经济增长率预计为6.5%》,资料来自中国驻曼德勒总领馆经商室,2016年11月2日。

增速有所减慢,IMF 也相应下调其 2016 年 4 月的预测,仅增长 6.1%;但内需强劲进一步推动制造业发展,2016 年前三季度越南经济分别增长 5.48%、5.78%、6.63%,上升态势明显;根据政府发展计划,未来 5 年经济增速预计为 6.5%—7%。①二是老 6 国中的文莱、新加坡、泰国成为拉低东盟经济增长水平的重要因素。新加坡经济明显放缓:根据其贸工部 2016 年 11 月的数据,全年增长预测进一步收窄为 1%—1.5%,意味着将是全球金融危机以来的最低值。②而泰国 2016 年第一、第二季度的增长率分别为 3.2%、3.5%,复苏速度略快于预期;自认随着经济构架改革的持续推动和"泰国 4.0"对新工业领域发展的不断促进,经济已走出谷底,但受全球经济放缓的影响,经济低速仍在持续;据其财政部估计,2016 年增长 3.3%,动力依然主要来自政府开支尤其是交通基建投资的不断增加。③

8.1.2 出口持续放缓,投资环境改善

占东盟出口贸易 90% 以上、2015 年时隔 6 年首现出口负增长(图 8-1)的东盟 5 个经济体——新加坡、印度尼西亚、马来西亚、泰国、越南,2016 年出口继续下滑(表 8-2),对外贸易表现主要源于自身对外部市场的依赖和全球贸易的持续低迷。

即使如此,2016 年下半年还是显现出一定的向好迹象,2017 年的出口有望改善。印度尼西亚自 8 月起出口好转,已超出 2015 年同期水平;10 月的出口、进口,无论同比还是环比均为正增长。④泰国第三季度

---

① 《今年前 9 个月越南经济社会发展概况》,资料来自中国驻胡志明市总领馆经商室,2016 年 10 月 9 日;章建华等:《越南今后 5 年经济增速目标为 6.5%至 7%》,资料来自新华社河内 2016 年 3 月 21 日专电。
② 《我国第三季经济增长 1.1%》,[新]《联合早报》2016 年 11 月 24 日。
③ 《泰国副总理颂奇称经济已走出谷底》、《泰国财政部称 2016 年经济估增 3.3%》,资料来自中国驻清迈总领馆经商室,2016 年 9 月 16 日、2016 年 11 月 1 日。
④ 《印尼 10 月出口首现增长且对华出口大增 中国重居第一大出口国》,资料来自中国驻棉兰总领馆经商室,2016 年 11 月 16 日。

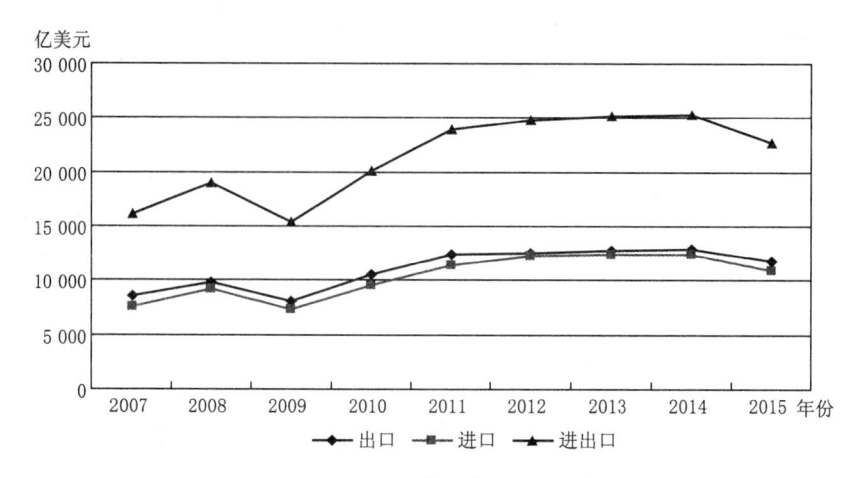

图 8-1 2007—2015 年东盟进出口贸易变化趋势

• 注:根据东盟统计数据绘制而成。

出口同比增长 1.2%,为近 6 个季度的最高增幅;在世界 30 个重要出口国家出口总值排名中提升 1 位至第十。[1]需要注意的是,1—9 月出口继续增长的越南,其纺织、皮革鞋类、粮食等主力出口行业不约而同下调自身的出口目标。[2]

表 8-2 2016 年东盟主要贸易经济体对外贸易一览

国 家	进出口 金额(亿美元)	同比(%)	出 口 金额(亿美元)	同比(%)	进 口 金额(亿美元)	同比(%)
印度尼西亚(1—9月)	2 030.5	−9.0	1 043.6	−9.4	986.9	−8.6
马来西亚(1—6月)	1 719.5	−10.0	911.0	−10.0	808.5	−9.9
新加坡(1—8月)	4 005.4	−8.1	2 154.9	−8.2	1 850.5	−8.0
泰国(1—8月)	2 673.1	−3.6	1 404.6	0.2	1 268.5	−7.4
越南(1—10月)	2 846.4	4.6	1 440.8	7.2	1 405.6	2.1

• 注:根据中国商务部统计数据整理而成。

---

[1] 《2016 年第三季度出口增幅创近 6 个季度来新高》、《泰国 9 月出口增 3.4% 创近两年新高》,资料来自中国驻清迈总领馆经商室,2016 年 11 月 1 日、10 月 29 日。
[2] 《越南多个主力行业下调出口目标》,资料来自中国驻胡志明市总领馆经商室,2016 年 11 月 2 日。

第8章 东盟经济：共同体建设与中国-东盟FTA升级

东盟依然是全球 FDI 的主要目的地。尽管由于来自欧美等的 FDI 下降，2015 年东盟所吸收的 FDI 同比减少 8%（图 8-2），但还是有 16% 流入发展中经济体的 FDI 以东盟为目的地。①

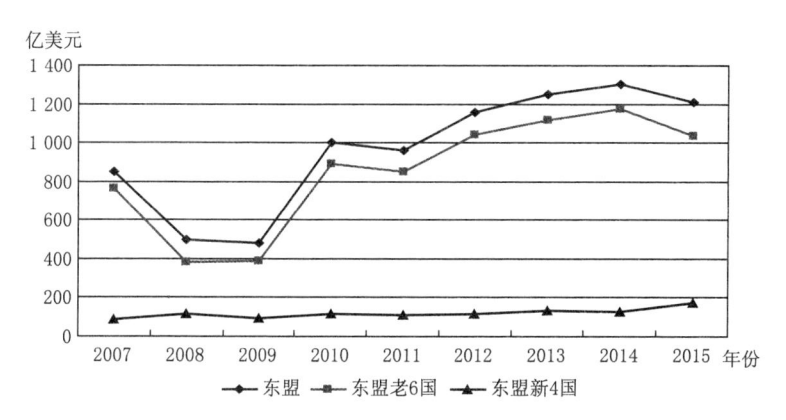

图 8-2　2007—2015 年东盟吸收外国直接投资变化趋势

* 注：根据东盟统计数据绘制而成。

整体而言，随着 2016 年东盟经济共同体建设在新起点上的深化发展，东盟内部的投资环境进一步改善；加之全球经济发展前景的持续不稳定使投资者的注意力更多投向新兴发展中市场，东盟对外国投资者的吸引力也在不断增强。

根据世界银行《营商环境报告 2017》（表 8-3），文莱、印度尼西亚跻身全球营商环境改善最大的 10 个经济体之列。即使是排名下滑的缅甸，2016 年也先后通过新《矿产法》、新《投资法》和《仲裁法》，投资优惠领域由原来的农业、工业生产和基础设施建设 3 个扩展为纳入中小型企业、旅游业、国内生产技术转让、培养熟练技术人员、对欠发达地区投资后的 8 个，2017 年内还将完成各省邦投资管理办公室的开设。②

---

① ASEAN Secretariat, ASEAN Investment Report 2016 [R], Jakarta: ASEAN Secretariat, September 2016, p.V.
② 《缅甸新投资法对8个领域提供优惠》，资料来自中国驻曼德勒总领馆经商室，2016 年 11 月 16 日；《缅甸在各省邦增设投资委员办公室》，资料来自中国驻缅甸大使馆经商参处，2016 年 10 月 19 日。

表 8-3　东盟成员国营商环境排名

国　家	排　名	国　家	排　名	国　家	排　名
新加坡	2(1)	马来西亚	23(18)	泰　国	46(49)
文　莱	72(84)	越　南	82(90)	印度尼西亚	91(109)
菲律宾	99(103)	柬埔寨	131(127)	老　挝	139(134)
缅　甸	170(167)	—	—	—	—

- 注:括号内为上期排名。
- 资料来源:根据世界银行《营商环境报告 2017》整理而成。

联合国贸发会议《世界投资报告 2016》显示,在跨国公司 2016—2018 年最具直接投资意愿的目的地中,印度尼西亚、马来西亚、菲律宾、缅甸、越南分列第 9、10、10、14、14 位。其中,印度尼西亚、马来西亚、越南分别较上期报告提升 5、4、4 位,菲律宾、缅甸首次上榜。而新加坡未能出现在榜单之中。[1]

缅甸 2016/2017 财年的 2016 年 4 月 1 日至 10 月 31 日已吸引外资 32.78 亿美元,如果纳入已递交投资委待审批项目,60 亿美元的财年任务仅剩 12 亿美元。[2]越南 2016 年前 9 个月 FDI 的注册总额约为 164.3 亿美元,实际到位 110.2 亿美元,同比增长 12.4%,高于 2015 年同期 8.4%的增幅。流入东盟新 4 国的 FDI,很可能还会以相当的速度在 2017 年及以后持续增加。需要注意的是,越南 FDI 的大幅增长与 TPP 的达成不无关系,其对外国投资者的吸引力会否因 TPP 生效不确定性的增加而下降尚待观察。

8.1.3　互联互通提速,一体发展加快

东盟整体及老 6 国、新 4 国 2014 年的货物贸易关税已分别降为 0.54%、0.04%、1.33%,2015 年的零关税税目也已分别达 96%、

---

[1] UNCTAD, World Investment Report 2016, June 2016, p.28, http://www.worldinvestmentreport.org/.
[2]《缅甸本财年已吸引外资 32 亿美元》,资料来自中国驻曼德勒总领馆经商室,2016 年 11 月 15 日。

99.2%、90.8%。①2015年东盟内部贸易占其对外贸易总额的23.9%、内部投资占东盟吸引FDI的18.4%。

随着东盟经济共同体建设的进一步推进,基础设施互联互通的相对滞后对经济一体化的阻碍作用日益突出。《东盟互联互通总体规划》2010年就已推出;2015年《东盟经济共同体蓝图2025》更是将"加强互联互通和部门合作"作为自身的五大支柱之一。2016年9月,《东盟互联互通总体规划2025》获得通过,可持续基础设施、数字创新、无缝物流、卓越监管、人员流动成为其聚焦的5大战略领域。②

东盟成员国也在加大自身的互联互通,尤其是基础设施建设力度。根据印度尼西亚2015—2019年经济发展规划,将兴建24个现代化港口、1 481个非商业性港口,新建高速公路2 000公里、铁路3 258公里。泰国将交通基建投资项目作为拉动国家经济保持稳定增长的核心驱动力,未来5年内交通基建投资预算达2.5万亿铢。③

8.1.4 对外合作缓慢,却也不乏亮点

截至目前,东盟已分别与中国、日本、韩国、印度、澳大利亚-新西兰建立FTA即5个"10+1"FTA,与FTA伙伴即上述6国的RCEP谈判正在进行,与香港地区的FTA谈判也已展开,但与欧盟的FTA谈判自2009年3月中止后再未重启。

东盟与RCEP谈判伙伴2015年的进出口贸易总额已占其对外贸易的36%以上;除东盟内部贸易外,中国、日本、韩国、印度、澳大利亚、新西兰分别是东盟的第1、2、5、8、9、18大贸易伙伴。除东盟内部投资

---

① ASEAN Secretariat, ASEAN Integration Report 2015[R], Jakarta: ASEAN Secretariat, November 2015, p.9.
② ASEAN Secretariat, Master Plan on ASEAN Connectivity 2025[R], Jakarta, ASEAN Secretariat, August 2016, p.7.
③ 《泰国政府明确交通基建投资作为经济核心驱动的增长模式》,资料来自中国驻泰国大使馆经商参处,2016年6月12日。

外,日本、中国、韩国、澳大利亚、新西兰分别是东盟的第2、4、5、6、9大FDI来源地,占东盟利用FDI的份额也已超过33%。

2016年,尽管RCEP谈判推进艰难,东盟的对外区域经济合作还是取得一定进展。与中国的FTA升级议定书7月生效;与韩国的《货物贸易协定第三修订议定书》也陆续在东盟6个成员国生效,并已正式启动《货物贸易协定》项下敏感类产品进一步自由化谈判。9月东亚峰会发布《关于促进东亚基础设施发展合作的万象宣言》。作为"10+8"的成员,美国、俄罗斯分别于2月、5月在各自国家单独同东盟召开峰会。前者与东盟召开峰会于双方2015年11月正式升级为战略伙伴关系之后。后者与东盟达成49点共识,俄罗斯进一步宣称研究建立东盟和欧亚经济联盟全面FTA。[①]

8.2 东盟经济一体化:"东盟方式"任重道远

8.2.1 "东盟方式"运作效率有待提升

坚持尊重主权和平等、不干涉内政、协商一致的原则,开放、包容,强调成员国之间经济发展的差异性并照顾各自的特殊性,以各方均感"舒适"的灵活方式逐步推进区域经济合作,是东盟经济一体化最为重要的特点。而"东盟方式"的运作效率和东盟的领导能力也成为其不得不注意的现实问题。

8.2.2 内部差异显著导致融合难度较大

成员国政治、文化、宗教的多样性和经济发展的差异性(表8-4),是东盟的特点,但由此所产生的利益诉求的复杂程度和融合难度也是东盟

[①] 张继业:《俄罗斯—东盟峰会通过索契宣言并达成49点共识》,资料来自新华社俄罗斯索契,2016年5月20日电。

经济一体化不得不面对的现实难题。缩小内部发展差距成为东盟推进经济一体化的重要目标之一。

表 8-4　东盟成员国基本情况一览

成员国	人口 (万人)	国土面积 (平方公里)	GDP (亿美元)	人均 GDP (美元)	竞争力 排名
印度尼西亚	25 546.17	1 913 578.7	8 576.03	3 357.1	41
菲律宾	10 156.23	300 000	2 895.03	2 850.5	57
越　南	9 171.33	330 951.1	1 934.07	2 108.8	60
泰　国	6 897.90	513 119.5	3 957.26	5 736.9	34
缅　甸	5 247.60	676 577	653.92	1 246.1	131
马来西亚	3 048.53	330 290	2 943.90	9 656.8	25
柬埔寨	1 540.52	181 035	184.63	1 198.5	89
老　挝	690.24	236 800	126.39	1 831.2	93
新加坡	55.35	719.1	2 919.38	52 743.9	2
文　莱	41.72	5 769	129.09	30 942.1	58

• 资料来源：根据 ASEAN Secretariat，ASEAN Statistical Leaflet-Selected Key Indicators 2016, Jakarta, September 2016 整理而成。竞争力排名来自世界经济论坛《全球竞争力报告 2016—2017》，因缅甸未列入其中，其排名来自 2015—2016 年报告。

8.2.3　贸易投资便利化仍需进一步改进

随着关税减让空间的日渐狭小，贸易便利化对国际贸易的促进作用愈加明显。截至 2016 年 10 月底，东盟经济体除印度尼西亚外均已向 WTO 递交《贸易便利化协定》接受书。

即便如此，《营商环境报告 2017》显示，除排名本就相对靠后的缅甸、老挝、柬埔寨、菲律宾外，东盟其他经济体的"跨国贸易便利化程度"排名(表 8-5)均落后于自身整体的营商环境排名。《东盟经济共同体 2025》在货物贸易的战略措施中明确加强和深化贸易便利化措施的实施，《东盟互联互通总体规划 2025》所聚焦的 5 大战略领域之一即"卓越监管"也以标准的协调统一为重要目的。

表 8-5 东盟成员国跨国贸易便利化程度

国家	排名	出口 边界合规 耗时(小时)	出口 边界合规 耗费(美元)	出口 单证合规 耗时(小时)	出口 单证合规 耗费(美元)	进口 边界合规 耗时(小时)	进口 边界合规 耗费(美元)	进口 单证合规 耗时(小时)	进口 单证合规 耗费(美元)
新加坡	41	12	335	2	37	35	220	3	40
泰国	56	51	223	11	97	50	233	4	43
马来西亚	60	48	321	10	45	72	321	10	60
菲律宾	95	42	456	72	53	72	580	96	50
柬埔寨	102	48	375	132	100	8	240	132	120
越南	93	58	309	50	139	62	392	76	183
印度尼西亚	108	53	254	61	139	99	383	133	164
老挝	120	12	73	216	235	14	153	216	115
文莱	142	117	340	163	90	48	395	140	50
缅甸	159	144	432	144	140	232	457	48	210

• 资料来源：根据世界银行《营商环境报告 2017》整理而成。

8.2.4 外部依赖及非经济因素影响较大

除东盟内部贸易、投资外，欧盟、美国分别是东盟的第三和第四大贸易伙伴、第一和第三大 FDI 来源地，两者合计占有东盟对外贸易的 19.4%、利用 FDI 的 28%。对于东盟来说，美国和欧盟还是仅次于中国的两大出口目的地，所占比重超过 21%；两者更是东盟重要的贸易顺差来源地。对外部市场的较大依赖以及由相似出口市场结构、产品结构所可能引发的相互之间的恶性竞争，既不利于东盟区域经济一体化总体效应的释放，也会影响对东盟来讲至关重要的向心力和凝聚力的提升，成为东盟经济一体化不得不面对的又一极为现实的问题。

东南亚一向是区域外大国利益集中之地。除复杂的历史问题及遗留的领土争端等非经济因素外，还将面对域外大国战略博弈的影响。随着东亚经济活力的日渐显现和东盟共同体建设的不断推进，此种态势愈加明显而复杂。美国、日本自不必提,俄罗斯、欧盟、印度均在积极加强与东盟及其成员国的合作。

需要强调的是,第一,美国和日本积极利用东南亚国家"大国平衡"战略所导致的"骑墙"与观望,有意放大部分东盟国家与中国业已存在的领土和海洋权益争议,主动、全面、深度介入地区热点问题,成为南海问题不断升温、不确定性增加的主要推手。第二,特朗普已在其"百日新政"中明确,上任后就签署退出TPP的意向声明;美国"亚太再平衡"战略命运如何？特朗普政府的亚太战略会有怎样的调整？无论如何,美国都不可能放弃在东南亚区域的战略存在,只是"以实力促和平"的手段有所不同或程度有所差异而已。若真如其竞选承诺,注重更为"公平"的双边贸易协定谈判,对东盟经济一体化的影响可能并不亚于美国主导TPP对东盟整体的分化。

8.3 中国-东盟经济合作:FTA升级议定书生效

中国-东盟FTA升级版,是在2013年双方建立战略伙伴关系10周年之际由中国率先提出。2015年11月中国-东盟FTA升级相关议定书正式签署,并已于2016年7月生效。

8.3.1 双边贸易持续扩大,相互依存度显著提升

中国海关统计数据显示,从2002年到2015年,中国-东盟双边货物贸易额由547.7亿美元扩大为4 721.6亿美元,年均增长18%;中国已连续七年为东盟的第一大贸易伙伴,东盟也已连续五年为中国的第三大贸易伙伴,均较2002年提升两个位次;中国与东盟的进出口贸易分别占中国、东盟对外贸易总额的11.9%和15.2%,均高于2002年8.8%、6%的水平。2016年1—10月,双边贸易(图8-3)总额在中国对外贸易中的份额略有提升,为12.1%。

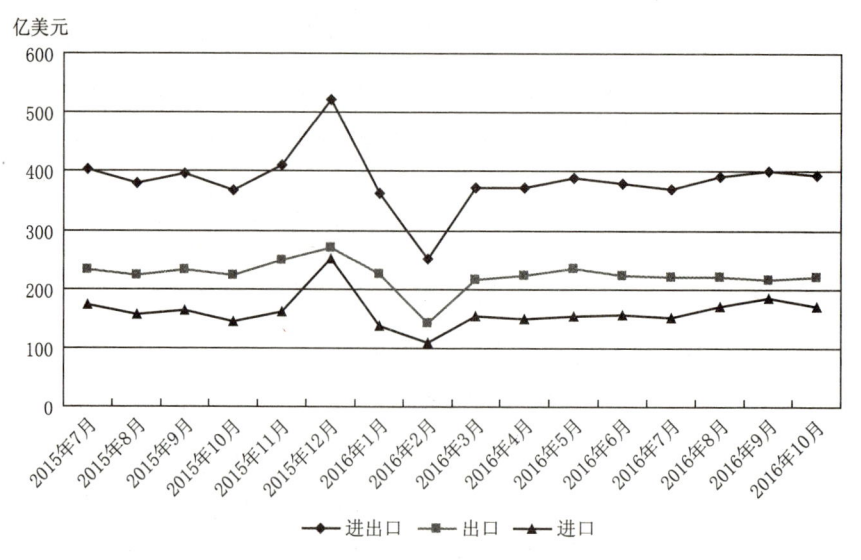

图 8-3 中国对东盟货物贸易变化趋势

* 资料来源：根据中国海关统计数据绘制而成。

8.3.2 双向投资增势迅猛，产能合作不断增强

中国-东盟双向投资自 2010 年《投资协议》生效以来快速发展，截至 2016 年 5 月已累计超过 1 600 亿美元。中国对东盟的直接投资更是增势迅猛，流量与 2015 年同比增长 87%，首次突破百亿美元即达 146 亿美元；2014 年反超中国实际利用东盟投资流量后，迅速将两者的差距扩大至 67.4 亿美元。中国是东盟除自身以外的第四大外资来源地。制造业是中国对东盟投资的主要行业。2016 年第一季度，中国对东盟投资 22.9 亿美元，同比增长 44%。

2016 年 9 月，《中国-东盟产能合作联合声明》发表。可相对较好规避中国企业"走出去"海外风险和对接所在国发展战略的产业园区，成为中国-东盟双向投资及产能、装备制造合作的重要载体与崭新模式。中国企业已在泰国、柬埔寨、越南、印度尼西亚、老挝、马来西亚等东盟成员国设立 26 个具有境外经贸合作区性质的项目（表 8-6），超过 300 家

入区中资企业累计投资17.7亿美元、实现产值90.2亿美元。[1]作为中国政府支持的首个以"两国双园"模式展开双边经贸合作的项目,中马钦州产业园和马中关丹产业园已步入机制化、规范化发展轨道;2016年1—8月马来西亚政府仅在制造业领域就批准总投资额约6亿美元的20个中国企业项目,中国成为其制造业领域的第二大投资国。[2]

表8-6 通过确认考核的在东盟的国家级境外经贸合作区

东盟成员国	境外经贸合作区名称
柬埔寨	西哈努克港经济特区
泰 国	泰中罗勇工业园
越 南	龙江工业园
老 挝	万象赛色塔综合开发区
印度尼西亚	中国·印度尼西亚经贸合作区
	中国印度尼西亚综合产业园区青山园区
	中国·印度尼西亚聚龙农业产业合作区

• 资料来源:中国商务部《通过确认考核的境外经贸合作区名录》。

8.3.3 次区域合作机制化,早期收获亮点凸显

2016年3月,由中国与湄公河沿岸柬、老、缅、泰、越5个东盟成员国发起、成立于2015年11月的澜湄合作机制正式启动。其以项目为本,互联互通、产能、跨境经济、水资源、农业减贫为合作初期5个优先领域,既是中国-东盟合作框架的有益补充,也是双方经济合作的新亮点。《澜沧江-湄公河国家产能合作联合声明》明确,优先推进电力、冶金、轻工纺织、轨道交通、水路交通、装备制造、农业及农产品和水产品加工等领域的产能合作。中国将设立澜湄合作专项基金。

以铁路合作为突出亮点的中国-东盟互联互通取得积极进展,未来

---

[1] 参见李克强总理的《在第十九次中国—东盟(10+1)领导人会议暨中国—东盟建立对话关系二十五周年纪念峰会上的讲话》,《人民日报》2016年9月8日。
[2] 《"两国双园"将成为中马产能合作示范园》,资料来自中国驻马来西亚大使馆经商参处,2016年11月3日。

潜力尤为巨大。继2015年12月中老铁路磨丁-万象段、中泰铁路开工建设后,印度尼西亚雅万高铁也在2016年1月动工,合作建设雅万高铁成为中国与印度尼西亚战略对接的重大早期收获①。中老铁路磨丁-万象段第二阶段合同、从巴生港至吉兰丹道北的马来西亚东部沿海铁路项目合同分别于2016年10月、11月签署。此外,新马高铁拟于2017年公开招标;越南交通运输部也正在研究建设老街-河内-海防的标准轨铁路,并将其与中国的西南地区相连通。②2016年11月,《中国-东盟交通合作战略规划》(修订版)、《中国-东盟交通运输科技合作战略》发布。

需要强调的是,与铁路合作相伴随的是产能合作的巨大市场机遇。中国中车(马来西亚)轨道交通装备有限公司已于2015年7月正式投产,马来西亚因此成为东盟首个拥有轨道交通装备制造能力的国家。无论中老、中泰铁路,还是印度尼西亚雅万高铁,都会通过中国的技术、标准和资金,助力东盟的互联互通,泛亚铁路也因此正一步步变成现实。

8.3.4 中菲关系转圜助推中国-东盟经济合作发展

在地区国家的共同努力之下,南海形势正朝着积极方向发展。《中国和东盟国家外交部长关于全面有效落实〈南海各方行为宣言〉的联合声明》于2016年7月25日发表。9月举行的第19次中国-东盟领导人会议通过《中国与东盟国家应对海上紧急事态外交高官热线平台指导方针》和《中国与东盟国家关于在南海适用〈海上意外相遇规则〉的联合声明》。

尤其需要强调的是,2016年10月菲律宾总统杜特尔特对中国进行国事访问,中国是其上任3个多月访问的除东盟成员国外的首个国家。双方同意恢复包括外交磋商、经贸联委会、防务安全磋商、农业联委会

---

① 《习近平向印尼总统佐科致贺信 祝贺雅加达至万隆高铁项目动工》,新华社雅加达,2016年1月21日电。
② 王健:《越南交通运输部:将修建与中国相连的标准轨铁路》,《中国日报》河内,2016年4月27日电。

在内的一系列双边对话合作机制,签署涉及经济技术、产能与投资、交通基础设施等领域的13项合作文件,中方宣布恢复相关菲企对华出口香蕉、菠萝许可。《中菲联合声明》重申,争议问题不是中菲双边关系的全部;由直接有关的主权国家通过友好磋商和谈判,以和平方式解决领土和管辖权争议。[①]《关于建立海警海上合作联合委员会的谅解备忘录》也被视为中菲海上合作的开始。菲律宾将担任2017年东盟轮值主席国。中菲关系的改善和务实合作不仅有助于地区稳定,还会助推中国-东盟经济合作的进一步发展。

8.3.5 海上丝路为中国-东盟经济合作带来新机遇

首先,共建"21世纪海上丝绸之路"有助于中国-东盟基础设施建设的进一步推进。以设施联通、资金融通为合作重点,尤其亚洲基础设施投资银行、丝路基金的运营,可相对快速而有效地弥补资金缺口,打破基础设施互联互通瓶颈。无论中老还是中泰铁路,对新加坡-昆明铁路连接项目、中国-东盟产能及装备制造合作的促进作用都毋庸置疑。

其次,共建"21世纪海上丝绸之路"有助于进一步开拓中国-东盟经济合作市场。以政策沟通、贸易畅通为合作重点,着力于解决贸易投资便利化问题和良好营商环境的构建,尤其是与贸易投资有机结合的产业园区,不但有利于中国-东盟内部市场的进一步整合,而且产业合作、集群式发展也能够催生出更多贸易、投资和消费需求,进而释放出更大市场潜力。

最后,共建"21世纪海上丝绸之路"有助于中国-东盟经济合作的进一步机制化。"21世纪海上丝绸之路"建设的不断推进也会产生共建机制与平台,更为顺利地推动合作进程、更好保护合作利益,比如澜湄合作机制的启动,又会进一步推动中国-东盟经济合作。

---

① 《中华人民共和国与菲律宾共和国联合声明》,《人民日报》2016年10月22日。

8.3.6 RCEP谈判外部压力减弱且前景更为可期

未能按预期在2015年年底达成最终共识的RCEP谈判，2016年共举行6轮，密度较之前3年明显提升。经济和技术合作、中小企业章节分别在10月第15轮、12月第16轮谈判中完成。目前谈判依然主要胶着于货物贸易尤其是服务贸易的开放程度，突出表现在农产品的关税下调和服务贸易及投资的负面清单。日本一步到位形成高标准协定的要求日渐强烈。

尽管如此，密集谈判过程中的利好因素也在增加。2016年11月RCEP部长级会议强调以一揽子解决的方式迅速结束谈判的紧迫性，要求展示灵活性。[1]即使国内纠结于对华贸易逆差的印度也更加配合，与中国关于市场开放度和关税减免细则的协调正在推进。作为主导者，东盟自身与对外的区域经济一体化相辅相成，而东盟经济共同体已宣布建成。尤为重要的是，虽然外部推动力曾因TPP在美国国内通过的不确定性预期而有所减弱，但特朗普明确上任后就签署退出TPP的意向声明，也使RCEP谈判各方的摇摆心态出现一定程度的变化。越南、马来西亚均表示，愿将推动自由贸易的重心转向由中国推进的自由贸易进程。[2]从这一角度讲，RCEP谈判在相对较短的时间内，即于2017年达成最终共识的可能性也有所增加。

---

[1] 《〈区域全面经济伙伴关系协定〉(RCEP)部长级会议在菲律宾宿务举行》，商务部新闻办公室，2016年11月4日。
[2] 潘寅茹：《一旦退出TPP美国亚太战略面临"烂尾"》[N]，《第一财经日报》2016年11月24日。

第9章
印度经济：金砖经济体的新引领者

印度作为全球重要的新兴经济体，一直倍受关注。近年来，全球经济持续低迷，但印度成为全球增长最快的地区之一。在金砖五国中，中国经济进入"新常态"，俄罗斯、巴西经济过去几年呈现负增长，南非经济持续下探。尽管印度的经济增长尚未恢复到危机前的水平，但时至今日，印度正成为金砖经济体的新引领者以及世界增长最快的大型经济体之一。

9.1 "莫迪新政"引领印度经济稳定增长

2014年莫迪领导的印度人民党在印度大选中获胜，莫迪胜出主要有两方面的原因：一是辛格政府的"二次改革"失利；二是印度民众对推进经济改革寄予厚望。总的来说，相比政治和社会因素，莫迪上台的主因还是国大党政府保守化改革的失利和印度人民党推进新经济改革承诺对选民的吸引力。

9.1.1 "莫迪新政"的重大举措

莫迪政府自执政伊始便着手制定、推出了一系列振兴经济、改革政府的政策措施，如表9-1所示。除继续推进市场化、全球化改革外，还提出了庞大的"供给侧"改革计划，主要内容包括"印度制造"计划、"数字印度"计划和"民生保障"计划，同时也推出为实现这些计划而推行的配套改革等。

表 9-1 "莫迪新政"的具体措施

重大政策举措	具 体 内 容
"印度制造"运动	1.适度调整劳工法和土地征收法,简化审批程序,优化服务流程;2.降低对制造业原材料的关税;3.推进德里-孟买工业走廊等重要工业区建设;4.实施"技能印度"、"创新印度"等多个辅助性计划
进一步扩大开放	1.进一步放宽商贸、物流等领域对外资的限制,实施"自动审批"模式;2.大力推广"单一窗口",对出口给予税收抵扣等各种激励措施;3.积极发展特殊经济区等
控制财政赤字	适度削减对粮食、石油等领域的补贴
推进行政管理体制改革	撤销印度计划委员会,将其审批职能归入财政部,将其规划决策咨询职能交由新建的印度国家转型委员会(NITI)
加快推进税制改革	将各邦的商品和服务税(增值税的升级版)予以统一,形成统一市场,避免区域分割
大力加强基础设施建设	实施PPP模式,以铁路为重点实施一批基础设施计划
打击官僚主义和反腐败	1.颁布莫迪11条戒律;2.强制要求公务员提高办事效率;3.修订反腐败法案等;4.取消旧版500和1000元卢比

• 资料来源:作者根据相关资料整理。

(1) 主动参与双边多边经济合作

上任两年间,莫迪实施密集的经济外交,首要目的就是吸引外国投资和印度侨资。截至2015年年底,印度与美、中、日、俄、澳等国在民用核能、基建、工业园、高铁和煤矿等领域,或达成双边合作协议,或推进投资协定谈判。同时,莫迪政府更加积极参与国际合作,包括大力支持中国主导的亚投行,积极加入RCEP等。

(2) 积极实施"印度制造"计划

2014年9月莫迪政府正式推出"印度制造计划"(Make in India Campaign),重点是发展基础设施和劳动密集型制造业,立志把印度打造成为具有国际竞争力的全球制造业中心,转变目前服务业驱动型的增长模式。印度计划在2022年前将制造业比重提高到25%,每年为超过1 200万的年轻人创造就业岗位,并将汽车、化学、信息技术、医药、旅游、铁路等首批25个行业列为发展重点,承诺简化行政审批手续并提供系列的配套优惠政策以吸引民间资本和外国资本的进入。

为支持"印度制造",莫迪政府加大了对外资、技术的引进力度。莫迪认为,"吸引 FDI 对印度民众来说是一种责任感,是发展印度的机会"。例如,同美国达成向印度提供民用核能技术协议,以落实两国 2006 年签署的民用核能合作协议;俄罗斯已向印度提供 10 亿美元的基建贷款并承诺 10 年内为印度提供 1 000 万吨原油,20 年内为印度建设 12 个核反应堆;中国承诺未来 5 年内向印度基建投资 200 亿美元,并在印建设工业园;日本承诺未来 5 年内对印度投资 350 亿美元,主要领域为基建、智能城市、清洁能源、技能培训和食品加工等,并在印度建立多个工业园区,以及向印度制造工人提供软技能培训。

同时,放宽外资准入限制和退出机制。印度已放宽对外国投资者在国防、保险、航空、电子商务和房地产等重要领域的限制,并对投入制造业的外资给予优待。例如,在汽车制造、制药和建筑等行业中,允许外资投资占比达到 100%;在包括高铁等铁路基建中允许公共私营合作制融资模式(PPP)下 100% 外资占比。

(3) 启动印度特色的"双创计划"

2016 年 1 月,莫迪宣布启动"印度创业,印度崛起"(Start up India, Stand up India)计划。承诺从多个层面鼓励印度民众创新、创业和激发印度的企业家精神,并提供一系列鼓励政策,包括成立 4 000 亿卢比的政府基金投资初创企业、成立簿记小组、简化公司注册程序、快捷审批、优化资金获取渠道、创业企业成立三年内免税费等。

(4) 推行以智慧城市为引领的城镇化战略

印度计划在全国建造 100 座"智能城市",在连接德里和孟买的走廊上,以货运线为依托、跨越 6 个邦的高科技工业区正在飞速建设。这一城镇化战略意在通过房地产市场的发展,在满足印度人口城镇化需求的基础上,加大解决发展动力,推动印度经济快速发展。

9.1.2 印度经济运行的新特点

(1) 经济增速逐渐提升,但结构仍待改善

在世界经济整体增长复苏乏力的大背景下,印度新政府大力推进改革,全力推进经济发展,受到国际社会的普遍看好。如图9-1所示,根据世界银行公布的世界发展指数(World Development Indicators, WDI),2008年金融危机以来,印度GDP增速的最高点是2010年,达到10.26%,此后一路下跌,2011年和2012年分别是6.64%和5.62%。到2014年和2015年,增速分别回升至7.24%和7.57%。

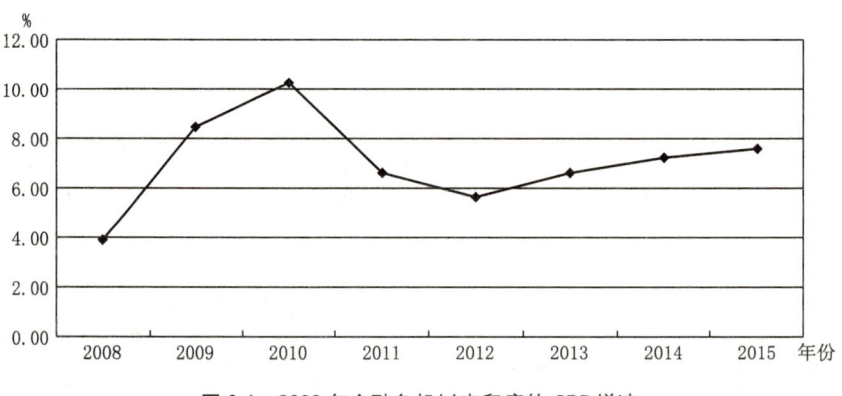

图9-1 2008年金融危机以来印度的GDP增速

• 资料来源:WDI数据库。

印度经济增速全球领先,与其他新兴经济体相比,表现也十分抢眼。如图9-2所示,2014年以来,金砖国家经济增长动能普遍趋弱,印度则一直保持高水平增长。印度政府的促增长措施对推进印度经济发展起到了很大作用。但印度制造业、电力等产业及基础设施滞后的现状并没有显著改善,制造业占GDP比重维持在15%左右,离25%的预期目标还很遥远。

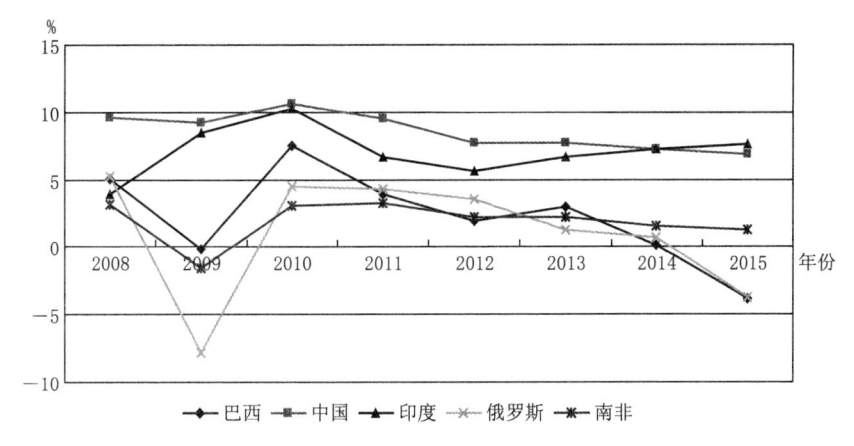

图 9-2　金砖五国 GDP 增速比较(2008—2015 年)

• 资料来源：WDI 数据库。

(2) 对外贸易颓势难改，贸易逆差依然较大

印度新政府为促进出口采取了一系列刺激措施，但因工业基础薄弱以及外需减弱，印度贸易(尤其是货物)发展较为疲软。从货物贸易来看，印度自 2013 年以来进出口贸易一直低迷。2015 年印度公布了《2015—2020 年对外贸易政策》以刺激出口，加快制造业和服务业的发展，但效果尚未显现。据印度商工部发布的统计数据，2016 年第一季度，印度累计进出口额为 1 481.05 亿美元，比上年同期下降 11.2%。

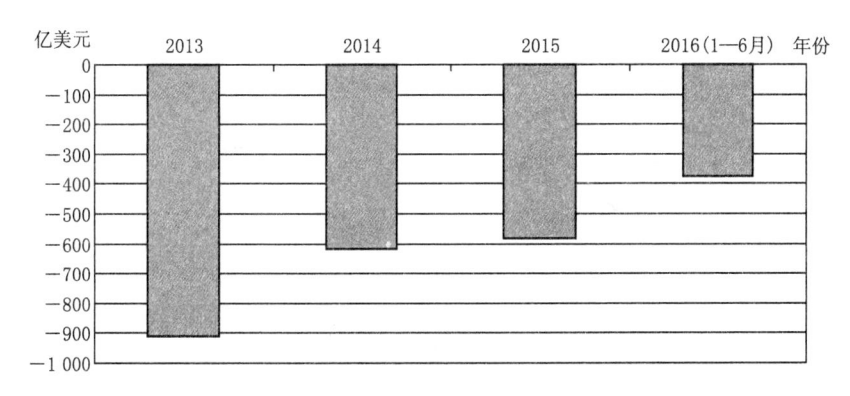

图 9-3　2013—2016 年 1—6 月印度的贸易差额

• 资料来源：WTO 数据库。

印度长期面临经常账户和财政"双赤字"。2013年,印度高额的进口使其经常账户赤字创下有纪录以来的最高水平,经常账户赤字占GDP的比重达4.8%;2015财年财政赤字占GDP的比重达4%,2016财年预计为3.9%。根据中国驻印度孟买总领馆的资料,2017财年印度财政赤字占GDP的比重可能为3.7%或3.9%,说明印度仍然是亚洲国家中财政赤字占GDP比重最高的国家之一。根据WTO的相关统计,2014年和2015年,印度的贸易赤字有所减少,截至2016年第一季度,印度进出口差额为375亿美元。根据凯投宏观(Capital Economics)的分析,尽管全球石油价格预期将出现上涨,印度的进口遭遇的冲击可能不会太大。此外,印度政府计划减少黄金进口量,这也有助于减少贸易赤字。

(3) 开放水平显著提升,外资规模迅猛增长

莫迪上台后对外国直接投资领域政策频繁调整,不断放宽准入限制和开放领域,为外国投资者来印投资创造良好空间。2015年,印度吸引FDI约442亿美元(图9-4),其中,印度吸引的绿地投资金额已超过中国和美国,位列全球第一。据印度《经济时报》公布的数据显示,2016年上半年,印度FDI流入达到216亿美元,增长超30%。

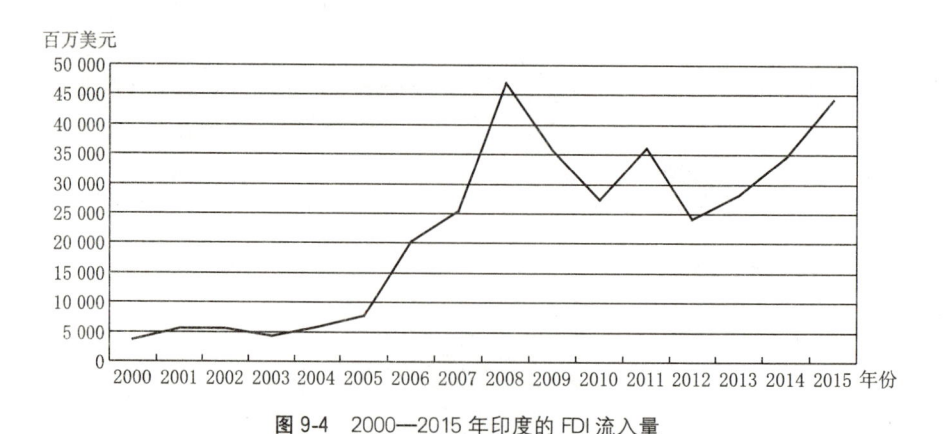

图9-4 2000—2015年印度的FDI流入量

• 资料来源:世界银行WDI数据库。

9.2 印度经济发展走势前瞻

9.2.1 短期内印度仍有望保持中高速经济增长

根据世界银行的统计,目前印度人均GDP仅1 700美元左右,尚处于工业化与城镇化发展的前期阶段,未来发展空间巨大。从要素禀赋上看,印度拥有大量35岁以下青年劳动力,且具备相对完善的现代工业体系,信息、医药、金融等领域处于发展中国家领先水平。因此,印度完全具备加快推进工业化和城镇化、促进经济快速增长的条件。随着印度政府继续加大德里-孟买、班加罗尔-孟买、阿姆利则-加尔各答等工业走廊的基础设施建设力度,并加快承接跨国直接投资,未来2—3年内,印度制造业增加值和固定资本形成对GDP的贡献有望进一步加强,支撑GDP维持在7%以上的增长率。

9.2.2 结构性改革决定了印度中长期增长前景

目前,印度经济发展面临诸多体制机制性障碍。现行高标准的《劳动法》阻碍了将大量劳动力转化为产业工人;土地私有制度加大了政府建设大规模产业园区、发展制造业的成本;各邦之间增值税率的巨大差异导致国内市场分割严重。"莫迪新政"力图解决这些体制机制障碍,在改革过程中不可避免地会触及印度国内既得利益集团的利益,改革面临巨大阻力。

例如,自莫迪政府执政以来,修改《土地法》使其更适应工业化用地需求成为莫迪经济改革的重点。2015年4月,印度下院通过《土地法》修改草案,规定印度工业走廊建设以及高速公路、铁路网建设等"公共用地",政府可不经农户许可以市场价收购,同时补偿给农户每家一个在工厂就业的名额。该草案还规定此类征地项目可免去繁琐的社会及生态环境评估,用以加快项目推进的速度。新版《土地法》修改草案出台之后,立即受到印度各反对党的抨击,后者认为这一草案强征农业用地,必然导致大批农民失去基本生产资料。最终,莫迪政府宣布,"经过3次努力,这一草案仍不能得到反对党的认可,广大农民更受谣言影响而惧怕他们的土地被剥夺。在这种情况下,该草案已没有强行推进的必要"。由于印度各地基础设施落后,铁路公路运输效率极低,改造和兴建全国交通网势必涉及跨邦农业土地的征用,此番《土地法》修改遇挫,必将阻碍印度工业化转型进程。

因此,从中长期来看,如果政府能坚定不移地推进改革,印度有望实现经济腾飞,成为全球经济增长的主要动力。反之,若印度改革进展缓慢甚至停滞,经济增长的良好局面很可能再次"昙花一现",还可能再次发生剧烈经济波动甚至社会震荡,走向现代化的进程也将大大延缓。

9.3 中印经贸合作前景展望

9.3.1 中印经贸合作的现状和特点

(1) 双边贸易快速发展,中国已成印度第一大贸易伙伴

根据中国海关的统计,2000年中印两国的贸易额仅29.2亿美元,2008年增至380亿美元,2015年已扩大到716.2亿美元,年均增速高达23.7%,明显高于中国外贸年均增速。目前,中国已成为印度第一大贸易伙伴,印度则是中国在南亚的最大贸易伙伴。2015年中国向印度出口582.4亿美元,增长7.4%;中国从印度进口133.8亿美元,比上年下降18.35%;中国对印度的贸易顺差为448.6亿美元,增长18.52%。

(2) 中印贸易结构持续优化

在双边贸易总量蓬勃增长的同时,中印双边贸易结构也在发生新的变化。在中国对印度的出口中,除有机化学品、肥料、钢材、纺织品、家具等传统产品外,机电产品的出口份额不断增加,并已成为中国对印度出口的重要增长点。

(3) 双边投资规模逐步扩大

中国对印度的直接投资自 2000 年以来快速增长。中印两国在电力、交通、信息、医药等领域的合作发展势头良好。2014 年,中国对印度直接投资流量 3.17 亿美元,同比增长 112.8%。截至 2014 年年底,中国对印度直接投资存量 34.07 亿美元,主要涉及电信、电力、家用电器和机械设备等领域。仅 2014 年,中国企业在印度新签承包合同就达 158 份,合同额 15.7 亿美元,主要涉及电信、公路和桥梁等基础设施领域。同时,印度也不断增加对中国投资,例如中国辅仁药业集团与印度熙德隆制药公司共同投资 3 亿美元,在郑州建立亚洲最大的抗肿瘤和抗艾滋病药品研发生产基地。合资公司建成以后,预计其年销售额可达 100 亿元人民币以上,成为河南省乃至全国重要的抗肿瘤和抗艾滋病药品生产企业。

(4) 合作机制走向纵深,经贸关系更加务实

中印两国在上海合作组织、"金砖国家"领导人会晤机制、二十国集团和中俄印三国外长会晤机制等多边合作机制中也拥有广阔的合作空间和全面的合作领域,并在国际关系民主化和全球格局多极化方面有一致诉求。未来,随着双边、多边合作机制不断成熟,将会为中印两国带来更多更大发展机遇。

9.3.2 中印经贸合作的前景展望

(1) 中印产能合作潜力巨大

全球约有 1/3 的贫困人口在印度,卫生医疗条件堪忧,且基础设施建设相当薄弱,公共生活服务需求缺口很大。根据印度工业联合会统计,2014—2019 年,印度至少需要 1 万亿美元才能满足基础设施建设需求。然而,印度政府常年财政紧张,无力承担巨额基建费用,私人资本又对基建项目缺乏兴趣。为此,印度政府已经放宽相应政策,积极寻求外国政府投资者和私人投资者参与印度基建投资。印度的这些弱项恰

恰是中国的长处所在。与中国进行充分合作,能够取长补短、合作共赢。

中印两国在产能方面各有优势,中国制造业强大,而印度是"世界办公室",在 IT、服务业以及医药等产业方面拥有比较优势。两国加强产能合作,可取长补短,优势互补,推动经济更加融合。而且,中国可以帮助印度扩大生产规模,增加产品供给,更好地满足国内市场需求。

除此之外,中印加强产能合作还有助于培育新产业。目前,中国产业体系比较完整,钢铁、水泥、平板玻璃、电解铝等产业在世界上形成了优势产能。而印度正大力推进工业化和城镇化,基础设施需要完善升级,制造业需要加快发展步伐,但印度产品生产能力有限,需要大量产能。中印加强产能合作,不仅可以推动中国优势产业向印度转移,提升印度产业实力,而且可以培植许多新产业,进一步增强印度经济的竞争力。

(2) 中印贸易合作前景广阔

莫迪政府加速经济发展的措施将进一步增加印度国民收入、推动印度各类消费品市场迅速扩大。自莫迪政府执政以来,印度加速制造业发展和基础设施建设,促使一个庞大的生产资料市场在印度形成,但相对落后的制造业却难以满足印度国民不断增长的消费品需要和社会经济发展对各类机器设备的旺盛需求。这为中国扩大对印度的商品出口提供了机遇。当然,随着印度制造业的加速发展,印度商品生产和商品出口的能力也将逐渐增强,这也将在一定程度上增加印度对中国的出口,从而为中印贸易合作提供机会。

(3) 中印在投资领域存在重要机遇

近几十年来,中印两国形成了一批有一定经济实力的企业,中印两国经济的发展为这些企业在对方国家的投资提供了诸多重要机遇。一方面,莫迪政府出台了基础设施省级计划、推出国家制造业发展计划等,因此,印度需要大量的投资和先进技术,为中国公司增加对印投资提供了大量机会;另一方面,中国正在促进产业结构优化升级,也需要引进外国资金和先进技术,这也为印度企业增加对中国的投资提供了机遇。

第 10 章
中国与中东欧合作发展：
世界经济新亮点[①]

中国与中东欧国家传统友谊深厚，自新中国成立之初，中东欧国家就与中国建立了外交关系。近年来，中国与中东欧关系不断升温，双方合作步伐不断加速，目前处于苏东剧变后的历史最好时期。一是中东欧国家对中国的需求增大，如中东欧国家在港口、铁路、公路、电站、通信等基础设施方面具有旺盛的发展需求；二是在有利背景下，配合"一带一路"合作框架，中国政府积极推动双方关系迈向新高度；三是加强中国-中东欧之间合作，有利于双方各自需求和发展需要，中国与中东欧国家在贸易、投资和基础设施互联互通方面具有互补性，合作前景广阔。

10.1 中国-中东欧"16＋1"合作机制呈现崭新生命力

中国与中东欧国家的合作，指的是中国与中东欧 16 个国家之间进行的合作，它既是中国与中东欧 16 国发展双边合作的一种形式，也是促进中欧关系不断发展深化的新举措，是中国与欧盟合作机制的重要组成部分。中东欧 16 国地处欧洲东部与中部，总面积 133.6 万平方公里，总人口 1.23 亿人，占世界总人口的 1.7%。2014 年中东欧 16 国 GDP 总额为 1.54 万亿美元，占全世界总量的 2%；人均 GDP 1.29 万美元。新形

---

① 本章主要内容来源于作者于 2016 年参与撰写并出版的《中国国际地位报告 2016》部分章节的内容。

势下,特别是面对国际金融危机的挑战,双方增进相互了解,加强经贸合作的意愿十分强烈。

近年来,中国-中东欧国家合作以机制建设为基础,双方关系不断深化拓展,呈现出越来越旺盛的生命力和强大的吸引力。主体上,形成了政府主导、民间参与的模式;渠道上,形成了从中央到地方、从官方到民间,涵盖诸多领域的多元沟通交流方式;内容上,覆盖贸易、投资、基础设施建设、金融、教育、文化等多个领域[①]。2012年4月中国-中东欧16国领导人在华沙会晤,共同倡议"16+1"合作,开创了中国与中东欧国家合作的新局面。此后又分别在波兰、罗马尼亚、塞尔维亚和苏州成功进行了四次领导人会晤(见表10-1)。2013年11月第二次会晤,双方联合发表《中国-中东欧国家合作布加勒斯特纲要》,为中国与中东欧国家规划了合作新蓝图。2014年12月,第三次中国-中东欧国家领导人会晤将双方合作推向了新高度。2015年11月,第四次中国-中东欧国家领导人会晤在中国苏州举行,发表了《中国-中东欧国家合作中期规划》,此次会晤成为"16+1合作"新的里程碑,推动合作迈上新台阶,为中欧关系注入新能量。

迄今,中国-中东欧16国会晤共提出100多项合作举措和项目,为构建全方位、宽领域、多层次的合作格局打下了坚实基础。中东欧国家面积约为欧盟的3/10,人口约为欧盟的1/4,其中有11个欧盟成员,8个申根区国家,5个欧元区成员。而且,中东欧各国资源丰富,劳动力素质较高,机械制造、能源、食品加工等产业基础较好,公路、铁路、港口、电站等基建需求巨大,中国-中东欧国家合作是中欧两大市场之间对接的重要渠道。2014年中国与16国进出口贸易额602亿美元,同比增长9.2%。目前中国企业在16国投资近50亿美元,16国在华投资超过12亿美元。

---

① 于军:《中国-中东欧国家合作机制现状与完善路径》[J],《国际问题研究》2015年第2期,第112—126页。

表 10-1　中国-中东欧国家历次各级领导人会晤一览表

时间	地点	主要内容
2012年4月26日	华沙	第一次中国-中东欧国家领导人会晤。规划与拓展了中国与中东欧16国互利合作的前景与未来,提出中国关于促进与中东欧国家友好合作的12项举措和推进发展中国与中东欧国家关系的四条原则
2012年9月6日	北京	中国-中东欧国家合作秘书处成立大会暨首次国家协调员会议。发表了《中国-中东欧国家合作秘书处成立大会暨首次国家协调员会议纪要》
2013年7月2—4日	重庆	首届"中国-中东欧国家地方领导人会议"。举行了商务推介洽谈会、专题论坛、中国-中东欧国家传统友谊图片展、中东欧国家经典电影展等活动
2013年10月15日	布加勒斯特	中国-中东欧国家合作第二次协调员会议。重点研究了下一阶段的合作,特别是围绕高层交往、促进贸易投资、基础设施建设、科技和人文交流等深入交换了意见
2013年11月26日	布加勒斯特	第二次中国-中东欧国家领导人会晤。发表了《中国-中东欧国家合作布加勒斯特纲要》,提出"三大原则"和六点建议,根据《纲要》,中国-中东欧国家每年举行领导人会晤,梳理合作成果,规划合作方向
2014年5月13日	北京	中国-中东欧国家合作第三次国家协调员会议。"中国-中东欧国家合作"官网正式启动,把网站打造为发布信息的平台、促进合作的桥梁、增进了解的渠道
2014年5月22日	布达佩斯	中国-中东欧国家旅游合作首次高级别会议。签署了包括行动计划在内的《中国-中东欧国家旅游合作首次高级别会议纪要》
2014年6月8日	宁波	中国-中东欧国家经贸促进部长级会议。通过《中国-中东欧国家经贸促进部长级会议共同文件》,中东欧国家特色产品展在宁波举行,来自中东欧16个国家的180多家企业参加展览
2014年7月17日	北京	国务委员兼国务院秘书长杨晶在中南海紫光阁会见中东欧国家高级别官员代表团
2014年8月28—29日	布拉格	第二届中国-中东欧国家地区领导人高层会议暨2014年中国投资论坛。主题为"地方合作——中国和中东欧国家合作的重要引擎",签署了《关于推动建立中国-中东欧国家地方省州长联合会的谅解备忘录》
2014年12月16日	贝尔格莱德	第三次中国-中东欧国家领导人会晤。主题是"新动力、新平台、新引擎",发表了《贝尔格莱德纲要》,规划了双方合作方向,明确了合作重点领域
2015年11月24—25日	苏州	第四次中国-中东欧国家领导人会晤。发表了《中国-中东欧国家合作中期规划》,明确2015—2020年的工作方向和重点,规划了双方在经济、互联互通、产能和装备制造、金融、农林与质检等八个领域的58项合作
2016年2月26日	北京	2016中国-中东欧国家人文交流年。包括近40项活动,涵盖十多个领域,中方联合举办单位十多家,16国全部参与。中方将同16国共同努力,力争中欧陆海快线、"三海港区合作"、16+1金融公司等重要项目和倡议尽快得到落实
2016年11月5日	里加	第五次中国与中东欧国家领导人会晤。以"互联、创新、相融、共济"为主题,加强机制能力建设,坚持经济、人文合作并进,深化基础设施、产能、贸易、金融、农业、科技等领域合作,开拓电子商务等新的合作模式,扩大地方合作和科技、文化、教育、卫生、旅游等人文交流,实现互联互通和互利共赢。

• 资料来源:作者根据相关资料整理。

10.2 中国-中东欧合作：经贸投资硕果累累

目前，中国与中东欧16国在经贸、投资、基础建设、人文交流和地方合作等方面都取得了良好成效。

10.2.1 双边贸易规模显著增长

从总体上看，1996—2015年中国与中东欧16国间的贸易保持了平均20.7%的高增长，尤其是在2011—2015年间，年均增速高达153.08%，即便是2006—2010年全球金融危机和欧债危机期间也保持了16.13%的年均增速。而且，中国对中东欧国家的出口额普遍高于进口，说明中国同中东欧16国的贸易保持了非常大的贸易顺差，中国对中东欧的出口额与进口额之比平均达到7.46倍，最高阶段在2006—2010年间，比值平均高达11.57。然而，这一情况却在不断改变，2011—2015年出口进口比均值已降至4.95，但随着两者间贸易总额的不断增加，中国对中东欧的绝对贸易顺差实际上是在不断扩大，这一问题构成了目前加强中国与中东欧国家经贸合作的主要障碍之一(表10-2)。

2014年，中国与中东欧进出口贸易额为602.3亿美元，较2009年增长85.9%，占中欧贸易总额的比重从2009年的8.9%上升至9.9%。其中，中国对中东欧出口额从263.5亿美元增至437.1亿美元，增长65.9%；中国从中东欧进口额从60.5亿美元增至165.2亿美元，增长173%。同期中国与欧盟双边贸易、中国对欧盟出口及从欧盟进口分别增长69%、57%和91.2%。

表 10-2 中国与中东欧国家历年进出口情况　　　（单位:万美元）

国家/地区	1996—2000年 年均总额	出口/进口	2001—2005年 年均总额	出口/进口	2006—2010年 年均总额	出口/进口	2011—2015年 年均总额	出口/进口
捷克	31 927.56	4.78	139 786.62	4.15	587 086.56	4.64	1 003 196.41	2.83
斯洛伐克	4 615.48	1.97	24 855.94	1.57	242 295.96	1.55	596 557.47	0.84
保加利亚	6 285.84	3.14	27 957.94	4.27	117 648.74	5.4	187 974.14	1.35
波兰	79 122.44	9.07	201 792.54	4.46	859 341	5.74	1 529 386.13	5.39
匈牙利	52 189.48	9.46	227 056.38	6.87	664 318.46	3.78	856 434.31	2.14
罗马尼亚	24 433.64	2.85	102 567.4	2.24	369 284.7	7.96	428 395.95	2.6
立陶宛	2 354.92	7.71	20 412.42	16.45	83 981.86	28	162 349.47	12.58
爱沙尼亚	2 242.58	4.9	24 173.44	6.77	67 715.32	3.7	131 504.11	5.57
拉脱维亚	1 806.36	2.43	14 873.9	11.85	66 700.12	27.31	134 854.43	11.89
塞尔维亚	—	—	—	—	39 726.17	11.36	53 757.48	3.43
克罗地亚	4 436.96	3.03	28 510.36	16.09	137 709.42	20.77	134 307.72	13.24
斯洛文尼亚	4 222.92	4.36	19 476.84	4.49	97 730.74	6.63	210 843.23	6.63
波黑	111.1	0.9	3 000.02	0.42	8 165.8	1.21	13 801.3	3.18
马其顿	323.1	10.24	2 584.14	3.36	8 504.16	1.98	20 667.52	0.65
阿尔巴尼亚	999.52	19.24	4 541.88	16.28	22 763.3	1.96	52 330.38	2.05
黑山	—	—	—	—	7 850.07	53.11	14 826.49	4.79
16国总计	215 071.90		841 589.82		3 380 822.38		5 531 186.54	
年均增速	18.96%		32.36%		16.13%		153.08%	

• 资料来源:Wind 数据库,经作者计算而得。

10.2.2 双向投资规模不断扩大

2003年以来,特别是欧盟扩大后,中国企业在中东欧的投资额持续增加,投资项目也持续增加。中国企业投资领域涉及机械制造、化工、家电、物流商贸、新能源、研发、金融、农业等领域,中东欧对华投资主要涉及机械制造、化工和乳制品等领域。根据官方统计报告,截至2014年,中国对中东欧16国的对外直接投资存量超过15亿美元,相对2003年的不足5 000万美元投资规模,增长了35倍。目前,已有包括华为、TCL、长城汽车和比亚迪汽车等在内的中资企业通过并购和设

表 10-3　中国对中东欧 16 国对外直接投资存量

(单位:万美元)

国家/地区	2003 年	2004 年	2005 年	2006 年	2007 年	2008 年	2009 年	2010 年	2011 年	2012 年	2013 年	2014 年
阿尔巴尼亚	—	—	50	51	51	51	435	443	443	443	703	703
波　黑	149	405	355	351	351	351	592	598	601	607	613	613
保加利亚	60	146	299	474	474	474	231	1 860	7 256	12 674	14 985	—
克罗地亚	—	—	80	80	784	784	810	813	818	863	831	1 187
捷　克	34	113	143	1 467	1 964	3 243	4 934	5 233	6 683	20 245	20 458	24 269
爱沙尼亚	0	—	126	126	126	126	750	750	750	350	350	350
匈牙利	543	542	281	5 365	7 817	8 875	9 741	46 570	47 535	50 741	53 235	55 635
拉脱维亚	161	161	161	231	57	57	54	54	54	54	54	54
立陶宛	—	—	396	398	393	393	393	393	393	697	1 248	1 248
马其顿	—	—	20	20	20	20	20	20	20	26	209	211
波　兰	272	287	1 239	8 718	9 893	10 993	12 030	14 031	20 126	20 811	25 704	32 935
罗马尼亚	2 975	3 110	3 943	6 563	7 288	8 566	9 334	12 495	12 583	16 109	14 513	19 137
黑　山	—	—	—	—	34	33	32	32	32	32	32	32
斯洛伐克	10	10	10	10	510	510	936	982	2 578	8 601	8 277	12 779
斯洛文尼亚	—	—	17	142	140	140	500	500	500	500	500	500
塞尔维亚	—	—	—	—	200	200	268	484	505	647	1 854	2 971
总　量	4 204	4 774	7 120	23 996	30 102	34 816	41 060	85 258	100 877	133 400	143 566	152 624

• 资料来源:Wind 数据库。

立工厂等方式进入中东欧市场。中国在中东欧国家总投资由不足1亿美元增至近50亿美元。中东欧国家在华投资由4.2亿美元增至12亿美元。投资领域涉及金融、机械制造、汽车、化工、乳制品等。

从国别投资存量来看,匈牙利、波兰、捷克、罗马尼亚和保加利亚是中国在中东欧地区投资的五大主要目的地(表10-3)。截至2014年,中国对上述五国直接投资存量总计达14.7亿美元,占同期对中东欧直接投资存量的96.3%。自2012年中国与中东欧领导人第一次会晤以来,双方都将投资作为合作的重要领域,推动中国对中东欧多个国家投资快速增长。

10.2.3 基础设施建设进展明显

中国对中东欧国家基础设施和能源领域投资主要集中在塞尔维亚、阿尔巴尼亚和马其顿等巴尔干半岛的中东欧国家,近年来成效显著。一批桥梁、电站、高速公路项目进展顺利,其中首个利用中方优质贷款实施的塞尔维亚贝尔格莱德跨多瑙河大桥项目已于2014年12月竣工通车,塞尔维亚科斯托拉茨电站的一期项目大修也已完工。此外,塞尔维

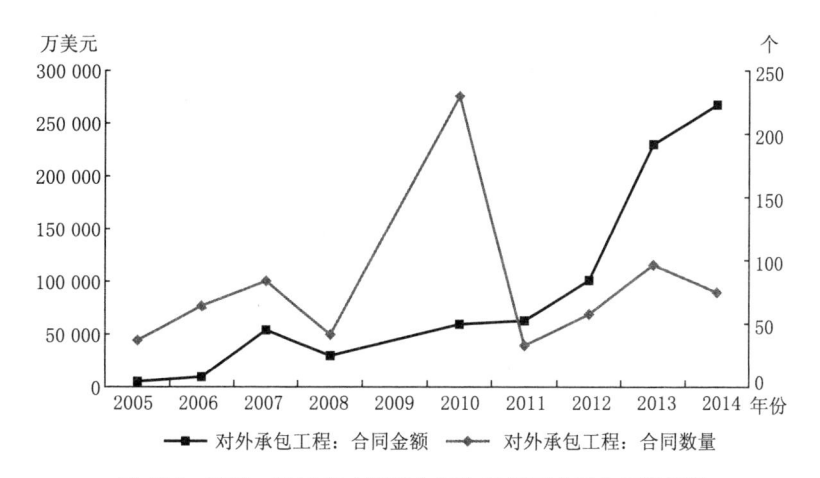

图10-1 2005—2014年中国对中东欧16国对外承包工程情况

• 资料来源:Wind数据库。

亚 E763 高速公路、马其顿两段高速公路以及首个使用中国-中东欧合作机制 100 亿美元专项贷款额度的波黑斯坦纳里火电站项目均已开工建设。另外,全长 374 公里的匈塞铁路现代化改造项目已进入最后准备工作阶段,塞尔维亚科斯托拉茨电站二期项目已签署贷款协议,葛洲坝公司通过国际招标已中标波黑大型火电站建设项目,华电集团已拿下罗马尼亚罗维纳里燃煤发电站项目,等等。由图 10-1 可知,中国对中东欧 16 国对外承包工程合同金额一直呈现高速上涨态势,截至 2014 年年底,承包工程合同金额已高达 26.98 亿美元(图 10-1)。

10.2.4　金融领域合作不断加强

在金融合作方面,中国设立了 100 亿美元的专项贷款,涉及科技、教育、能源、基础设施建设和金融领域。2003 年 2 月,匈牙利中国银行正式开业。这是中国银行在中东欧地区的第一家分行。2012 年 3 月,中国工商银行全资子公司"工银欧洲"在波兰开设分行并进行经营活动的申请得到了波兰金融监管局的正式批准。同年 11 月 22 日,中国工商银行华沙分行正式营业。2012 年 6 月 6 日,中国银行(卢森堡)有限公司波兰分行开业。2013 年 9 月 9 日,中国人民银行与匈牙利中央银行签署中匈双边本币互换协议,以加强双边金融合作,促进两国贸易和投资,共同维护地区金融稳定。互换规模为 100 亿元人民币/3 750 亿匈牙利福林,有效期三年,经双方同意可以展期。截至 2015 年,工行、中行在波兰设立 2 家分行,中行在匈牙利设有 1 家子行 1 家分行。中东欧 16 国银行尚未在华设立机构。银监会与波兰、匈牙利、捷克、立陶宛等国监管机构分别签署了谅解备忘录(MOU)。另外,2015 年 11 月 24 日第四次中国-中东欧国家领导人会晤,探讨设立 16＋1 金融公司、"互联网电商＋融资"的新模式,支持在中东欧国家建立人民币清算安排,加强中方金融机构同欧洲复兴开发银行等地区和国际多边金融机构的交流合作,为"16＋1 合作"提供更多金融支持。

附录一

2016年世界经济形势分析报告

——分化复苏的世界经济:新引擎、新风险、新常态

上海社会科学院世界经济研究所宏观经济分析组

顾　　　问	王　战
学术指导	张幼文　徐明棋
报告组组长	姚勤华　权　衡
报告组组员	盛　垒　张天桂　周　琢　张广婷
	薛安伟　刘　芳　陈陶然

疲弱复苏的世界经济期待新周期

第一节　2015年世界经济回顾

2015年,世界经济在跌宕起伏中曲折前行。现在看来,过去一年的世界经济并不如全球许多机构在年初时预测的那般乐观,受低增长、低通胀、低利率和高债务的困扰,全球经济复苏仍然较为脆弱;许多国际机构不断调低增长预期,正是全球经济复苏不稳的真实反映。2015年世界经济发展与我们在2014年年底做出的预测和判断较为吻合。总的来看,2015年世界经济运行呈现出四个鲜明的新特点,同时,也凸显出五个方面的新问题。

一、2015年世界经济运行的新特点

1. 全球经济增长显著分化

2014年世界经济出现见底企稳信号,但2015年并未顺势向上突破,而是仍然低位徘徊。当前的世界经济虽已基本走出危机,但复苏依旧艰难,增速分化明显。2015年10月,国际货币基金组织(IMF)发布的《世界经济展望报告》预计,全球经济2015年将增长3.1%,比2014年低0.3个百分点,各国和地区的前景依然不平衡,经济增长持续分化。具体而言,一是发达国家与新兴市场和发展中经济体之间分化加剧,前者出现了回暖兆头,后者则连续放缓。如图1-1所示,近几年来发达经济体和欧元区的经济增速呈持续增长之势,但新兴市场和发展中经济体已连续五年下滑,其与发达经济体的增速差距正不断缩小。

二是发达经济体与新兴市场和发展中经济体内部均出现了不同程度的分化。发达经济体内,美国、英国、德国等国家的经济增速保持稳健,而加拿大、法国、意大利等依旧低迷且有所反复。具体来看,如表1-1所示,这些发达国家整体呈现增长向好趋势,但内部分化开始显现。其中,美国经济增长相对呈现审慎复苏和稳定,英国、德国的增速有待进一步稳固,日本、法国和意大利相较于2014年已有明显好转,仅加拿大增速下调较大、回暖形势不明。

同时,新兴市场和发展中经济体内部也表现出一定的分化趋势。从表 1-2 来看,全球主要新兴经济体国家整体出现增速下滑,其中,印度、中国和印度尼西亚稳中有降,面临下行压力;俄罗斯、巴西不仅增速大幅下滑,而且进入了负增长。

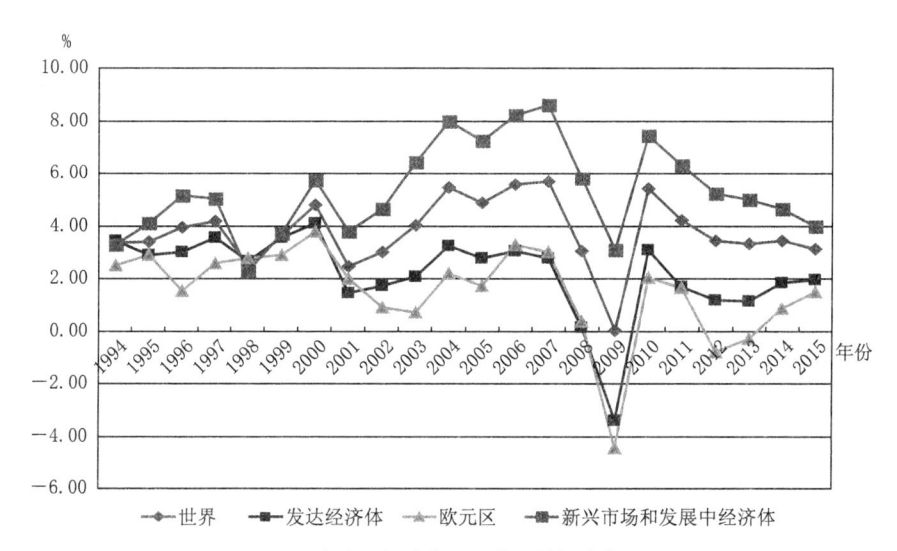

图 1-1 各主要经济体 GDP 实际增长速度对比

- 注:2015 年 GDP 实际增速为 IMF 预测值。
- 数据来源:Wind 数据库。

表 1-1 主要发达经济体增长速度　　　　　　　　　　(单位:%)

年　份	美国	日本	英国	法国	德国	意大利	加拿大
2007	1.78	2.19	3.43	2.36	3.39	1.68	2.01
2008	−0.29	−1.04	−0.77	0.20	0.81	−1.16	1.18
2009	−2.78	−5.53	−5.17	−2.94	−5.09	−5.49	−2.71
2010	2.53	4.71	1.91	1.97	3.95	1.71	3.37
2011	1.60	−0.45	1.65	2.08	3.72	0.59	2.96
2012	2.22	1.74	0.66	0.18	0.61	−2.77	1.92
2013	1.49	1.59	1.67	0.66	0.41	−1.70	2.00
2014	2.43	−0.10	2.99	0.18	1.58	−0.43	2.44
2015	2.57	0.59	2.52	1.16	1.51	0.80	1.04

- 数据来源:Wind 数据库。

表 1-2　主要新兴经济体经济增速　　　　　　　（单位:%）

年份	巴西	印度	印度尼西亚	俄罗斯	中国
2006	3.96	9.26	5.50	8.15	12.7
2007	6.10	9.80	6.35	8.54	14.20
2008	5.17	3.89	6.01	5.25	9.60
2009	−0.33	8.48	4.63	−7.80	9.20
2010	7.57	10.26	6.38	4.50	10.60
2011	3.92	6.64	6.17	4.30	9.50
2012	1.76	5.08	6.03	3.40	7.70
2013	2.74	6.90	5.58	1.30	7.70
2014	0.15	7.29	5.03	0.60	7.30
2015	−3.03	7.26	4.66	−3.83	7.00

• 数据来源:IMF 数据库。

2. 各国结构调整表现不一

新兴市场和发展中经济体虽然经济增速下滑,但部分国家经济结构却在有序调整。中国提出以结构性改革促进经济更有效益地发展,尽快构建起一个大幅度增加创新驱动和消费拉动力的可持续增长新模式。结构性改革不仅是寻找新的增长点,也包括提高传统产业的竞争力。从产业结构看,第三产业的比重逐步上升,由 2013 年占 GDP 比重的 46.9% 上升至 2015 年上半年的 49.5%。[1]印度尼西亚在经济增速下滑的同时,也显现出经济结构转型的迹象。印度尼西亚中央统计局的数据显示,2015 年上半年服务业继续扩张,尤其是信息通信业增速高达 9.81%。[2]印度服务业在 2011—2013 年回落之后,2014 年重拾升势,2015 年在保持制造业增长的基础上,服务业继续发力,以服务业为动力的增长结构有回归的趋势。但也有一些国家调整困难,如高度依赖能源的俄罗斯,在石油危机的冲击下,俄罗斯经济结构调整在 2015 年步履维艰。

---

[1] 数据来源:国家统计局数据库。
[2] 数据来源:"上半年印度尼西亚经济增长 4.7%",人民网[EB/OL],http://world.people.com.cn/n/2015/0806/c157278-27421873.html。

发达国家的经济增速得到了一定恢复,经济结构调整却表现为原有结构不断稳固。美国通过货币政策推动了经济复苏,得到的不是制造业的回归,而是原有经济结构不断巩固。近三年来,美国的制造业增加值占GDP比重一直仅维持在12%,2015年前三季度也没有改观,而服务业却有企稳转好迹象,2015年前三季度美国的服务出口增速也高于商品出口。①欧盟经济结构调整分化加剧,总体上欧盟的制造业在危机后发展平稳,但是各国分化加大。德国、英国制造业强势回归,德国的进出口快速增长,贸易顺差在2014年创历史新高,在"工业4.0"的推进下,高科技产品出口额占制成品出口额的比重稳步增长,英国的制造业指数全年维持在95%以上;②而法国、意大利等发达国家的经济结构调整进展缓慢,传统产业发展有衰减的趋势。

3. 新型经贸规则雏形初现

投资超越贸易正在成为世界经济运行的新趋向,这一趋势在2015年表现得尤为突出,而现有投资规则对于投资发展的不适应性也愈益凸显。2015年10月TPP基本协议的达成,表明世界投资贸易规则正在寻求新突破。中国自贸区的负面清单制度,实际同样也是对投资准入开放的新探索。同时,2015年12月1日,IMF宣布人民币进入SDR篮子,权重超过日元和英镑为10.92%,不仅有利于人民币的国际化,推进中国金融改革,还有助于国际货币体系的健全。这些重大事件将深度影响全球经贸规则走向。

TPP致力于高标准的新一代国际规则,在劳工标准、环境标准、竞争中立等方面都进行了详细规定。TPP的达成对世界经济既有有利影响也有不利影响,其塑造了新规则,但也将全球化向区域化倒退了一步。为适应发展新趋势,很多国家也签订了一系列的双边投资协定(BIT)以对冲TPP产生的负面影响。过去一年来,区域经济全面伙伴关系(RCEP)、国际服务贸易协定(TISA)等也都在有序推进,但距离达成协定还有一定距离。人民币加入SDR篮子,从货币体系改革的意义上是积极的,但其对美元地位的实质影响非常有限。我们需清晰地看到,当前的国际经贸规则仍然由美国主导,发展中国家还普遍缺乏规则制定的话语权。

---

①② 数据来源:Wind数据库。

4. 全球就业市场稳中略升

2015年世界经济虽然复苏艰难,但各国政策应对却更加灵活,其关键在于全球的就业基本保持稳定且略有上升,为经济政策调整争取了空间。但是,全球就业在整体平稳基础上,不同国家和地区之间也表现出了一定的差异性。主要是发达国家就业情况相对良好,有增长向好的势头,而新兴经济体则保持平缓。由表1-3可知,2015年美国、日本、欧元区、英国的就业都保持了正增长;巴西、中国、南非虽有一定下滑,但总体较为稳定。

表1-3　全球主要经济体季度就业情况　　　　　　（单位:千人）

年/月	美国	日本	欧元区	英国	巴西（六大城市）	中国（新增就业）	南非
2014/3	116 229	62 980	147 919	30 534	22 924	3 440	15 055
2014/6	116 975	63 890	148 387	30 680	23 060	7 370	15 094
2014/9	117 674	64 020	148 697	30 793	23 103	10 820	15 117
2014/12	118 464	63 570	148 863	30 896	23 224	13 220	15 320
2015/3	119 060	63 190	149 144	31 098	22 727	3 240	15 459
2015/6	119 668	64 250	149 638	31 035	22 761	7 180	15 657
2015/9	120 217	64 390	—	31 211	22 683	10 660	15 828

• 数据来源:Wind数据库。美国就业指小非农就业人数,中国统计为累计新增城镇就业。

二、2015年世界经济新问题

1. 新旧动能衔接不力

当前世界经济处在新旧动能转换和接续的阵痛期,全球都在合力寻找经济增长新动力。从2015年的发展看,新动力继续集中在互联网、新能源、新材料等方面,这些新动力虽在酝酿但并不稳定,导致新旧动力切换颇为艰难。一是"互联网+"刚刚起步。从德国的"工业4.0"到美国的"工业互联网"再到中国的"互联网+",新兴行业和领域的创业公司大量涌现,但是大多处在发展初期。习近平主席在2015年第二届世界互联网大会上也指出,要加快全球网络基础设施建设,推动网络经济创新。如表1-4所示,2003—2014年全球互联网用户比重逐年攀升,而使用固定电话的人数在2006年后呈下滑趋势。"互联网+"已成为全球企业寻求新发展的重要途径,但距离通过互联网全面激活传统产业发展尚有一定距离。2015年美国信息业对GDP的拉动还不到0.2个百分点。①

表1-4　全球互联网与电话发展情况

年　份	宽带用户 （每百人）	互联网服务器 （每百万人）	电话线 （每百人）
2003	1.65	36.75	17.92
2004	2.60	52.71	18.74
2005	3.68	64.62	19.44
2006	4.70	72.91	19.26
2007	5.54	95.11	18.90
2008	6.10	110.53	18.60
2009	7.51	112.55	18.37
2010	8.19	154.27	17.76
2011	9.03	183.06	17.18
2012	10.14	180.71	16.67
2013	10.03	159.35	15.91
2014	9.60	188.95	15.18

• 数据来源：Wind数据库。

二是新能源进展不明。2015年以锂电池为代表的新能源发展迅速，此外风能、太阳能、核能等都取得了较大进展，但产业化仍有待提升。尤其是新能源汽车在2014年爆发式增长后，2015年增长乏力。根据世界银行的数据，美国的化石燃料能耗占所有能耗的比例近年来也呈下滑趋势，依靠可再生能源和废弃物产生的能耗占比在不断上升，但效果并不显著，人均能耗量下降不明显。

三是新材料方面有待突破。从制造业整体发展看，美、日、德、韩等国均把"再工业化"、"制造业升级成智慧或智能生产"作为国家战略重点加速推进，而新材料和信息、能源并称为当前新技术的重要支柱，成为各国争夺的科技高地。2015年石墨烯、纳米材料、高性能碳纤维与复合材料、光电材料等新材料领域发展迅速，但是还有待进一步的技术突破才能给新能源汽车、可穿戴设备、医疗等产业带来新增长。

---

① 数据来源：美国经济分析局网站。

2. 通缩恐慌卷土重来

2014年国际原油价格的暴跌，一度引发全球通缩担忧。2015年伊始，人们普遍认定油价的暴跌已经结束，并预期宽松的货币政策会通过通货再膨胀提振全球经济，由此大大消散了投资者的通缩恐慌。然而，2015年的国际油价并未能扭转疲软之势，长期在50美元/桶以下徘徊，导致全球通缩恐慌情绪再次卷土重来。在石油价格暴跌带动下，全球大宗商品价格也表现得异常低迷，并带来全球通货紧缩的风险。如图1-2所示，除俄罗斯、巴西之外，世界主要国家CPI均呈下滑趋势，并在底部不断徘徊。其中，日本已经从8月开始出现连续3个月的负增长，同期马来西亚、俄罗斯、中国都出现了连续下降。通缩压力加大对2015年的经济增长造成巨大压力。随着美国历史性加息，全球通缩风险可能进一步加剧。

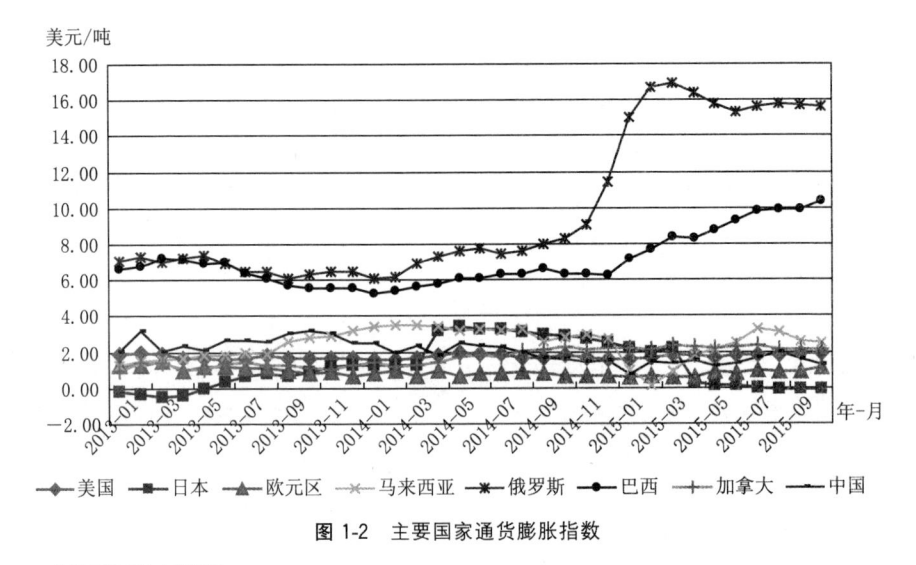

图1-2 主要国家通货膨胀指数

• 数据来源：Wind数据库。

另外，从大宗商品的价格看，其价格在2015年全年表现不是保持低位就是不断下滑。根据LME的3个月期货合约，铅、铝和锌三种金属的价格一直在2 000美元/吨的低位徘徊，而镍和铜的价格也在不断下降。从变动趋势看，大宗商品价格并没有出现逆转回升的迹象。在此影响下，有些以进口大宗商品作为原材料的国家虽然国际贸易量保持增长，但是贸易额反而下降。如何破解大宗商品价格的持续低迷,成了拯救世界经济增长的重要因素。

3. 金融市场巨幅波动

在 2015 年的经济形势预测中,我们利用 VIX 指数(投资者恐慌指数)的分析明确提出了"投资者恐慌情绪加重"的判断,2015 年的金融波动验证了我们这一预期。2015 年国际金融波动加剧,以中国 A 股为代表的全球股市在 2015 年 6 月—8 月出现了一次集体暴跌,道琼斯指数在一个月内从 18 000 点跌到 15 300 点;中国 A 股在 2015 年 6 月升至高点,但 7 月份暴跌,跌幅超过 50%;多伦多股票指数在短短 7 个工作日也跌失了 3 000 多点,金融波动在全球范围内传递(如图 1-3 所示)。此外,从全球货币市场看,欧元、日元、人民币兑美元都出现了不同程度的贬值,并且相互间的汇率波动也较 2014 年更加剧烈。货币的大幅波动乃至竞相贬值也造成了金融风险加剧。

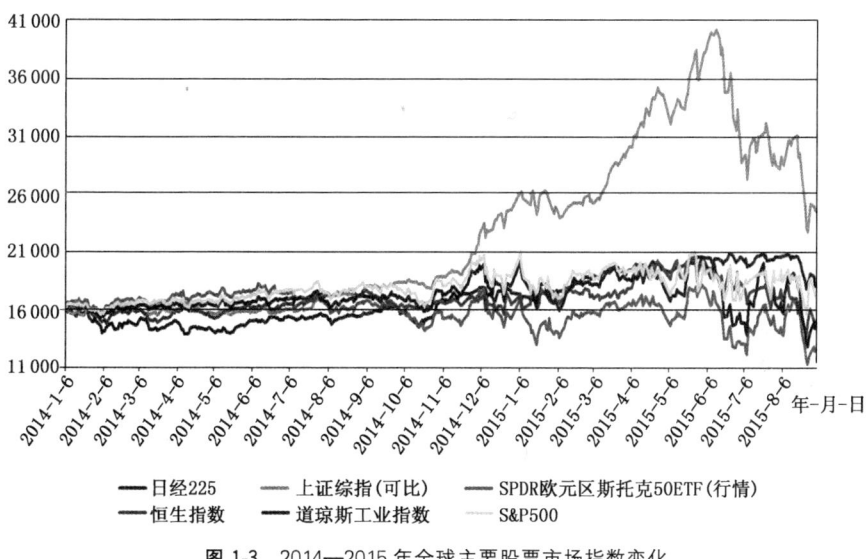

图 1-3　2014—2015 年全球主要股票市场指数变化

- 数据来源:Wind 数据库。

4. 全球债务高位累积

随着欧美等发达国家普遍采用量化宽松政策,全球货币政策趋于宽松,在需求管理型的发展方式下,全球债务高位累积。根据 IMF 的估计,全球债务出现了连续三年增长,债务风险加剧。总体看,发达经济体的债务率高于新兴经济体,如表1-5所示,2015年发达经济体债务占GDP比重高达105.4%,新兴经济体为43.9%。全球债务在2015年继续扩张,债务高企一定程度上是各国应对危机过程中加杠杆的必然结果,世界经济的复苏艰难也加剧了各国的债务风险。

表1-5　全球主要经济体债务占GDP比重　　　　　　　　　（单位:%）

经济体	2011年	2012年	2013年	2014年	2015年(E)
世　　界	78.7	80.5	79.1	79.8	80.4
发达经济体	102.6	106.8	105.2	105.3	105.4
美　　国	99.1	102.4	103.4	104.8	105.1
欧元区	86.5	91.1	93.4	94	93.5
日　　本	229.8	236.8	242.6	246.4	246.1
新兴经济体	38.4	38.6	39.7	41.7	43.9
中　　国	36.5	37.3	39.4	41.1	43.5
印　　度	68.1	67.5	65.5	65	64.4
俄罗斯	11.6	12.7	14	17.8	18.8

• 数据来源:Wind数据库、IMF2015年财务检测报告。

5. 恐怖主义阴霾再起

全球经济治理一直是世界经济协调发展的短板,各国的协调机制在一定程度上不能满足复杂多变的世界经济形势,尤其是恐怖主义在2015年再次抬头。欧洲难民问题给流入国的经济、社会增加了负担和风险,巴黎暴恐袭击给全球稳定增加了更多的不确定性,反恐形势愈加严峻,并再次成为全球治理的重要任务。随着全球化的日趋深化,各国之间经济、社会联系更加紧密,在国际货币金融体系改革、能源、贸易以及恐怖主义和难民危机等方面的全球治理难度也在不断加大。

总体上看,2015年的世界经济有喜也有忧,艰难复苏、脆弱复苏、分化复苏、波动复苏的特点日益明显。复苏艰难曲折的世界经济表现出"新平庸",但是,机遇往往就蕴藏在平庸当中。全球经济增长在分化的过程中,经济结构、制度结构、分工结构都在不断调整。

第二节　影响 2016 年世界经济增长的重要变量

一、大宗商品价格下跌与全球通缩预期加剧

大宗商品价格的持续走低(图 2-1)以及由此形成的各国输入性通货紧缩将对 2016 年的世界经济形成重要的影响。国际原油价格在 2015 年二季度略微稳定后,在第三、第四季度又有所下降,原因可以归结为两方面:全球需求疲弱,供应高于预期。大宗商品价格的持续走低将会影响已有矿山和油田的正常经营,也会影响新能源行业的发展。

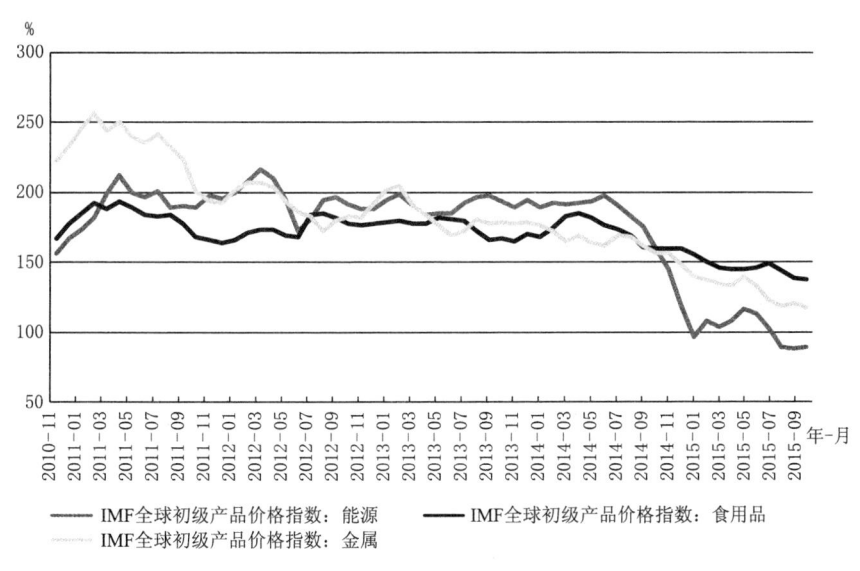

图 2-1　全球大宗商品指数走势图

• 数据来源:IMF 数据库。

大宗商品价格的持续走低将给大宗商品进口国带来严重的输入性通货紧缩,进而加重复苏过程中世界经济的悲观情绪。输入性的通货紧缩使得各国企

业的利润减少,居民个人预期的收入降低,悲观情绪上升。所以,课题组认为大宗商品价格的持续走低和通货紧缩将给世界经济的复苏带来新的不确定因素。

二、TPP 经贸新规则与世界投资贸易新转移

在短期内,以 TPP 为代表的高标准投资贸易协定将加剧世界经济复苏的复杂性,加剧区域保护主义的抬头。高标准的投资贸易协定有助于推动国际贸易和国际投资的发展,但在短期内会造成区域投资贸易协定的碎片化,引发各国对规制差异引发贸易保护的担忧。而且 TPP 并不涵盖所有的 APEC 成员国。这样的投资贸易协定有可能会引发新的贸易保护主义。

亚太经济体需要的是更具开放性和包容性的投资贸易协定。TPP 虽然是高水平的投资贸易协议,但是 TPP 的高标准、高门槛对发展中国家的投资贸易将会带来新的困难,从而对世界经济的增长产生影响。

三、新兴经济体资产负债失衡与主权债务危机

主权债务危机一直是悬在高负债国家头上的达摩克利斯之剑。主权债务危机的爆发将直接影响各国经济的增长率,进而通过贸易和投资等传导机制,影响世界其他国家的经济增长。

2016 年,本课题组重点关注的是新兴经济体的债务危机。据《经济学人》报道,债务危机首先发生在美国,接着是欧洲,现在可能已经扩展至新兴市场。新兴经济体在 21 世纪初有过强劲的经济增长表现,但随着美国次贷危机的爆发,各新兴经济体的增速开始下滑。很多投资者已经放弃其在新兴经济体的投资资产,2015 年 11 月 9 日,高盛公司宣布取消其资产管理部的"金砖四国"基金。债务的迅速积累是近年来新兴市场经济体普遍存在的问题,如不妥善处理好这一问题,随着经济的下滑,这些债务随时存在违约的风险。

与此同时,随着美国等发达经济体金融政策回归正常化,一些高度依赖美元负债的新兴经济体也会变得更加脆弱。美国收紧宽松货币政策可能会引发全球性的溢出效应,这种溢出效应最有可能会传递到新兴经济体国家。我们认为主权债务危机仍然是影响 2016 年世界经济增长的重要变量之一(图 2-2)。

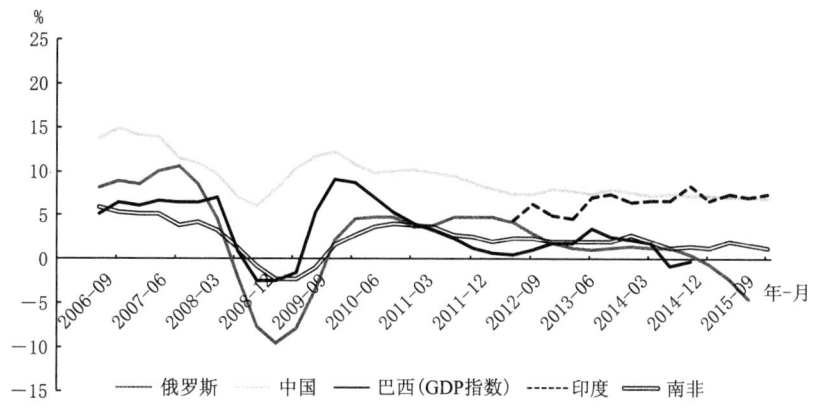

图 2-2 主要新兴经济体 GDP 增速

• 注:本图数据来源于 IMF 数据库。

四、全球宏观经济政策冲突与负面效应外溢

主要经济体的全球宏观经济政策缺少合力将影响 2016 年世界经济的复苏步伐。加强全球宏观经济政策的协调性,在当前世界经济分化发展的环境下尤为重要,全球宏观经济政策的充分协调是保障世界经济稳定增长的必要条件之一。2015 年以来,世界经济出现了分化式增长态势,在发达国家中,美、英、德、法等国复苏态势较为稳定,其他国家和地区却停滞不前;在发展中国家中,俄罗斯、巴西都面临经济衰退的困境,印度的增长情况却好于上年。各国经济增长的分化将导致各国宏观经济政策的差异化,这也进一步加剧 2016 年世界经济形势的复杂性。

其中,各国步调不一的货币政策是一个典型例子:2015 年底美联储启动十年来首次加息,面临通货紧缩压力的欧洲央行却在实施量化宽松政策,部分新兴市场国家也倾向于进一步降低利率和存款准备金率。各国货币政策的不一致性将会增加国际资本流动的无序性,进而对刚刚略有复苏的实体经济产生冲击。所以,我们认为全球宏观政策的协调性将成为影响世界经济的新变量。

五、跨国公司诚信危机与微观治理机制缺陷

跨国公司作为世界经济运行的微观主体,其运营的健康与否直接关系到世

界经济的稳步增长。进入 2015 年以来，我们发现，跨国公司的失信事件频频发生，德国大众公司的排放门事件就是典型的案例，跨国公司的诚信危机或成为影响今后世界经济的一个新因素。

跨国公司的诚信危机将不仅影响消费者对其产品的需求，而且还会把负面效应传导到其供给端。德国大众汽车的排放事件对德国经济或产生重要影响。汽车产业身为德国规模最大的产业之一，年销售额超过 3 000 亿欧元，直接雇员人数达 77.5 万人，占到德国总就业人口的近 2%。德国中央合作银行的研究报告指出，大众排放门事件可能导致德国汽车在美国的销量持续萎缩，让德国经济面临显著的风险。如果德国出口美国的汽车销量因为"大众"丑闻而下降 20%，对德国经济增长率的拖累可能达到 0.2 个百分点。"大众"的排放事件可能还会影响到德国的劳动力市场，甚至逆转目前就业人数增加的局面。所以，我们认为跨国公司处理好诚信危机或将是世界经济实现复苏的一个重要条件。

六、中国经济供给侧改革与世界经济创新发展

中国经济无疑是影响世界经济增长的重要因素，中国经济的稳定增长直接影响到世界经济的复苏。中国当前主动选择经济转型，从投资和出口带动型增长，过渡到以需求为核心、以服务业为重点、以供给侧改革为基础的新型增长模式。这一增长模式的转变不仅影响到中国经济的可持续发展，而且对中国持续引领世界经济增长具有重要意义，这是当前全球经济中最重大的经济变量之一。

2015 年中国政府积极应对各种困难和挑战，加强宏观调控，重视推动供给侧改革，在世界经济增长放缓的背景下，仍然保持了平稳较快发展。2015 年前三季度，中国经济增长 6.9%，对世界经济增长的贡献率达到 30% 左右。中国的经济增长为全球贸易伙伴、外国投资者和企业提供了发展机遇。但随着中国 GDP 增长跌破 7%，中国经济对世界经济稳定增长的推动效应开始放缓。主要表现在经济高度依赖中国的资源出口国（巴西、智利、南非、俄罗斯）增长开始放慢，它们的经济在很大程度上受到中国需求的影响。所以，我们认为中国经济的稳定增长将极大地影响世界经济的增长，中国经济的增长将成

为世界经济增长的压舱石。2016年中国加强供给侧结构性改革必将引领世界经济发展新常态。

七、互联网创新发展与网络安全的抑制效应

互联网创新将成为2016年影响世界经济增长的新变量之一。目前的世界经济增长已经离不开互联网的创新,互联网已经成为创新的引擎和世界经济增长的重要动力。互联网使得更多企业可以进入创新网络,分享各自发展成果,让更多科技成果变为现实,进而引领世界经济增长。

值得关注的是,互联网的安全性对于互联网创新至关重要。互联网安全的缺失(硬件、软件及其系统中的数据遭受到破坏、更改、泄露)将对互联网经济形成巨大影响,对世界经济的正常运行造成重大冲击,特别是当前国际恐怖主义横行之时。所以,本课题组认为互联网创新与网络安全的保障或将是影响世界经济的新变量。

八、国际恐怖主义与世界经济增长新阴影

国际恐怖主义不仅对地区局势乃至国际和平与安全构成严重威胁,而且正日益成为影响世界经济稳定和增长的一个新因素。

国际恐怖主义对国际贸易和国际资本流动都将带来不利的影响。国际恐怖活动的突发性和任意性将加大货物贸易的风险,增加国际货运的保险费。在国际恐怖主义的新阴影下,各国对人员和货物进出口的管理趋严,增加了人员流动的成本,从而影响国际贸易的增长和开放程度。同样,国际恐怖活动会使国际投资决策变得更为复杂。重大的恐怖主义活动将影响投资者的信心,造成股市的剧烈波动。同时,我们还注意到国际恐怖活动的发生对国际旅游业、国际服务业和国际航空业的发展也会产生负面效应。因此,我们判断,国际恐怖主义或将成为影响2016年世界经济增长的新因素。

第三节 2016年世界经济发展新趋势

经历艰难复苏的2015年,展望即将到来的2016年,全球经济仍然面临不少挑战,复苏依旧难言乐观,分化加剧成为趋势。其中,发达经济体货币政策分化、大宗商品价格低位波动、地缘政治摩擦升级、暴恐袭击阴霾笼罩等都将成为制约经济企稳复苏的重要因素。短期内,这种疲弱、分化的增长态势将加剧各国社会、政治、经济发展的复杂性和不平衡性。

一、世界经济:脆弱复苏,持续分化,风险上行

全球经济仍旧处在徘徊动荡的调整状态,复苏缺乏强有力的动能支持。具体地看,各国(或地区)复苏进程仍将延续缓慢且非均衡的分化态势:美国经济增长向好,但复苏基础不牢固;欧元区经济复苏步伐或被外部因素干扰,增长缺乏有力支撑;日本经济增长前景黯淡,或现衰退;新兴市场增速普遍减慢,但仍是全球"引擎"。据图3-1可知,金融危机前(2000—2007年间)全球平均经济增长率高达4.48%,危机后则一直处于低位,增长放缓明显,尤其是未来两年。本报告预测,

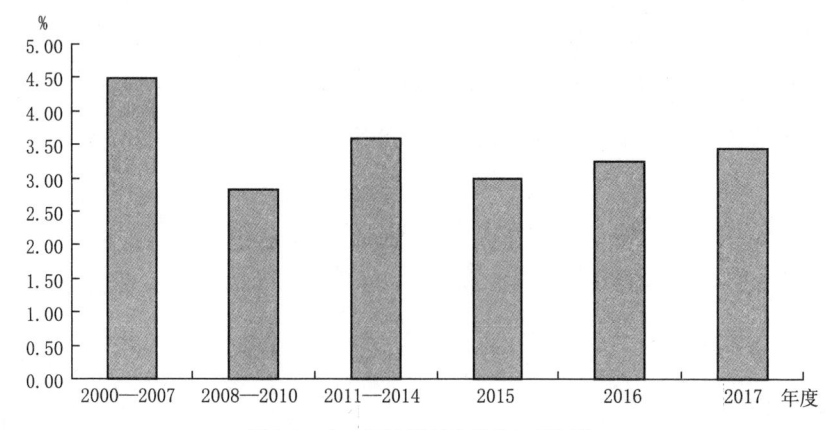

图3-1 全球经济增长率均值及预测值

- 注:本图数据中2000—2014年数据来源于Wind数据库,2015—2017年数据为本报告预测结果。

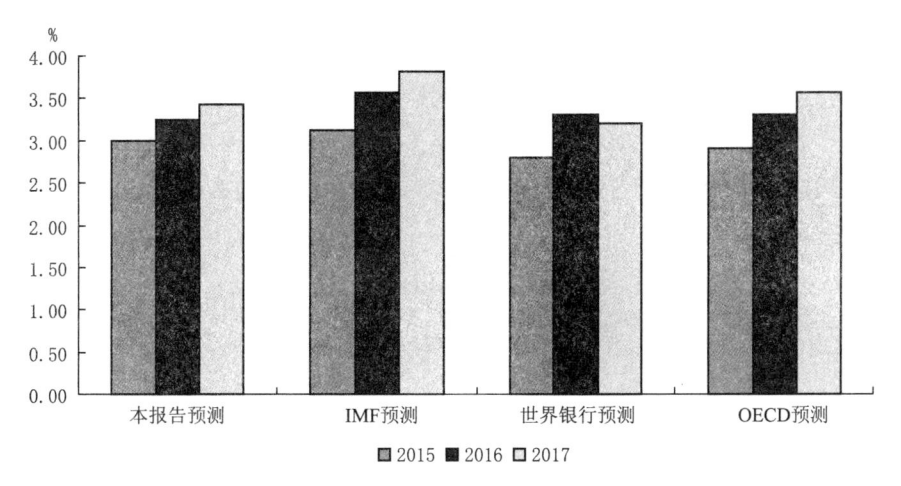

图 3-2　2015—2017 年世界经济增长率预测结果

- 注：本图第一组数据为本报告预测结果。

2015—2017 年世界经济增长率将分别为 3.00%、3.24% 和 3.43%，相较 2011—2014 年均有所下调，表明全球经济增长仍处于探寻可持续增长路径阶段，增长势头仍旧微弱。这与世界银行、IMF 和 OECD 等研究机构的预测结果基本一致。

具体来看，各国（或地区）增长分化态势将进一步扩大。

1. 发达经济体：增长不稳，谨慎乐观，各国应对政策分化妨碍复苏进程

（1）美国：温和复苏，缺乏稳定性

美国经济虽总体表现良好，但冲击经济增长的下行因素仍然存在，货币政策对经济的支持作用逐渐消退，但结构性改革尚未取得实质性进展，经济复苏还未站稳脚跟。具体来看，一是，企业投资回升、房地产市场稳步上行、就业增加等利好因素将继续带动家庭消费复苏，成为拉动经济增长的首要因素，但作用有限。二是，美国货币政策常态化后，美元升值降低出口竞争力，主要贸易伙伴（如欧盟、日本及主要新兴经济体）增速放缓，需求降低，限制美国出口进一步回升。三是，持续低油价将导致高成本的页岩油井丧失开采价值，削弱美国页岩气生产商的投资积极性，降低产量。整体看，短期内，美国经济增长波动依旧较大，经济仍处于金融危机后的恢复阶段。综合考虑，本报告预计，美国 2016 年增速仍有放缓的可能，但增长趋于健康，复苏前景谨慎乐观，其中 2017 年经济增长可能低于 2016 年，增长率分别为 2.74% 和 2.9%（见表 3-1）。

表 3-1 全球主要发达经济体和新兴经济体经济增速　　　　（单位:%）

经济体	2011	2012	2013	2014	2015	2016	2017
美国	2.51	1.85	2.78	1.88	2.69	2.90	2.74
英国	1.66	1.12	0.28	1.74	3.09	3.18	2.99
日本	4.65	−0.45	1.45	1.54	0.41	0.34	0.39
欧元区	1.60	1.68	−0.45	−0.29	1.55	1.90	1.93
新兴经济体	5.79	4.74	3.41	3.09	3.95	4.14	4.38

* 注:本表数据中 2011—2014 年数据来自世界银行的 WEO 数据库,2016—2017 年数据为本文预测值。其中新兴经济体选取阿根廷、巴西、保加利亚、中国内地、捷克、香港地区、埃及、爱沙尼亚、匈牙利、印度、印度尼西亚、韩国、拉脱维亚、立陶宛、马来西亚、墨西哥、菲律宾、波兰、俄罗斯、新加坡、南非、泰国等 22 个国家和地区。

(2) 欧元区:"内忧外患",不确定性增加

在内外因素双重制约下,欧元区经济复苏前景充满变数,经济增长仍不稳健。风险源主要来自经济、政治及暴恐袭击三个方面:其一,经济方面,欧元区经济有减债压力、实体经济缺乏新的增长点、失业率依然较高、结构改革步伐缓慢等多重因素仍将给经济增长带来很大压力。其二,政治方面,俄罗斯与土耳其之间军事冲突不断发酵甚至可能恶化,"难民潮"问题导致区内政府与公众矛盾加深等。其三,暴恐袭击阴影仍将笼罩,成为重要变数。但增长有利因素也将支撑经济继续复苏:其一,欧洲宽松货币政策和低油价将有助于提升消费和投资,继续成为支撑 2016 年和 2017 年经济增长的重要力量。其二,欧元区高负债成员国开始重视削减财政赤字和债务,整体财政状况将不断改善,且短期内希腊等国的脱欧风险也明显降低,有助于稳定金融市场流动性,成为经济企稳的强心剂。其三,得益于量宽政策和一系列财政支持计划,欧元区企业出口和投资规模仍将稳步增长,由此促使贸易顺差增加,进而带动制造业回暖。具体看来,各成员国的增长趋势依旧分化,英国、西班牙、意大利经济增长势头强劲,德国和希腊增长企稳,法国增长预期向下。综合考虑,本报告预测欧元区 2016 年和 2017 年经济将分别增长 1.9% 和 1.93%。

(3) 日本:增长下行,或陷衰退

日本经济仍在同步收缩,复苏艰难,通缩风险并未解除,激进的货币政策效力将逐渐减弱,增长不具可持续性。"安倍经济学"的固有局限性,使得政府无法从根本上解决本国人口老龄化加速、贫富差距扩大、社会保障费用增加、企业不断向海外转移带来的产业空心化等经济社会的结构性问题。具体来看,一是居民收

入和就业条件的改善,促使消费信心开始回升,但消费支出速度依旧缓慢,对经济增长支撑乏力。二是宽松货币政策的维持将导致日元贬值,对政府高负债形成重压,巨额债务的可持续性面临挑战。三是新兴经济体增长放缓,导致其外部需求降低,恶化企业增长前景。四是企业的设备投资、库存投资、公共投资仍将下降,导致剩余库存难以消解,成为拖累经济增长的主因。鉴于此,本报告预计,日本经济增长前景较为悲观,2016年和2017年经济增长率分别为0.34%和0.39%。

2. 新兴经济体:短期下行,长期向好,复苏势头取决于结构性改革新成效

受结构性改革滞后、大宗商品价格走弱及政策不确定性等三重因素影响,新兴经济体经济增长将呈现较为明显的放缓趋势,但作为全球经济增长极,增速依旧保持高位,成为世界经济增长的重要贡献者。长期看,经济增长有望保持平稳,短期内增长分化依然存在。根据本报告预测,2016年和2017年全球22个新兴经济体总体经济增长率将分别为4.14%和4.38%,具体如下:

(1)增速下滑:俄罗斯、巴西、中东欧国家等

一是下滑严重的国家:巴西、俄罗斯。大宗商品价格"跌跌不休",将进一步削弱巴西经济复苏基础;同时,国内紧缩货币政策仍将持续,高利率水平将大大限制其消费和投资,经济面临较大滞胀风险,尤其是在美联储加息周期下,资本流出压力不断增大。另外,巴西国家石油公司的腐败调查和总统支持率下降,可能引发政治风险,对政府的经济刺激政策产生不利影响,经济可能陷入衰退。俄罗斯经济增长高度依赖能源出口,容易受到外部冲击,制造业或将进一步走弱,同时地缘政治紧张局势也会严重拖累其经济增长,负增长格局短期之内将难以扭转,预计其经济放缓程度会超过预期。本报告预计2016年俄罗斯和巴西经济增长分别为-3.14%和-2.12%。

二是轻微下滑的国家:波兰、匈牙利、爱沙尼亚、拉脱维亚、立陶宛、保加利亚。除全球增长乏力等原因外,这些国家还将主要受到欧元区主权债务危机、暴恐袭击,以及俄、土等地缘政治影响,另外,出口疲软和私人经济领域负债比例较高,已经成为中东欧地区经济发展面临的两个主要难题,这会严重限制相关国家居民收入的提高,进而导致国内需求不断下降,抑制经济增长,因此,该地区经济将呈现低增长态势但不会出现大幅下滑。本报告预计2016年波兰、匈牙利、爱沙尼亚、拉脱维亚、立陶宛、保加利亚经济增长分别为2.77%、2.87%、1.93%、

1.88%、2.42%、1.42%。

(2) 稳定增长：南非、韩国、印度尼西亚、马来西亚、新加坡、泰国

南非经济增长相对平稳,但缺乏上涨动力。由于电力短缺问题的长期存在,基础设施短缺、制造业萎缩以及大宗商品价格下跌等因素共同制约了其经济大幅上涨势头。虽然,韩国经济受疫情冲击的影响逐步消退,刺激政策发挥效力,内需向好,但外需疲弱仍无改善,增长略有回升。印度尼西亚、马来西亚、新加坡和泰国经济除了保持稳定外也将无明显好转,其中,印度尼西亚推动燃油税改革之后再无新的举动,马来西亚政局动荡,改革基本停滞,给经济增长带来威胁。尽管2016年马来西亚、泰国、新加坡等国经济增速略高于2015年,但风险犹存。预计2016年、2017年两年全球经济金融形势不乐观将给这些国家带来较为严重的外溢影响。本报告预计2016年南非、韩国、印度尼西亚、马来西亚、新加坡和泰国经济增长分别为1.9%、2.97%、4.97%、4.98%、2.25%、3%。

(3) 增长向好：印度、墨西哥、阿根廷

印度经济形势较两年前稍好,凭借国内推行的投资政策和对外开放政策,经济释放出巨大活力,通胀率也显著下降,增长回升明显,经济复苏平稳向好。但印度仍面临基础设施落后,政府偿债能力不强等问题,交通、通信等基础设施的落后和制造业的萎缩将长期制约其经济发展。同时,这些国家相对开放的资本账户仍将使其面临美联储加息后的资本冲击。另外,随着美国经济好转以及石油价格暴跌,那些向美国出口大量制造业产品的经济体增长将会好转,比如墨西哥、阿根廷等国,但低油价、美联储加息都将成为影响这些国家经济增长的下行因素。本报告预计2016年印度、墨西哥和阿根廷经济增长分别为7.43%、2.6%、2.2%。

表3-2 全球22个新兴经济体GDP增长率预测值　　　　　　(单位:%)

国家/地区	2015	2016	2017	地理位置
捷克	3.1	2.03	2.04	中欧
爱沙尼亚	2	1.93	1.88	北欧
韩国	2.14	2.97	2.78	东北亚
波兰	3.04	2.77	2.54	中欧
香港地区	2.48	2.51	2.53	东亚
拉脱维亚	2.37	1.88	1.87	东北欧
立陶宛	1.6	2.42	2.35	东北欧

(续表)

国家/地区	2015	2016	2017	地理位置
俄罗斯	-3.36	-3.14	-1.21	东欧和中亚
新加坡	2.16	2.25	2.81	东南亚
阿根廷	1.72	2.2	2.6	拉美与加勒比地区
巴西	-2.1	-2.12	-0.87	拉美与加勒比地区
保加利亚	1.55	1.42	1.32	欧洲和中亚
中国内地	6.94	6.78	6.51	东亚
匈牙利	3.21	2.87	2.6	欧洲和中亚
马来西亚	4.56	4.98	4.95	东亚与太平洋地区
墨西哥	2.42	2.6	2.81	拉美与加勒比地区
南非	1.69	1.9	2.06	撒哈拉以南非洲
泰国	2.74	3.00	3.22	东亚与太平洋地区
埃及	3.9	4.29	4.57	中东和北非
印度	7.2	7.43	7.98	南亚
印度尼西亚	4.5	4.97	5.25	东亚与太平洋地区
菲律宾	5.36	5.82	5.98	东亚与太平洋地区

• 注:本表数据为本宏观经济分析组预测结果。

3. 转型中的中国:增长下探,改革加码,供需两侧发力助推经济长期向好

中国经济正处于转型改革的关键时期,外部需求疲弱,内部供需结构不匹配,供给结构和方式不适应需求的快速升级,是经济增长的主要瓶颈。未来两年,中国经济增长态势仍很严峻,经济增长或将进入一个平稳或小幅下滑的轨道。其中,化解产能过剩、降低企业成本、消化地产库存、防范金融风险等四方面内容是经济上涨的重要因素。包括去产能、去库存、去杠杆等在内的供给侧结构性改革尽管有利于经济长期增长,但是短期内必将出现关、停、并、转的剧烈阵痛,经济增长可能会进一步下探。本报告预计,2016年和2017年中国经济增速将分别降至6.78%和6.51%。不过,中国经济增长的积极因素日渐增多,稳增长政策的溢出效应将逐渐显现,长期增长的基本面较为乐观。2016年稳增长仍旧是主要任务,核心目标是将经济增长方式由靠增加劳动力、资本、土地以及环境承载力的粗放投入切换为依靠改革红利和创新红利,稳步重建新平衡,而非简单沿用传统理论和刺激政策稳增长,确保经济中长期稳步、健康增长。

(1)需求端分析:出口稳定、投资转弱、消费稳步上涨

一是出口增长有望稳定但仍面临压力。2015年出口初现企稳迹象,严峻形势有所缓解,虽然截至2015年10月中国出口金额同比仍下滑7%,但下滑趋势已经趋缓(见图3-3)。但2016年全球经济将延续缓慢和不均衡的增长格局,出口环境动荡复杂,外需分化将是影响中国出口稳定增长关键因素。具体来看,受美国经济稳步复苏、个人消费快速增长的带动,中国对其出口将进一步上涨,如2015年1—10月中国对美出口额已现上涨趋势;受俄、土动荡局势,暴恐阴霾影响及欧债危机等拖累,中国对欧洲出口的复苏将比较缓慢并面临较大的不确定性;新兴经济体中的贸易伙伴国经济增速下行,将减少对中国的进口。同时,中国国内要素条件发生变化,传统低成本优势削弱,出口快速复苏缺乏基础。综合考虑,预计中国出口将止跌回升,趋势向好但不确定性仍存在。

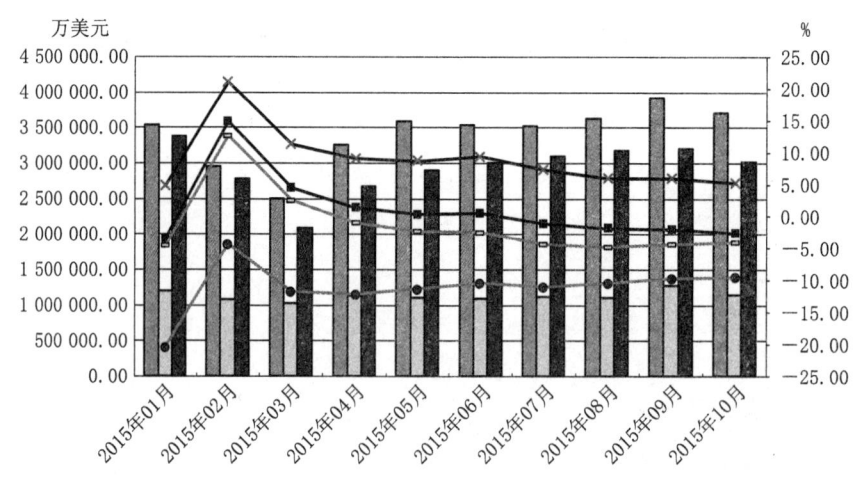

图3-3 中国对美国、欧洲、日本出口金额及其累计同比增长率

· 数据来源:Wind数据库。

二是投资增长难有起色,但积极变化正悄然发生。首先,受购房峰值人口下降、住宅新开工面积减少等规律性因素决定,房地产投资继续深度下滑。其次,基础设施投资有望在政策带动下保持稳步增长。再次,企业投资依然疲弱。利

润低和融资成本高等因素制约企业扩大投资能力,目前仍处于消化前期过剩产能过程中。具体来看,各行业表现不一:钢铁制造、化工产品、塑料制品等产能过剩行业投资增速将进一步下滑,机械设备制造及汽车和零部件生产等行业投资增速则可能低位走稳。新兴行业如新能源和新技术领域在改革红利的推动下将保持旺盛的投资需求,但短期内投资增长规模偏小,对经济带动作用有限。在新常态下,新亮点将在 2016 年进一步体现,在固定资产投资结构中,服务业多个领域表现抢眼,克强指数代表的用电量等情况也逐渐好转,显示产能过剩行业正在经历去产能的调整,服务业已在产业结构中占据越来越重要的地位(图 3-4)。

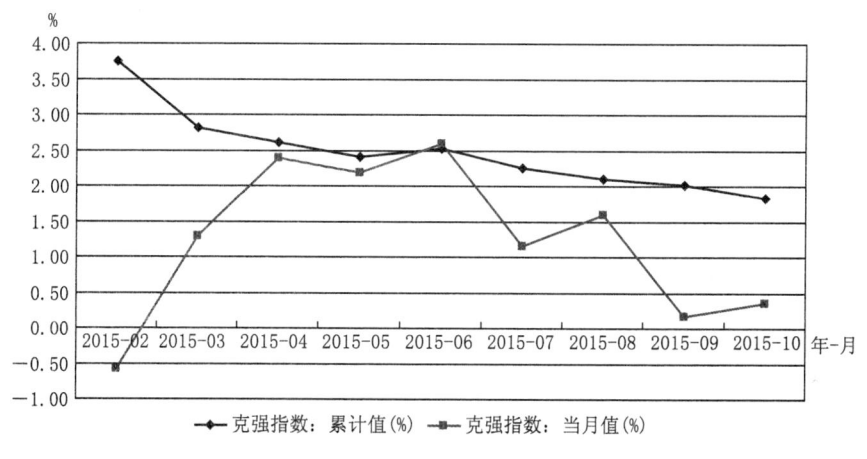

图 3-4　2015 年克强指数累计值和当月值变化情况

• 数据来源:Wind 数据库。

三是消费增长稳健并小幅上扬,升级趋势更加明显。随着住房、医疗和养老的不确定性降低,就业稳定,居民储蓄倾向逐渐降低,消费需求倾向在增加。第三产业对 GDP 增长的贡献作用明显增强。从图 3-5 可知,第三产业对 GDP 增长的贡献率不断上升,2015 年第一季度已高达 60.2%,预计 2016 年这种趋势将更加明显。对比各行业来看(如图 3-6),其他服务业(主要包括代理业、咨询业、旅游业、仓储业、中介业等)对 GDP 增长的贡献率不断攀升,截至 2015 年第三季度,其贡献率高达 24.2%,进一步说明中国民众消费不断从以衣、食为主的生存消费转向文化、娱乐、教育、健康等享受型、发展型消费,尤其是新型消费业态增

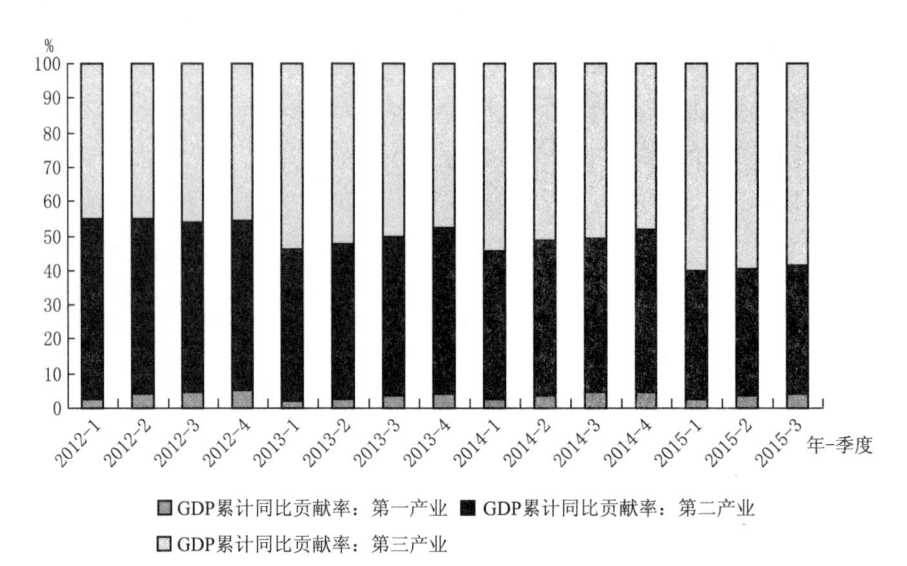

速迅猛，网络消费正逐渐成为推动消费扩张的重要动力。

图 3-5　三大产业对 GDP 累计同比贡献率

- 数据来源：Wind 数据库。

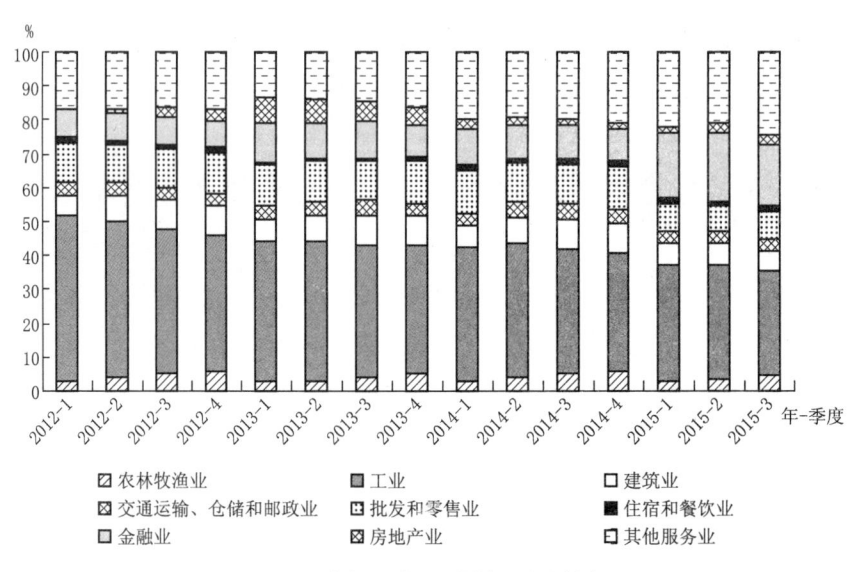

图 3-6　各行业对 GDP 累计同比贡献率

- 数据来源：Wind 数据库。

(2) 供给端分析：去产能严峻、增长显新亮点、制度红利释放

一是产能过剩行业形势依旧严峻,高成本时代到来,"雪上加霜"。2016年面临破产重组、清理过剩产能的艰难任务,短期内,企业仍处于释放和消化过剩产能的高峰阶段,重化工业和产能过剩主导的经济下行力量远高于新技术、新业态和新模式引导的新兴上升力量。实体经济降杠杆、去库存、逐步释放风险与虚拟经济加杠杆、资金脱实入虚和金融风险积聚并存。同时,未来一段时间内,土地、原材料、能源、环保、人才、劳动力、资金、知识产权、物流、交易等各种成本全面上升,这将对各产业发展带来严峻挑战。

二是新技术、新媒体和绿色低碳等经济发展新亮点日益突出。新的供给创造新的需求。经济发展重心继续由前期主要依赖低端消费扩大拉动逐步上移至依靠信息产业、高端装备、节能环保、健康医疗等供给端的升级改造,通过优化升级与创新转型再塑新的快速增长平台,并将对所有行业特别是传统行业(如商业、传媒、通信、出租车、金融等)带来颠覆性影响和冲击。新一轮全球技术革命在移动互联网领域取得了显著进展,中国在移动互联网技术的研发特别是应用领域也有上乘表现。另外,生态文明建设已提升到前所未有的高度,绿色低碳发展正成为中国的新潮流,预计"十三五"时期主要污染物排放的叠加总量可能达到峰值。

三是制度建设带来新一轮改革红利,市场将发挥决定性作用。政府将继续通过一系列体制机制尤其是土地制度、户籍制度和金融制度方面的深化改革,使土地、劳动力、资本这三大基本要素在企业家精神和创新精神的驱动下自由流动、优化组合,进而实现效率提升和激活创新。通过国企改革、降税减费和简政放权,加大对企业发展的支持。另外,政府稳增长力度也在进一步加大。这些都将为今后两年的经济增长带来可观红利。

然而,值得一提的是,中国目前推行的供给侧改革,与西方的供给经济学在前提条件和内涵上都存在很大不同:西方供给经济学是在市场供给不足的前提下,通过大幅度降低企业和个人税率,减少国家对经济的干预和对企业经营活动的限制,刺激生产,从而达到通过供给创造需求的目的。而中国"供给侧改革"的前提是国内供需结构不匹配,导致出现实体经济产能过剩、房地产高库存、地方政府高债务、企业高成本、银行不良资产较多等结构性问题,通过对这些结构性问题进行全方位、深入的改革和创新,包括对产业结构、区域结构、要素投入结构、排放结构、经济增长动力结构和要素收入分配结构等的改革,解决资源错配问题,降低市场交易成本,为市场提供优质资源并提高资源的使用效率,提供高品质的产品以满足日益升级的需求,建立"供需相匹配"的新经济结构,提高中国经济增长率。与西方供给经济学相比,虽然中国"供给侧改革"也注重减税的作用,但旨在将取之于民的税收真正用于提供有效的民生服务上,提高公共服务有效性和提升企业效率。从根本上看,中国"供给侧改革"是面向经济全局的一个战略性部署,体现"供需双侧发力"的核心思想,是一个深化改革的过程,打造中国经济升级版,而非单纯地解决供给创造需求的问题。

二、国际金融:全球货币周期分化,或触发新一轮金融风险

1. 美国开启加息周期,新兴经济体爆发危机概率大增

美国已正式宣布近十年来首次加息,随着美国加息周期的重启,"全球皆松,唯美独紧"的货币政策分化局面将成为威胁 2016 年、2017 年两年全球金融稳定的风险源,并与世界经济的"低增长、低通胀、低利率和高负债"相互交织,促使全球资本呈现不稳定、不对称的急速流动。经济基本面脆弱的新兴经济体,尤其是那些对外资依赖较大、经常项目逆差严重、财政和外贸双赤字、海外债务规模高且资本市场开放度大的新兴市场国家,将面临信贷增长下降和偿债成本上升的巨大压力,金融市场将再次动荡,或将再次上演 2013 年时那种具有破坏性的"缩减恐慌",甚至爆发新一轮流动性危机。从历史上来看,20 世纪 80 年代的拉美债务危机和台湾地区与韩国的资产泡沫破灭、1994 年墨西哥危机、1997 年亚洲金融危机以及 2001 年的阿根廷货币危机,均是发生于美国进入加息周期后。因此,2016 年及之后,新兴经济体不仅面临经济增长困境,还将承受国际资本流出冲击,防御金融市场风险将成为今后几年的重点内容。

2. 全球汇率波动上升,新兴经济体货币或重现贬值潮

各国央行货币政策分化局面将促使国际外汇市场的价格发生巨幅震荡,各国央行维持汇率稳定的难度加大。预计美元、英镑等汇率保持稳定上升,主要新兴经济体的汇率将现大幅波动格局,在金融市场压力下,这些国家的货币相对美元将重现大幅贬值潮。其中,最可能发生贬值的货币有人民币、印度卢比、泰铢、巴西雷亚尔、马来西亚林吉特等。一旦汇率波动加剧,最后汇市的严重不确

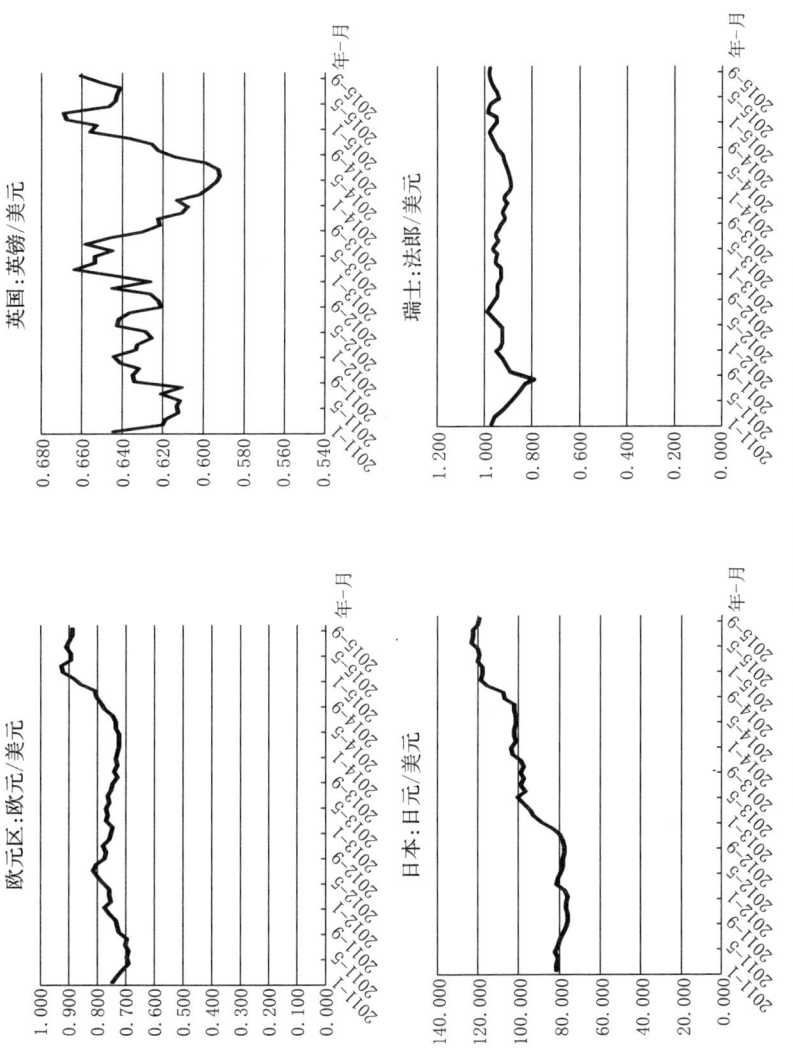

图 3-7 2011—2015 年主要发达经济体货币兑美元季度走势

- 数据来源：Wind 数据库。

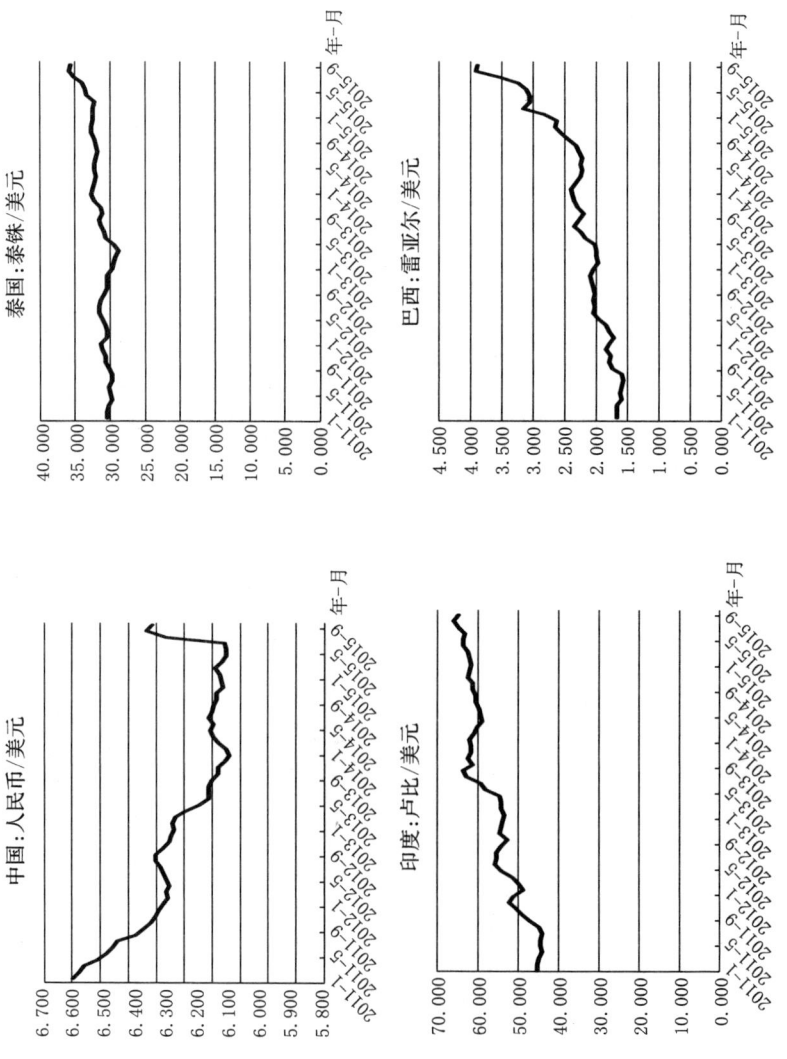

图 3-8 2011—2015 年主要新兴经济体货币兑美元季度走势

· 数据来源：Wind 数据库。

定性就可能涉及各国的股市、债市及房地产市场,从而给这些国家的经济稳定带来巨大风险。

3. 资本避险情绪陡增,"逃往安全地"将成投资者首选

2016年全球资本市场将开启震动模式,在全球风险来源不明的情况下,逃往美国等经济增长相对稳定的发达经济体将成首选,美元、美债将再次成为全球资本的"避风港"和"安全资产"。美元强势周期可能会持续4—5年左右,美元在相当长时期内还是全球追逐的安全资产,这可能会引发部分新兴经济体股市及汇率巨幅波动。各国货币政策的不确定性、全球经济减速、股市在高增长形成价格扭曲之后回调纠偏等诸多因素叠加,将触发短期投资者在未考虑经济基本面

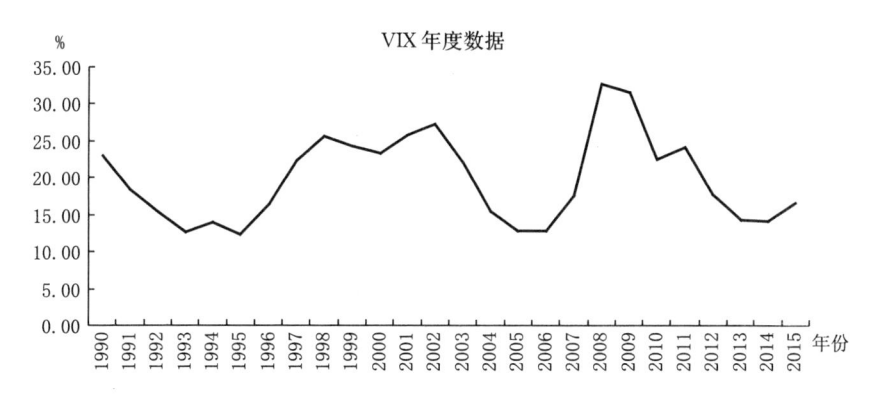

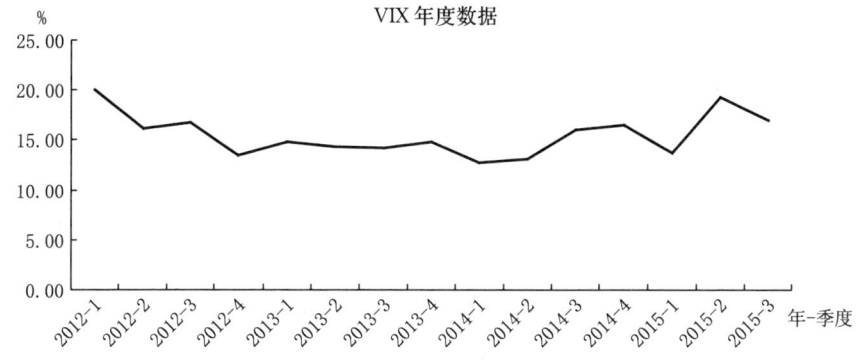

图 3-9　2013—2015 年全球 VIX 指数季度和年度数据变动

- 注:本图数据来自美联储经济数据库(FRED)。图中季度和年度 VIX(Volatility Index)数据为芝加哥期权交易所 VIX 指数(CBOE Volatility Index),是反映全球金融市场风险变化的指标之一,又称投资人恐慌指标(The Investor Fear Gauge),即投资者在指数下跌时较在指数上涨时更有规避风险的意愿,当 VIX 越高时,市场参与者预期后市波动更加激烈,避险意识强烈;相反,如果 VIX 越低时,市场参与者预期后市波动程度趋于缓和,避险情绪降低。

的情况下追随"羊群效应"。由 VIX 指数演变态势可知(见图 3-9),2015 年第二季度 VIX 指数大幅飙升,表明金融市场风险增加,投资者避险情绪上升;从年度数据看,2015年①VIX 指数出现高于 2014 年的上升趋势,且相较而言,目前恐慌指数正处在由低位向高位上涨的态势。预计 2016 年恐慌指数仍将继续上升,全球避险情绪将继续高涨,首当其冲的将是高负债的新兴经济体,尤其是美元计价债券占比高达 40% 及以上的新兴经济体。

三、世界贸易:大宗商品价格或将见底,全球贸易增长仍低速

1. 全球贸易低速增长,但有望超越全球经济增速

全球经济增长疲弱、大宗商品价格"跌跌不休"、全球汇率宽幅震荡、新贸易保护主义盛行及地缘政治风险上升等不利因素继续恶化贸易环境,制约全球贸易的企稳回升,但仍能维持低速增长。其中,美国经济复苏趋势平稳向好,贸易复苏势头强劲,但欧元区、日本及新兴经济体增长态势依旧不明朗。由于全球经济复苏缓慢,全球贸易总额增长率有望在随后两年超越全球经济增长,尤其是在 2017 年。根据本报告预测,2016 年和 2017 年全球贸易增速将分别达到 4.41%

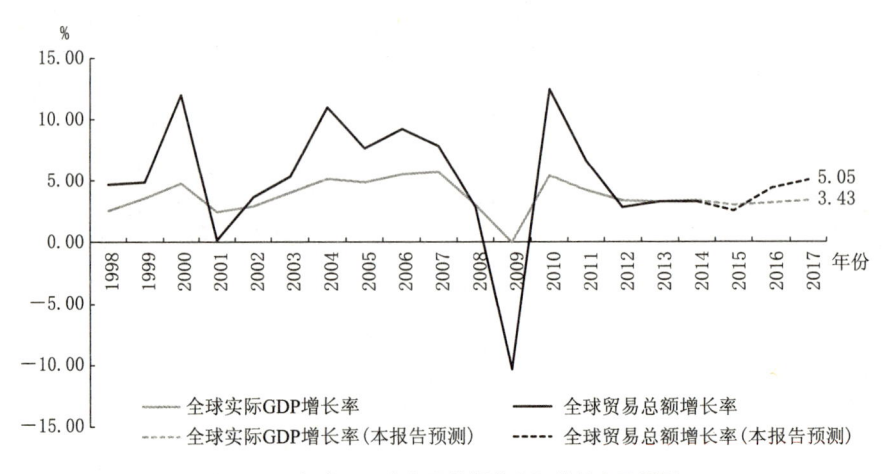

图 3-10 全球 GDP 和贸易总额的实际增长率及预测

- 注:本图数据中 1998—2014 年数据来源 Wind 数据库,2015—2017 年数据为本报告预测结果。

---

① 由于此处 VIX 指数的年度数据为各月平均值,因此,2015 年数值为前 10 个月的均值。

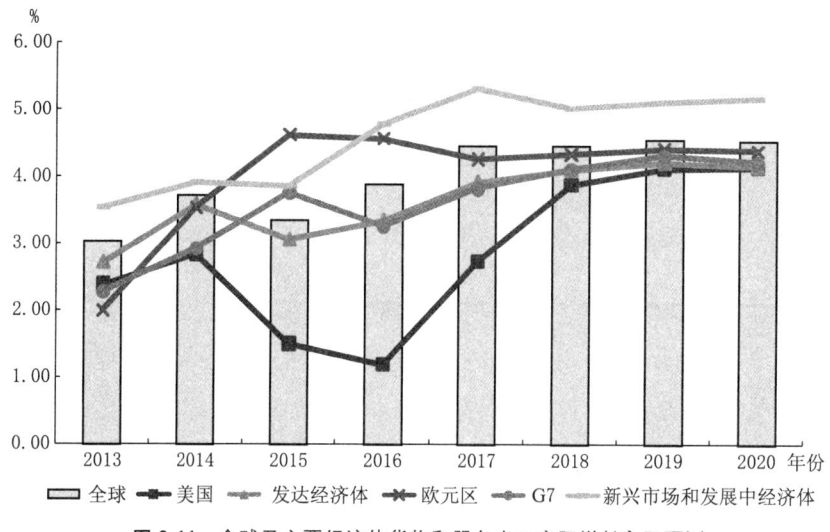

图 3-11　全球及主要经济体货物和服务出口实际增长率及预测

·注:本图数据来源于 Wind 数据库,其中 2015—2020 年数据为 IMF 预测结果。

和 5.05%,而全球经济增长率预计仅为 3.24% 和 3.43%(见图 3-10)。整体看,新兴经济体和发展中国家贸易将会率先复苏,增长水平超过全球均值,而发达经济体贸易增长可能仍无起色(见图 3-11)。

2. 全球供需失衡格局延续,大宗商品价格或将见底

大多数大宗商品进入了供给大幅释放的阶段,供给过剩导致"供求失衡",且短期内市场难以改变这一失衡格局,但进一步大幅下跌可能性较低,预计未来两年大宗商品或将出现触底迹象,并维持低位震荡走势。具体看来,一是石油供给增加,需求低迷,但不确定性因素或维持油价低位走稳。OPEC 组织将继续维持不减产计划,美国和伊朗达成的谈判协议将促使伊朗石油潜在供给增多,导致全球原油库存在富余的基础上仍将不断增加,在需求低迷的情况下,油价面临持续下探压力。然而,原油市场仍面临供给的不确定性,尤其是中东、北非等地区的地缘政治风险,可能会中断石油开采步伐,降低石油供给量,引发国际油价短暂上调。二是全球经济增长放缓,减少对金属及农产品等主要品种的需求。全球经济尤其是新兴经济体复苏乏力,减少了对铜、铁矿石等工业金属的需求。另外,危机前中国经济飞速上涨对自然资源的井喷式需求,以及由此带来的大宗商品贸易繁荣周期已经过去,目前已处于消化前期大量过剩产能阶段,需求降低已成必然。三是全球金融市场不稳可能引发大宗商品价格波动。由于大宗商品主要以美元计价，随着美元走强，计价货币升值势必对以美元为单位的大宗商品价格产生回调压力，国际投资者预期大宗商品价格将继续低位震荡，金融资本逐渐流出大宗商品期货市场，短期内将引发大宗商品价格波动。

四、全球投资：投资增长总体趋缓，中国贡献日渐增多

1. 全球投资增长趋缓，中国对外投资增长将成新亮点

鉴于主要经济体增长的不均衡性、脆弱性和不确定性，全球对外投资趋缓态势难言好转，短期仍将维持震荡走势，但不会出现明显下滑。其中，外商直接投资增长平稳或略有增长，根据本报告预测，2016年全球FDI流量将升至1.4万亿美元，2017年升至1.5万亿美元，且仍维持大幅流入发展中国家趋势，发展中国家FDI流量占总流量比重将由2014年的55.48%升至2017年的65.44%（见图3-12）。但我们预计，在全球对外投资总体趋缓格局之下，中国对外投资的带动作用日渐突出。随着自身实力的壮大、技术创新能力的提高以及国际经营能力

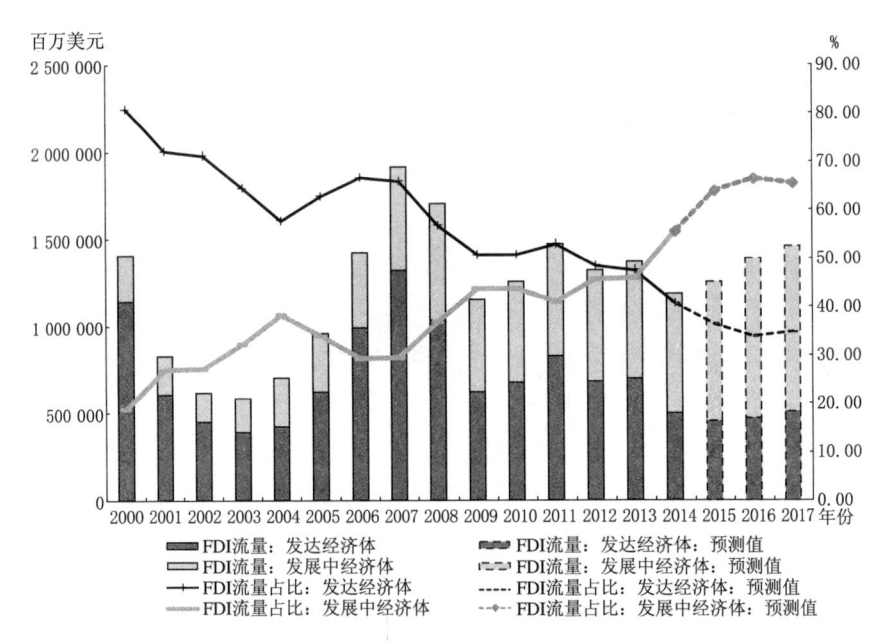

图3-12 2000—2017年发达经济体和发展中经济体FDI流量、占比及其预测值

- 注：本图数据中2000—2014年数据来自Wind数据库，2015—2017数据为本报告预测结果。

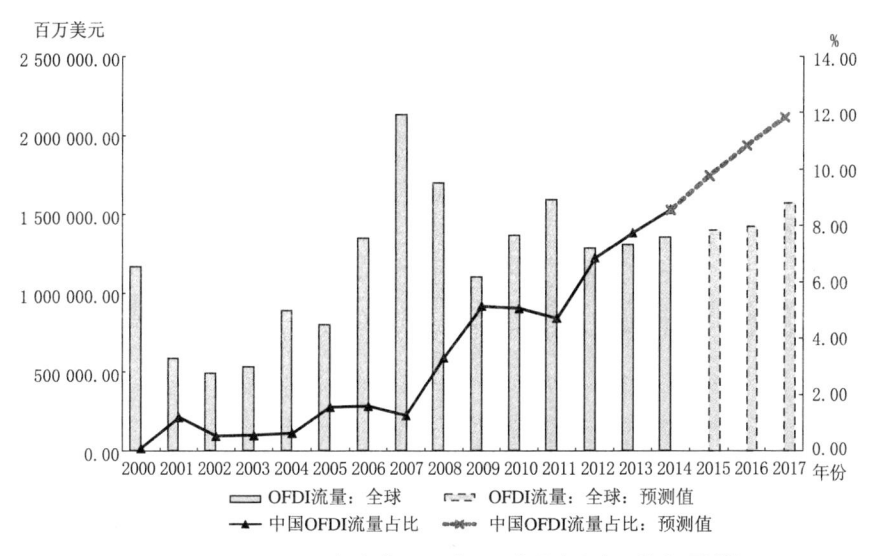

图 3-13　2000—2017 年全球 OFDI 流量及中国占比实际值和预测值

- 注：本图数据中 2000—2014 年数据来自 Wind 数据库，2015—2017 数据为本报告预测结果。

的提升，中国企业更深层次参与国际经贸合作的愿望日益强烈，并推动对外投资规模不断扩大。本报告预测，2017 年全球 OFDI 流量将达到 1.6 万亿美元左右，其中，中国 OFDI 规模上涨态势强劲，占全球 OFDI 比重进一步攀升至 11.83%（图 3-13），成为名副其实的全球第二大对外投资国。未来几年，中国将逐渐步入由"商品输出"到"资本输出"的新阶段，通过"一带一路"倡议带动资源、资本的全球配置。中国企业对外投资正成为带动全球对外投资上涨的重要因素。

2. 产业投资重点转移，新产业和新业态正成为新方向

随着欧美"再工业化"周期的重启，全球产业将进一步向高端制造、设计和研发等价值链高端演进。其一，以互联网、云计算、大数据为主的宽带、智能、网络增值服务等产业将异军突起，成为各国投资追逐的重要高地，对全球产业格局产生颠覆性重构。其二，全球制造业出现"制造业服务化"新趋向，服务业投资增长将逐步提高，全球跨国公司都在推进制造服务化转型进程，预计制造业服务化方向的投资将不断增多。

五、2016 年 G20 峰会杭州议程展望：防范新兴经济体金融风险

2016 年 G20 峰会杭州议程以"构建创新、活力、联动、包容的世界经济"为主

题,将深入挖掘世界经济复苏增长的新动力。其中,以下几方面的议题可能成为讨论的焦点:

1. 金融风险防范与全球金融体系改革及治理体系建设,建立更加稳定、安全、高效、兼容并包的国际金融稳定机制

一是,呼吁建立多币种的国际货币体系,加强在财政和货币政策方面的国际协调行动和合作,协调全球因货币政策不同步带来的流动性风险,反映发展中国家的金融稳定诉求。其中,2016年防范金融风险可能成为峰会主题和关注点之一。

二是,在更加民主和广泛参与前提下,探讨如何加强在国际银行体系、跨境资本流动、股票和债券市场等方面的金融监管,并通过设定相关法规或标准推动建立更符合各国(或地区)经济发展步伐和可持续发展要求的金融监管体系。

2. 全球基础设施互联互通建设,及其投融资方式改革的探讨,建立更加健康、可持续的基础设施建设投融资标准,寻找助力全球经济增长和方式转变的新方法

一是,强调基础设施建设对世界经济增长和贸易发展等至关重要,及G20在全球携手推动互联互通中的领导作用,在推进大规模基础设施项目中的协调作用,通过G20推动建设更加公正、透明基础设施投资市场,可能提出各国关于基础设施建设的具体措施或量化目标。

二是,积极倡导关于政府和民间共同合作的投融资方式和标准等,为基础设施建设提供多样融资方式,提高资金的杠杆和使用效率,更广泛地吸引譬如养老基金、主权财富基金等各类投融资主体加入基础设施建设中。同时,推动亚洲基础设施投资银行、丝路基金及其他多边开发银行的跨区域合作,提升这些国际性机构的联手治理能力。

3. 在推动国际贸易新规则设定、协助各国政府开放本国经济、融入全球贸易体系等方面展开探讨,推动建设自由开放、包容普惠、共赢可持续的全球贸易大市场

一是,推动贸易投资规则和标准的协调、统一,引导国际贸易向更高层次发展,构建广泛的利益共同体,解决全球范围内经贸合作的碎片化倾向。

二是,推进有关"开放、透明、包容"的区域贸易谈判,采取相关措施推动发展更高层次的开放型经济,倡议形成深度融合的互利合作格局,实现"联动式发展"。

4. 倡导联合行动保护环境和应对气候变化,在向低碳经济转型、适应气候变化方面提出新的应对措施和协议,探讨推动世界能源体系转型,培育有创造力且极富创新性的世界经济增长新动力

承接巴黎气候大会相关协议内容,G20峰会很有可能涉及关于应对气候变化的议题。

一是,继续督促发达国家落实承诺、向发展中国家提供资金,推动达成应对气候变化的融资标准,加强应对气候变化的"南南合作"、"南北合作"等。

二是,倡议各国在中长期内实现从能源密集型向环境友好型的经济增长方式转变,在经济决策中更多考虑关于可持续发展与气候变化等绿色发展内容。

三是,加强各国对清洁技术、新能源开发等领域的投资与合作,降低环境污染,实现高质量、低碳增长。

第四节　中国经济新常态与世界经济新格局

一、"三个新常态"引领世界经济包容性增长

2015年是国际金融危机余波中,世界经济深度调整、缓慢脆弱复苏,孕育希望、凝聚共识、形成规则的一年。这一年的许多重大议程,如2030年可持续发展议程、巴黎气候变化峰会2020年后减排框架、共建"一带一路"的愿景与行动、TPP等,很可能对未来世界经济的发展起到决定性的作用。事实上,2008年全球金融危机爆发后,面对能源危机、气候变化等全球性问题的叠加冲击,世界主要发达国家和新兴经济体为走出危机所实施的绿色新政已在某种程度上超越短期复苏,而放眼于培育未来经济发展的基础。包容性增长成为世界经济可持续发展逐步践行的新理念。

1. 世界经济新常态:从再平衡走向新常态

2008年全球金融危机爆发后,世界经济进入转型调整期。源于结构性问题、以经常项目严重失衡和虚拟经济过度膨胀为突出表现的全球经济失衡被视为引爆危机的重要原因之一。美国为应对危机所提出的"全球经济再平衡"概念,意在使出口导向型经济体减少出口、扩大内需,而以其为代表的具有消费型特征的发达经济体增加出口、提高储蓄,试图通过失衡条件下的结构性修复让世界经济恢复到原先的平衡状态。然而,危机后世界经济缓慢而痛苦的脆弱复苏表明,不但全球经济再平衡未能实现,而且结构性修复所采用的总量控制和需求管理的常规经济刺激政策效果有限,无论财政政策还是货币政策都已在某种程度上失去其应有的效应,全球经济的结构性失衡有增无减。这也意味着支撑世界经济增长的上一轮科技和产业革命的动能已近尾声,传统经济体制和发展模式的潜能趋于消退。[1]一方面,世界经济告别上一轮增长周期,在旧有框架下达成全球经济

---

[1] 习近平:《创新增长路径共享发展成果——在二十国集团领导人第十次峰会第一阶段会议上关于世界经济形势的发言》,《人民日报》2015年11月16日。

再平衡几无可能;经济全球化条件下贸易不平衡常态化,通过再平衡恢复到原有平衡状态,将很可能导致世界经济又一次危机周期的开始。另一方面,世界经济的真正复苏和持续发展已不是仅仅依靠旧有框架下的纠正失衡就可实现的再平衡问题,其需要寻求新的增长动力、构建新的增长结构。事实上,即使是再平衡,在各经济体自身结构性改革基础上所最终形成的新平衡,也已不同于被危机所打破的旧有框架下的"恐怖平衡",而是质量、结构均有待调整、创新和提升的新结构下的再平衡。从这一角度讲,世界经济已进入下一个长周期的新阶段,呈现出不同以往的新常态。我们认为,用"世界经济新常态"这一概念来概括世界经济开启下一个长周期的新阶段、新一轮增长周期的开始,显然要比通常意义上的"全球经济再平衡"更为准确,也更能反映世界经济从再平衡走向新常态的这一新变化。

世界经济新常态既包含世界经济本身的新常态,也包含中国经济的新常态,更包含中美经济关系的新常态。虽然尚需假以时日方可成规模,新周期的经济复苏阶段并未完成,仍在艰难推进中,它的实现还有赖于新的动力引擎、新的结构支撑、新的规则约束、新的治理管控、新的目标指引。从这个意义上说,我们认为,世界经济新常态应当包括六方面的核心内涵:世界经济的"新增长、新结构、新动力、新治理、新规则、新目标"。它们相辅相成、互为促进,对实现世界经济包容性增长是缺一不可的有机整体。

"新增长"是指在经历过金融危机前的持续高速增长和危机重创下的增长总体乏力之后,世界经济恢复到一个合理的增长区间,保持相对平稳而均衡的增长。这种增长是在资源、环境的开发利用几近地球最大承受能力的情况下,更加具有质量效益的资源环境友好型增长。

"新结构"是指通过金融危机肆虐时期各经济结构和全球经济格局的持续调整,世界经济所呈现的一种更为均衡的结构状态。其不仅包括世界各国内部的经济结构调整以及由此形成的国际分工体系和经济结构的新变化,还包括世界各国经济实力此消彼长所带来的全球经济格局的新变化。金融危机爆发后,消费型发达经济体、生产型新兴发展中经济体都加大了自身产业结构调整的力度。前者通过高起点的"再工业化"切实推进实体经济的发展;后者通过扩大内需不断挖掘经济增长的内生动力。全球经济重心进一步向亚洲转移,南方经济体的重要性进一步显现;南北双方的非对称性依赖相对缓和。

疲弱复苏的世界经济期待新周期

"新动力"是指上一轮科技革命的动能几乎消耗殆尽、原有增长动力受到破坏,危机后常规经济刺激政策已从根本上失去效力,由方兴未艾的新一轮科技革命和能源革命孕育出新的产业发展引擎,形成世界经济增长的新动力。其既包括创新这一驱动世界经济发展,使其得以最终走出困境实现复苏的永恒动力源泉所催生的引领世界经济发展方向的新产业、新业态;也包括新兴发展中国家群体力量继续增加,与发达经济体的差距逐步缩小,其中已上升为世界第二大经济体且保持中高速增长的中国与持续占据领先地位的美国一起构成世界经济增长的双引擎。

新治理是指金融危机以后,以发达经济体为绝对主导的既有全球经济治理机制缺陷日益突出,应对危机和全球性问题需要发展中经济体的通力合作,新兴发展中大国在国际经济事务中的参与度和影响力提高,全球经济治理体系亟待变革,形成相对更为公正合理的全球经济新治理体系。其既包括危机后替代G8成为全球经济治理重要平台的G20,也包括新兴经济体话语权提升、正在改革的IMF、世界银行等既有国际经济治理机构,更包括由新兴发展中大国发起构建的金砖五国、基础四国、AIIB等新涌现的全球治理机制。美国通过推进TPP、TTIP国际经贸新规则更加努力地主导全球经济治理,中国通过共建"一带一路"、设立AIIB等更加深入地参与全球经济治理,二者均对世界经济新格局产生深刻而长远的影响。中美携手,共担大国责任,一起推进全球经济新治理常态化。

"新规则"是指金融危机后由于贸易保护主义抬头和深度区域经济一体化的增强、国际金融市场持续动荡和脆弱性上升,贸易投资一体化和高标准规则、全球金融稳定和安全的重要性进一步显现,国际经贸、货币金融规则变革,形成覆盖范围更广、自由化便利化程度更高、更关注"下一代"贸易和投资议题、更多对边界后措施进行规范的国际经贸投资新规则和更具代表性、稳定性、合法性、协调性的国际货币金融新规则。其不仅包括发达经济体主导的在某种程度上决定国际经济贸易投资新规则走向的TPP和TTIP,也包括发展中经济体相对主导的RCEP,还包括对WTO规则进行完善和补充的《贸易便利化协定》。人民币加入SDR,成为第一个来自发展中国家的篮子货币,国际地位不断提升;多元化的新型国际货币金融体系逐步形成,不但与全球经济、金融格局的变化相适应,而且能够切实增强新兴经济体国际货币金融话语权。

"新目标"是指金融危机后面对能源危机和气候变化及贫富差距,不再单纯追求经济增长速度和规模扩张,形成"构建创新、活力、联动、包容的世界经济"新目标。这一目标是提升世界经济增长潜力和抗风险能力、引领国际经济合作方向的更具可持续性、包容性的世界经济发展目标。[1]

2. 中国经济新常态:五大新亮点引领世界经济

2015年,中国充分利用世界经济新常态所显现的战略机遇,不但积极适应而且主动引领经济发展新常态,形成"创新、协调、绿色、开放、共享"的发展新理念。虽然经济增长速度有所放缓,但依然在自身经济深层次矛盾凸显、世界经济复苏未达预期的内外复杂环境下保持平稳的中高速度,2015年前3季度GDP同比增长6.9%;结构优化、动力转换稳步推进,经济增长的质量、效益明显提升,新常态下中国经济所取得的初步成效展现出五大新亮点。

第一,产业结构由工业主导持续向服务业主导优化,服务业成为经济增长的重要支撑力量。2013年,服务业增加值占比首次超过第二产业;2015年前3季度,第三产业增加值占GDP的比重为51.4%,高于第二产业10.8个百分点。第二,内需结构进一步改善,消费成为经济增长的稳定器。2015年前3季度,最终消费支出对GDP增长的贡献率为58.4%,同比提高9.3个百分点。社会消费品零售总额同比实际增长10.5%。第三,高技术产业增速快于整体工业,节能降耗、创新对经济增长的驱动作用逐步显现。2015年前3季度,高技术产业增加值同比增长10.4%,比规模以上工业增速高4.2个百分点。[2]2014年,单位GDP能耗同比下降4.8%,为近年来最大降幅;二氧化碳排放比2005年下降33.8%。互联网经济等新业态对经济的拉动作用日渐增强。研发支出位列世界第二,在3D打印、纳米技术、机器人工程学等3项最尖端前沿技术创新方面成为唯一靠近先进工业化国家的新兴市场国家。[3]第四,引进外资结构优化、质量明显提升,对外

---

[1] 习近平:《在二十国集团领导人峰会工作午宴上关于中国主办2016年峰会的发言》,《人民日报》2015年11月17日。
[2] 数据来源:《国新办举行2015年前三季度国民经济运行情况发布会》,http://www.scio.gov.cn/xwfbh/xwbfbh/wqfbh/2015/33625/index.htm。
[3] 张雪飞《中国研发支出升至全球第二》、陈建《中国前沿技术创新进步显著》,《经济日报》2015年11月11日、11月13日。

投资进一步扩大。2015年前10个月,服务业实际使用外资占全国总量的61.2%;高技术服务业和制造业实际使用外资同比增长57.5%、11.6%。2014年中国连续3年成为世界第三大对外投资国;2015年前10个月共对全球152个国家/地区5 553家境外企业进行非金融类直接投资,实现对外投资同比增长16.3%[1]。第五,就业表现良好,居民人均可支配收入继续保持较快增长,城乡居民收入差距进一步缩小。GDP每增长1个百分点所吸纳的就业人员从2005年的80万人增加到180万人。[2]2015年前3季度,新增就业超额完成全年计划。2014年以来居民人均可支配收入增速均超GDP。2011—2014年,农村贫困人口减少9 550万人;贫困发生率下降10个百分点。[3]

面对下行压力,中国坚持结构性改革,未采取相对容易但也会给世界经济带来风险的大规模刺激措施;经济6.9%的中高速增长依然处于全球最高位,对世界经济增长的贡献率达30%。中国经济新常态初步成效所展现出的五大新亮点正在对世界经济作出新贡献。中国依然是世界经济增长的重要推动力量。

第一,中国产业结构优化,服务业持续发展、所吸引的外资规模和质量不断提升,服务贸易较快增长,为世界经济提供更为广阔的市场新机遇。《2015年世界投资报告》显示,中国仍被多数全球跨国公司视为2015—2017年最具投资前景的东道国。中国进出口服务贸易总额2014年首次突破6 000亿美元,并将力争到2020年超过1万亿美元。[4]第二,中国经济增长动力转换,"消费型中国"和创新型国家的构建,为世界经济提供更为多元化的需求和增长新机遇。2014年中国社会消费品零售总额位居全球第二。除进口贸易外,人均可支配收入的增加也意味着将会有更多的国人走出国门,带动旅游及相关产业的发展。通信、高性能计算机、数字电视等技术取得重大突破,新的经济增长点显现;"互联网十"、跨境电子商务快速发展,中国已成为全球最大的网上零售市场。第三,中国对外投资不但规模扩大,而且目的地增多、领域拓展;全球性资源配置,为世界经济提

---

[1] 数据来源:《商务部召开例行新闻发布会(2015年11月17日)》,http://www.mofcom.gov.cn/xwfbh/20151117.shtml。
[2] 辜胜阻:中国GDP增长每百分点创造就业十年增加100万》,新华网北京2015年3月6日电。
[3] 《统计局:改革开放以来中国农村贫困人口减少7亿》,中新网2015年10月16日电。
[4] 亢舒:《今年我国服务外贸额力争达6 500亿美元》,《经济日报》2015年2月17日。

供更多发展空间和投资新机遇。2015年前10个月,中国对外直接投资流量上亿美元的国家/地区有49个,其中已不乏欧美发达经济体;前3季度,中国共对"一带一路"沿线的48个国家直接投资120.3亿美元,同比增长66.2%[1];不但可在一定程度上弥补相关国家基础设施建设资金的短缺,而且产业园区建设、国际产能合作也能为彼此带来更为广阔的经济及增长空间。第四,中国逐步缩小收入分配差距,减少贫困,本身就是对世界经济包容性增长最为直接的新贡献。未来5年中国还将使现有标准下7000多万贫困人口全部脱贫。第五,中国积极参与全球经济治理,推动治理体制机制的完善、国际货币体系的改革和国际经贸规则的制定,承担大国责任与义务,深度融入全球经济。中国正式接受WTO《贸易便利化协定》;人民币已成功加入SDR;也明确提出2030年左右碳排放达到峰值;继续加快自由贸易区建设,共建"一带一路"。"发展创新、增长联动、利益融合"[2],相互依存、合作共赢,中国正在以自身的理念、倡议、主张和实践,为世界经济走向新治理、新规则、新目标的新常态做出新贡献。

3. 中美经济关系新常态:大国经贸合作亟待新思维

随着中国的崛起,摩擦不断,合作加强,在愈加紧密的合作过程中时有不和谐的声音甚至看似相对紧张的冲突,日益成为中美经济关系的主旋律。金融危机爆发后,以生产型为特征的中国经济和以消费型为特征的美国经济都在进行结构性改革和战略调整,分别通过经济服务化、"再工业化",努力实现自身经济的再平衡。

以国内消费拉动经济增长,低储蓄率、信用消费、高贸易赤字的美国,致力于提高出口能力的高起点"再工业化",努力培育和发展高端制造业。发布《重振美国制造业框架》、推出"2.0版"振兴美国先进制造业行政措施,在能源革命和互联网、生物等技术创新的推动下,不但经济复苏在发达经济体中一枝独秀,而且进展相对稳定,经济增长的内生动力有所增强。2015年上半年,美国超越中国重新成为全球最大的FDI流入国,1季度所吸引的2000亿美元FDI中有860亿美元投资于化工领域、810亿美元投资于其他制造行业[3]。美国商务部的统计显

---

[1] 石岩:《中国对外投资进入快车道 官方称"一带一路"作用突出》,中新社北京2015年10月15日电。
[2] 习近平:《共同维护和发展开放型世界经济——在二十国集团领导人峰会第一阶段会议上关于世界经济形势的发言》,《人民日报》2013年9月6日。
[3] 数据来源于经合组织报告。参见韩冰:《经合组织:全球外国直接投资继续增长》,新华网巴黎2015年10月29日电。

示,其货物贸易出口已从 2009 年的 10 560 亿美元增加到 2014 年的 16 205 亿美元,年均增长 9%,远超 2008 年的 12 874 亿美元。

以贸易和投资拉动经济增长、高储蓄率、廉价出口、高贸易顺差的中国,致力于扩大内需的经济服务化,努力减少对外部需求和国内投资的过度依赖。最终消费支出对 GDP 增长的贡献率、第三产业增加值占 GDP 的比重均已超过 50%,高技术产业增速快于整体工业。进口扩大,服务业和服务贸易较快增长,有利于美国的出口和高起点再工业化。中国商务部的统计显示,其对美 FDI、从美国的进口已分别由 2009 年的 9 亿美元、775 亿美元增加到 2014 年的 52 亿美元、1 590 亿美元,年均增长 42%、15%。美国已成为中国 FDI 的第三大目的地;对中国出口占其出口总额的比重提高 1 个百分点至 7.6%,中国是美国的第三大出口市场。

互补更甚、紧密更甚、相互依存、相互促进;合则多利、斗则多伤,中美经济关系同样呈现新常态。这一新常态也同样有别于危机前,尽管各自内部严重失衡,还是能够通过不断加深的相互依赖与互补形成的彼此间的"恐怖平衡",在各自内部不断趋于平衡的基础上达成经济结构、经济质量均有所提升的相互间的新平衡。中美在各自结构性调整过程中逐步优化相互之间的依赖关系,是中美经济关系走向新常态的核心和关键。这种在各自结构性改革和调整的基础上所达成的中美经济关系新常态,既是纠正全球经济失衡的重要环节,又是实现世界经济新常态的重要因素。[①]中美依然是世界经济新增长至关重要的推动力量。

尽管中美经济关系已呈现新常态,还是需要双方以长远的眼光,按照中美经济关系新常态的思维,摒弃狭隘利益、零和博弈观念。美国要切实看到中国的不断崛起和贡献,中国应充分认识美国对国际经济规则的倡导和主导。双方都应以更为积极乐观的心态正视国际分工体系和经济格局新变化的现实,通过加快中美 BIT 谈判进程和中美战略与经济对话机制,增进彼此之间的沟通与交流,尽量减少政策上的误解和不必要的贸易摩擦,不断扩大新的合作空间和领域,切实推动良性竞争的互利、合作、共赢新型大国关系的构建,努力避免陷入"修昔底德

---

① 上海社会科学院世界经济研究所宏观经济分析小组:《砥砺前行中的世界经济:新常态、新动力、新趋势——2015 年世界经济分析与展望》,《世界经济研究》2015 年第 1 期。

陷阱",更好地重塑和引导中美经贸关系。

总之,世界经济从再平衡走向新常态;中国经济新常态所展现的新亮点与世界经济新常态的雏形高度契合,正在对世界经济做出不同于以往单纯经济增长的新贡献。中美这两个对世界经济贡献最大的国家,尚需以中美经济关系新常态的新思维重塑、引导双方的经贸与合作关系。在一个更需相互依存的开放型世界经济中,中国经济新常态、中美经济关系新常态决定世界经济新常态和世界经济包容性增长的实现。

二、新常态下的世界经济新格局、新动力与新规则

负重前行的世界经济,虽然至今仍未步入强劲复苏和稳健增长的正常轨道,但已经呈现出一些和上一个增长周期不太一样的发展状态,我们称其为世界经济发展的"新常态"。在当前的世界经济初步展现的诸多"新常态"中,尤其值得重点关注的是推动世界经济复苏和长期增长的新的动力、规则及空间正显露端倪。我们的总体判断是,重塑世界经济复苏增长的新格局开始浮现,驱动世界经济长期增长的新动力加快孕育,促进世界经济转型增长的新规则正在重构。无论从短期还是长远来看,这些新格局、新动力和新规则,都将会影响到世界经济的复苏强度、增长高度和持续力度,对未来的世界经济增长具有重要引领性和指向性意义。

1. 新常态需要新格局:"一带一路"倡议重塑世界经济地理新格局

当前,全球增长和贸易、投资格局酝酿深刻调整,亚欧国家处于经济转型升级的关键阶段,迫切需要找到新的经济增长点,进一步激发区域发展活力与合作潜力。我们认为,中国倡导并实施的"一带一路"是一个大战略、大构想,必将拓展世界经济增长新空间,对引领世界经济坚定复苏、推动全球经济结构性转型有着重大意义。

(1)"一带一路"构筑全球经济新增长点并引领世界经济坚定复苏

"一带一路"东牵活跃的亚太经济圈,西接发达的欧洲经济圈,穿越非洲,环连欧亚,是世界跨度最大的经济走廊。"一带一路"倡议以政策沟通、设施联通、贸易畅通、资金融通、民心相通等为核心内容,有利于区域乃至全球要素有序自由流动、资源高效配置和市场深度融合,有利于扩大国际贸易和跨国投资规模,

疲弱复苏的世界经济期待新周期

创造更多的市场需求和就业机会,为开放型世界经济注入强劲动力,将构成全球经济一个新的重要增长点,并引领世界经济坚定复苏和稳步增长。这对于当前脆弱复苏中的世界经济来说,无异于"雪中送炭",其重要意义不言而喻。具体体现在以下三个方面。

其一,激发全球市场活力。沿线各国交通、能源、信息等基础设施互联互通建设,不仅会对这些国家的经济和就业产生巨大拉动效应,对改善全球市场需求、激发全球市场活力也具有显著带动作用。据亚洲开发银行估计,"一带一路"区域未来10年的基础设施投资需求将高达8万亿美元[①],这些产业和投资需求以及由此产生的一系列"乘数效应",无疑给世界经济复苏增长注入了一针"强心剂"。

其二,推动国际产能合作。"一带一路"沿线国家要素禀赋各异,发展水平不一,比较优势差异明显,互补性和竞争性都很强。共建"一带一路"有利于沿线诸国进一步发挥各自比较优势,创造新的比较优势和竞争优势,促进"一带一路"区域内要素有序自由流动、资源高效配置、市场深度融合,把经济互补性转化为发展推动力[②]。也有利于推进区域内各国产业与产能方面的深度合作,形成沿线国家和地区产业互补互动的新格局,从而全面系统地提升所有成员特别是发展中成员在全球价值链中的地位。这对世界经济的复苏增长和结构转型,无疑有着不可或缺的重要意义。

其三,促进贸易投资便利化。"一带一路"倡议带动的基础设施投资和产能合作不仅将使区域贸易更加活跃,而且会激发区域内多种产业投资,降低区域内贸易成本,并加速区域经济一体化,引发更大范围、更广领域、更多形式的区域经济合作,成为亚洲命运共同体形成的内生动力。共建"一带一路"还将深化区域内国际贸易投资规则的谈判与合作,探索高标准贸易投资规则的可行性,从而推动贸易投资自由化、便利化,逐步形成互利共赢、多元平衡、安全高效的开放型经济体系。"一带一路"区域内贸易投资便利化水平的有效快速提升,对激发全球贸易和投资活力,促进现有国际贸易投资规则和升级创新意义重大,是全球经济

[①] 曹红辉:《负责任大国的主动作为:"一带一路"促进世界经济平衡》[N],《人民日报》2015年7月12日。
[②] 权衡、干建达:《"一带一路"战略构想:意义与路径》[N],《联合时报》2015年10月20日。

增长的一个重要战略环节。

(2)"一带一路"建设加速世界经济重心向亚洲转移

进入21世纪以来,随着亚洲国家经济持续快速增长以及工业化、城市化水平的显著提升,世界经济重心逐渐东移,尤其是金融危机以来,亚洲地区在中国的带领下强势崛起,成为世界经济增长最重要的"稳定器"。来自国际货币基金组织的数据显示,亚洲对全球经济增长的贡献率在50%以上,其中仅中国的贡献率就达29.7%,超过美国的22.4%和欧元区的16.8%。该组织预测,2015年全球经济增速预计为3.8%,而亚洲的预测增速为5.5%[1],亚洲仍将是世界经济发展的第一推动力。同时,亚洲也已成为大国竞争的主战场,美国战略重心已在加快东移,欧洲国家也更加重视与亚洲国家发展贸易关系[2]。但是,历史经验教训表明,综合国力强弱乃是大国兴衰并影响其所在地区实力和地位的基础。应当看到,尽管世界经济重心已然在向亚洲回归,但迄今美国仍是全球经济的"眼睛",欧洲的地位短期之内也很难撼动,世界权力和利益重心仍在西方,亚洲要成为世界经济重心,实现亚洲伟大复兴任重道远。

对此,我们认为,"一带一路"倡议的深入推进与实施,将进一步推动世界经济增长重心向亚洲地区转移的进程,一个崭新的亚洲世纪的到来或许更为可期。一方面,随着"一带一路"区域的不断崛起,在传统的大西洋和太平洋两大贸易轴心之外,有望形成以亚欧为核心的全球第三大贸易轴心[3],加快引导世界经济增长中心向"一带一路"转移,并成为与北美、西欧齐头并进的重要经济增长板块。另一方面,通过"一带一路"倡议,将实现亚洲地区交通等基础设施互联互通,促进亚洲交通一体化、市场一体化和经济规则一体化发展,推动整个亚洲的区域经济一体化进程。"一带一路"倡议还将促进中国与周边乃至亚太国家通过实施自由贸易区建设,建立健全立足周边、辐射"一带一路"、面向全球的自由贸易区网络,这更加有利于促进亚洲经济实现一体化发展的目标。此外,亚洲区域经济合作不但会进一步推动国际经济合作机制创新,而且会推动亚洲和世界经济实现

---

[1] 佚名:《世界经济增长亚洲贡献最大》,人民政协网,http://www.rmzxb.com.cn/sy/yw/2015/03/29/473541.shtml。
[2] 李长久:《世界经济重心回归亚洲与美国战略重心东移》[J],《亚太经济》2011年第1期,第10—12页。
[3] 张茉楠:《"一带一路"重构全球经济增长格局》[N],《财经观察》2015年4月28日。

包容性发展,进而为世界经济发展做出新的贡献①。因此,不难预料,美国的经济复苏、欧洲的经济稳定对于全球经济仍会起到重要作用,但是亚洲经济增长对世界经济发展带来的积极稳定作用将越来越不容忽视。

(3)"一带一路"倡议对推动全球经济治理具有重要意义

"当今世界是一个变革的世界,是一个新机遇新挑战层出不穷的世界,是一个国际体系和国际秩序深度调整的世界,是一个国际力量对比深刻变化并朝着有利于和平与发展方向变化的世界。"②第二次世界大战后形成的一整套国际贸易、金融、发展合作制度安排,对稳定国际经济与金融秩序、促进世界经济增长发挥了重要作用,但这一体系已不能完全适应当今世界格局的发展变化③。当前,国际经贸规则面临重构,多边贸易体制发展坎坷,多边投资规则尚未建立。国际金融体系亟待改革,现有的国际货币基金组织、世界银行等多边金融机构代表性不足,难以满足全球日益增长的融资需求,难以适应防控区域性和全球性金融风险的需要。正如习近平总书记所指出的那样,"世界上很多国家特别是广大发展中国家都希望国际体系朝着更加公正合理方向发展,但这并不是推倒重来,也不是另起炉灶,而是与时俱进、改革完善"④。

"一带一路"是促进全球发展合作的中国方案,是加快区域经济一体化、经济全球化的重要推动力,有助于推动形成更加公平的世界经济秩序,从而改进全球经济治理。其一,"一带一路"倡议顺应了广大发展中国家改革全球经济治理机制的诉求。近年来,面对金融危机后全球经济增长乏力和经济结构失衡,美欧虽然同意加快全球经济治理改革,但不想自动放弃对全球经济治理的控制权和领导权。"一带一路"以亚洲国家为重点方向,通过互联互通为亚洲邻国提供更多公共产品,致力发展亚洲价值、亚洲投资、亚洲市场,联手培育新的经济增长点和竞争优势,很好地体现了发展中国家的利益⑤。其二,"一带一路"为推动世界经

---

① 权衡:《亚洲经济崛起具有全球意义》[N],《人民日报》2015年7月17日。
② 参见习近平总书记2014年11月28日至29日在北京召开的中央外事工作会议上发表的重要讲话。
③ 高虎城:《"一带一路":顺应和平、发展、合作、共赢的时代潮流,促进全球发展合作的中国方案》[N],《人民日报》2015年9月18日。
④ 参见习近平总书记2015年9月22日在美国华盛顿州当地政府和美国友好团体联合举行的欢迎宴会上发表的演讲。
⑤ 毛艳华:《"一带一路"对全球经济治理的价值与贡献》[J],《人民论坛》2015年第9期,第31—33页。

济包容性增长提供了发展平台。"一带一路"建设不是封闭的,而是开放包容的;不是中国一家的独奏,而是沿线国家的合唱。"一带一路"相关国家基于但不限于古代丝绸之路的范围,各国和国际、地区组织均可参与,成为"一带一路"的建设者、贡献者和受益者。"一带一路"不是对现有地区合作机制的替代,而是与现有机制互为助力、相互补充。"一带一路"倡议强调求同存异、兼容并蓄、和平共处、共生共荣,尊重各国的发展道路和模式选择,加强不同文明之间的对话[①]。"一带一路"为相关国家民众加强交流、增进理解搭起了新的桥梁,为不同文化和文明加强对话、交流互鉴织就了新的纽带,从而有助于推动建立持久和平、共同繁荣的世界,它是实现世界经济包容性增长的重要平台。其三,"一带一路"倡议是全球经济治理新模式的积极探索。"一带一路"倡议是对现有全球经济治理规则的补充与完善。"一带一路"相关议题表明,中国是在不改变现有国际规则的情况下,通过发挥自身优势,推进增量改革,并且充分利用现有国际规则,推动建立亚洲基础设施投资银行和设立丝路基金等,形成与现有多边开发银行相互补充的投融资开发平台,在现行国际经济金融秩序下,共同促进全球尤其是亚洲区域经济的持续稳定发展。同时,"一带一路"建设致力于推动相关国家扩大市场开放和贸易投资便利化,有利于促进国际经贸规则制定朝着更加公正合理的方向发展,是区域经济合作理论和实践的重大创新,也为完善全球经济治理提供了新思路新方案。

当然,"一带一路"倡议的深入实施和稳步推进还存在不少挑战和风险,值得引起高度重视并积极应对。一是存在较高政治风险。"一带一路"建设是项长期系统工程,不仅需要相关国家政府之间达成战略共识,而且需要相邻地区政局稳定。但该地区部分国家之间尚存在领土争端,一些国家内部政局也缺乏稳定性,部分地区仍是武装摩擦和冲突的高发地。二是容易引发大国战略冲突。美国着力于推动建立由其主导的亚太合作,会对中国与周边国家间既有合作机制构成竞争;俄罗斯则担心中国与中亚各国深化能源合作将导致其主导的欧亚一体化进程受阻;印度非常重视其南亚影响力,并积极发展与中亚、东南亚各国的双边和多边关系,对中国主导的"一带一路"区域合作机制可能产生抵制情绪。三是

---

① 参见习近平总书记3月28日在博鳌亚洲论坛2015年年会上发表的主旨演讲。

相关国家政策制度缺乏协调性。该地区不少国家法律不健全,自由贸易区建设水平较低,国与国之间仍存在较多贸易投资壁垒,如实施较为严格的许可证准入制度等;海关程序和文件不统一,基础设施建设标准和规范不一致,交通物流运输信号存在差异等。这些都对该地区的贸易自由化和投资便利化形成了严重阻碍。四是各国经济发展侧重点不同。由于各国经济发展水平、经济活动布局、人口地理分布密度存在差异,发展重点可能不同。以陆上交通运输基础设施建设为例,中国货物运输量大、运输距离远,进行铁路运输符合技术经济要求,而中亚国家地广人稀,制造业基础薄弱,运输量比较分散,公路和民航运输更符合其目前发展的经济性要求①。

放眼未来,"一带一路"区域内各国应致力通过沟通交流,管控好历史遗留的矛盾和分歧,增进战略互信,消除贸易投资合作障碍,发挥各自优势,寻找共赢发展的最大公约数,筑牢和平发展的经济纽带,进而推动和谐、稳定、均衡、普惠的国际秩序的重塑。

2. 新常态需要新动力:科技创新孕育世界经济发展新动力

当前,世界经济恢复缓慢、动力不足、需求不振。但是,新一轮科技革命和产业变革风起云涌,一些重要科学问题和关键核心技术已经呈现出革命性突破,带动关键技术交叉融合、群体跃进②。变革突破的能量正在引发生产生活方式深刻变革,改变了国际分工形态和竞争格局。全球进入创新密集和产业振兴时代,科技创新的重大突破和加快应用正在重塑全球经济结构,并日趋成为驱动世界经济坚定复苏和持续增长的内生性动力。

(1) 世界经济长远发展的根本动力源自创新

创新是引领发展的第一动力。创新既包含科学技术方面的突破,也包括商业模式的变革和政策制度的改进等。其中,科技创新是创新驱动的内核。纵观历史,历次重大危机后经济的复苏都离不开科技和产业的创新与革命。科技进步造就的新产业和新产品,是历次重大危机后世界经济走出困境、实现复苏的根本。虽然国际贸易与投资政策能够影响世界经济走向,但科技创新却能为世界经济的持续增长提供源源不断的动力。世界经济发展到今天,上

---

① 罗雨泽:《"一带一路"——和平发展的经济纽带》[J],《中国发展观察》2015年第1期,第50—52页。
② 中共中央文献研究室:《习近平关于科技创新论述摘编》[M],中央文献出版社,2016年。

一轮科技和产业革命所提供的动能已经接近尾声,传统经济体制和发展模式的潜能趋于消退①。创新已经成为大国竞争的新赛场,谁主导创新,谁就能主导赛场规则和比赛进程。在当前世界经济缺乏新的增长动力和来源的情况下,推动改革创新成为必然选择。通过改革创新催生新的产业和新的企业,释放活力与创造力,创造新的有效需求,进而带动世界经济走出困境、实现复苏并持续增长,这是增强世界经济中长期增长潜力的根本。

(2) 世界经济迎来重要创新机遇期

2008年以前,世界经济经历了一个近20年的繁荣发展阶段。金融危机发生后,世界经济进入相对衰退期。相对衰退期的世界经济,一方面各国面对萧条,会通过实施宽松货币政策等刺激措施推动经济复苏;另一方面经济衰退致使国内就业等矛盾激化,势必造成国际关系紧张。但事实证明,无论简单的货币政策刺激,还是地缘政治冲突,都无法为世界经济增长带来长期稳定发展的内在动力。世界经济每次危机后走向长期复苏的关键,不在于采取了多少货币刺激政策,而取决于危机发生后能否出现重大技术创新和产业变革,进而推动世界经济走向新的长周期的繁荣和发展。从这一点来说,所谓世界经济的战略机遇期,其实质是创新机遇期。目前处在衰退阶段的世界经济正在寻找技术突破和创新发展的机会,世界主要国家都在通过重大技术创新推动经济走向持续复苏和繁荣。最近几年出现的互联网、页岩气技术、人工智能、3D打印、新型材料等多点齐发的新端倪和新态势,越来越清晰地向人们昭示:处在危机阶段的世界经济正在孕育一场新的技术革命②。正是从这个意义上说,目前处在相对衰退期的世界经济也处在创新机遇期。无论对中国还是对世界而言,新一轮的科技和产业革命无疑是一次历史性机遇。在全球经济疲软的现状下,"互联网+"、"3D打印"等新理念、新业态的出现蕴含着巨大的商机,将会创造巨大的需求,并为实现经济复苏和促进经济发展指明方向③。

(3) 科技创新正成为驱动全球经济增长的新动力

目前,世界正处在由新能源、新材料、生物工程、移动互联网与云计算等所引

---

① 参见2015年11月15日习近平总书记在二十国集团领导人第十次峰会上发表的题为《创新增长路径共享发展成果》的重要讲话。
② 王战:《世界经济迎来创新机遇期》[N],《人民日报》2015年5月10日。
③ 韩超、王慧:《看习主席如何为世界经济把脉开方》[N],《人民日报》2015年11月17日。

疲弱复苏的世界经济期待新周期

领的第三次产业革命之中。新能源、新技术、新材料和信息技术的广泛运用,新兴产业与传统产业的深度融合,正在引发新的科技革命,形成新的经济增长点。从美国全力打造的制造业创新网络到日本聚焦机器人、再生医疗等的"制造业白皮书计划",从德国力推的"工业4.0"到印度全力打造的"数字印度"、"技能印度",还有备受全球瞩目的中国制造2025、互联网+、大众创业和万众创新等,可以看到,创新在全球范围内被赋予越来越重大的意义,科技创新对全球经济长期增长和世界经济结构调整的引擎作用已开始显现并加速推进。例如,人工智能、数字制造和互联网等信息技术对传统技术的改造和融合正在重塑全球制造业生产,形成新的制造技术、制造模式和制造组织;优步、滴滴等引领的"共享经济"模式正引发新一轮消费革命,并催生出一大批新业态、新产业和新模式[①]。现在看来,国际金融危机不仅催生了一场新的产业革命,更引发了一场涉及经济、技术、环境和社会广泛领域的新的革命,也势必改变世界经济的增长轨迹和传统格局。因此,我们认为,科技创新将是引领世界经济坚定复苏、结构转型乃至长期增长的关键内生动力。

从全球来看,在世界经济的深度调整期,经济总体复苏动力不足,近期难有明显改观,世界各国都在加紧寻找产业新动力、更新增长"发动机"。发达国家致力于改变过度依赖金融创新和信贷消费的状况,加快以数字化、智能化、绿色化促进传统产业改造和新兴产业兴起,新兴市场国家也纷纷选择重点、加快布局,都在努力形成新的战略性经济增长模式。美国制定了《美国创新战略》,引导企业回归实体经济,大力发展制造业,实施出口倍增计划。欧盟发布了《欧盟2020战略》,提出未来十年的智慧增长、可持续增长、包容性增长计划,确定了就业、研发、气候变化、教育、减贫等五方面目标。日本公布了《2020年增长战略》,提出了环境及能源、科学技术和人才培养计划。韩国发布了《创造经济战略》,提出将实现从追赶型经济增长模式向领先型经济增长模式转变[②]。因此,我们认为,在未来的5—10年甚至更长一段时期内,科技创新和新兴产业发展势必成为驱动世界经济新一轮增长的"火车头"。

---

① 金旼旼、谢鹏:《世界经济形与势——增长之困背后的全球演进》[EB/OL],新华网,http://news.xinhuanet.com/2015-11/15/c_1117146429.htm。
② 王宇:《未来五年的全球经济增长格局》[J],《当代金融家》2015年第4期,第100—101页。

3. 新常态需要新规则：TPP重构世界经济增长新规则

随着新一轮TPP部长级会议落下帷幕，一个全新的全球贸易投资框架被勾勒出来。与会各方除了对于货物贸易零关税、跨境资本自由流动、服务贸易进一步开放这些涵盖贸易投资的基本要素达成了协定之外，讨论范围更是延伸到知识产权保护、国有企业私有化、劳工权益保障、环境保护、政府采购与反腐败等多个业已跨越边境的条款。由此可以窥见，TPP框架不仅是要实现成员国内部的国际金融和贸易的高度自由，还引入了成为主流的负面清单管理模式，对政府的行为边界进行了定义和约束。在此基础上，协定要求各成员国在社会经济政策的制定上保持高度的协调。在处理争端之时，人权高于主权。一言以蔽之，TPP协定不单单是一个定义了"边境上"贸易投资行为的条款，而且是个在多边高度协调之下的"边境内"高标准合作机制。TPP协定重构了经贸投资新规则、开创了一种全球治理体制模式，为更高标准的贸易投资区域多边合作提供了可供借鉴的模板。

(1) **深度广度多方延展，规则制定体现高标**

随着全球化的不断深化与演进、电子信息技术的飞速发展、价值链在全球范围内的不断扩张，如今货物贸易的关税已降至低位，服务贸易与投资部门空前繁荣，负面清单管理模式成为新秀，全面投资市场准入成为主题，全球化的重点已经从早期的货物贸易转向服务贸易和投资部门。在这样的全球化变革大背景之下，以往的多边合作框架与体系已难以适应现实发展的需要，各国在客观上要求在经济管理政策和体制方面进行协调，在经济与社会各个层面和多个维度上开展合作，让经济资源以更自由的方式进行配置。美国主导推出TPP，就是在这样一种新的全球化发展趋势下，构建一套新的游戏规则，用以促进生产要素的跨境自由流动。

与WTO、FTAs以及美式BIT等传统的全球贸易规则相比，以TPP为代表的新一代特惠贸易投资协定在深度和广度上都有所延展，具体可概括为以下十个特征：投资要求超越贸易要求、透明要求超越优惠要求、制度存在超越国内政策、服务贸易超越货物贸易、新兴产业超越传统产业、公平要求超越自由要求、环境可持续超越片面追求发展、国境内超越国境上、综合承诺超越单项开放、规则挑战超越市场互惠(表4-1)。

表 4-1　国际重大经贸投资规则涵盖内容比较

	WTO	FTAs	美式 BIT	TPP/TTIP
涵盖领域	货物贸易、服务贸易、知识产权与争端解决	贸易便利化与边境合作	投资保护与争端解决	货物贸易、服务贸易、竞争中立、知识产权与环境、劳工标准与争端解决
基本原则	非歧视、互惠、贸易自由化与发展	边境便利化与货物贸易互惠	准入前国民待遇、准入后公平竞争、透明性与公平性	深层次的贸易自由化、便利化与透明化、约束与公平
货物贸易	关税削减	关税减让与特殊安排		关税削减与取消
	贸易便利化	通关快捷便利		从配额纳入约束
	非关税壁垒	原产地规则		非关税壁垒、技术标准
服务贸易	正面清单	自然人流动便利	负面清单	负面清单
	准入后国民待遇	项目合作	准入前国民待遇、补偿	准入前国民待遇、反垄断、国有企业、知识产权、环境与劳工等
其他	投资措施、本地成分与业绩要求		公平、环境、劳工、知识产权等	资本项目管制与金融服务业开放
	金融服务安排		投资争端解决	投资争端解决

(2) 调整红利分配格局，冲击现有多边框架

在以 TPP 协定为代表的全新经贸投资规则下，未来的全球经济或许会受到如下方面的影响：第一，TPP 协定为全面、平衡、高水平的 FTAs 提供了重要模板；第二，TPP 协定将削减边境内壁垒与规则一体化的深层结构性问题真正提到了议程上，并强调跨政府部门之间的立法与决策的协调统一；第三，TPP 协定为实现全球的公平竞争确立更严苛的约束标准；第四，TPP 协定对 WTO 多哈回合谈判产生压力、动力以及借鉴；第五，将对类似于 RECP 这样的区域合作谈判产生竞争性影响；第六，TPP 协定在客观上会强化美国对于亚太地区乃至全球经济的影响力。毋庸置疑，美国主导的 TPP 框架符合其重返亚太的战略布局，也符合其他发达国家的根本利益。美国正在以 TPP 和 TTIP 为两翼，意图构筑 21 世纪的国际贸易新格局——向西拉拢亚太国家，形成以美国、日本为代表的 TPP 协定；向东笼络欧盟，形成以美国、欧盟为主体的 TTIP 协定。TPP 与 TTIP 的目标都是区域贸易自由化，但 TTIP 涉及的议题更为广泛，也更容易达成。但是，全球化并非一场零和博弈，参与方都将或多或少从这套规则中受益，并分享全球化带来的经贸投资溢出。在这场新规则的制定与执行过程中，TPP 将对各国全球化红利分配格局进行深刻的调整。

然而,虽然TPP 12国占据了全球GDP总额的约40%,覆盖了约13%的人口,但由于其苛刻的标准,作为世界第二大经济体、进出口总额最大的国家,中国却暂未列入其中。从短期看,TPP会对中国现有的所有制体系和产业政策造成一定冲击:其一,在所有制体系方面,国有控股企业占比高达40%左右,就业人数则占到约10%,其地位举足轻重。但正是得益于地位的超然,国有控股企业往往会在税收、金融等方面获得多项优惠先行政策,若离开了这些具有明显导向的政策支持,部分国企凭借自身的生产效率并不具备显著的市场竞争力。TPP规则的出现会对这些国企的未来发展提出严峻的考验。其二,在产业政策方面,中国长期实行的出口导向战略,使得产业政策明显向出口部门倾斜,而TPP倡导公平竞争、公平高于优惠,因此势必会对现有政策扶持下的出口产业形成压力。当这些影响加总到宏观增长层面,也会在一定程度上降低国内经济的发展速度。中国央行研究局首席经济学家马骏和上海发展研究基金会研究员肖明智在《上海证券报》联合撰文指出,如果中国不加入TPP,会因此损失2.2%的GDP。

(3) 倒逼中国推行改革,顺应全球发展趋势

虽说TPP是美国重返亚太战略的重要工具,是其实现终结危机、再现繁荣的经济再平衡战略的重要一环。但若从更积极、更广阔的视角来看,TPP在很多领域制定了新的或者较高的标准,这与中国当前推动的改革目标大致相符。从中国根本利益和改革方向出发,TPP无疑树立了一个全新的标杆,相关规则出台会对中国的进一步改革开放形成一个倒逼机制。事实上,TPP中的一些规则内容与中共十八届三中全会所提出的改革方向是一致的。如果抓住这个外有压力、内有动力的历史机遇,内外联动力推规则改革,这未尝不是一件好事。只要自身改革到位了,无论是TPP还是其他的国际贸易新规则并不会真正限制中国参与到全球竞争当中去,中国亦可通过自由贸易试验区对国际经贸投资新规则进行先行先试。从根本上来说,中国的改革需要一定的外力推动,目前正在全面推进的自由贸易试验区,正是运用高标准的投资贸易模式来进行试验,试验成功这种模式便可被推广,这正是中国积极顺应新规则、新方向、新趋势的态度与方法。如果不主动加速改革,不管是TPP还是正在推行的自贸区规则都会对不愿改革的企业产生一定压力。

同时,也应看到,中国经济已发生一些新的变化,储蓄率不断攀升、人口红利

消失、资源禀赋结构正在改变，应大力推动国内企业走出去，用好 TPP 规则，通过资本输出和对外投资来充分获取全球化红利。应积极主动地参与全球治理，对新的全球贸易规则构建发挥大国作用和影响力，创新政策工具，培养新的竞争力和竞争优势。具体的，中国可用于应对 TPP 的战略举措如下。

首先，积极参与和推动 RCEP，加入其制定新的国际规则，以顺应全球化发展的潮流。中国应当利用其在 RCEP 中地缘、政治、经济上的优势，积极参与和推动 RCEP，并在此基础上完善亚太地区的经贸体系和价值链，主导亚太地区的经济合作。

其次，诚如 TPP 规则所展现的趋势，应加快完善国内自贸区发展建设，加快金融、海运、信息通信技术服务、电子商务、计算机相关服务、邮政与速递服务、自然人流动、政府采购等方面的先行先试。另外，结合 TPP 在专业服务领域的规则，在自贸区内试验新兴金融业态监管。

再次，对接 TPP 有关知识产权保护的相关规则，在自贸区建立专利连接及数据排他，提高对信息数据跨境传输的产权保护及便利化。结合 TPP 的竞争中立要求，削减有据可查的国企政策优惠。提升、优化营商环境，加强事后评估。

最后，优化企业竞争环境，提升企业竞争力，谋求顺应国际主流发展合作趋势。在 TPP 的框架下，企业在经济行为中的主体地位被进一步放大，企业竞争者对于一国能否从 TPP 中获利以及获利多少至关重要，而良好的企业竞争环境更加有利于企业的发展。

总的来说，TPP 这个跨越边境的高标准经贸规则的施行顺应了国际经贸投资的发展趋势与潮流，符合成熟市场经济体制的客观要求，也反映出中国国内改革创新的内生诉求。新的规则体制既是机遇，又是挑战，当下的中国如何在这场变革中变不利为有利，变被动为主动，变追赶为引领，变跟从为制定，无疑值得期待。

第五节 总 结 论

回顾2015年,全球经济增长并不如年初全球各机构预测的那般乐观,面临低增长、低通胀、低利率和高债务,世界经济仍旧受到"三低一高"的困扰,全球经济增长仍旧在跌宕起伏中曲折前行,经济复苏仍然十分脆弱和不稳,仍处于2008年金融危机后的复苏和调整阶段。这符合我们在2014年做出的预测和判断。

展望即将到来的2016年,全球经济仍然面临不少挑战,全球经济复苏依旧艰难,分化加剧,主要经济体增长呈现不稳定性、脆弱性和不均衡性,新兴经济体增长速度集体放缓,增加全球经济复苏难度;经济基本面脆弱的新兴经济体,将面临信贷增长下降和偿债成本上升的巨大压力。随着美国加息靴子的正式落地,全球金融周期进入不同步阶段,新兴经济体高负债率、大宗商品价格难以触底反弹、互联网安全监管缺失、地缘政治紧张局势、暴恐袭击阴霾等将成为制约全球经济企稳复苏的重要因素,可能触发新一轮的经济金融风险。但新的增长动力也在孕育中,其中经济结构、制度结构、分工结构都在不断调整。总体上,全球经济仍旧处在徘徊动荡的调整状态,复苏缺乏强有力的动能支持,这种疲弱、分化的增长态势将加剧各国社会、政治、经济发展的复杂性和不平衡性。

在回顾过去和展望未来的基础上,我们将研究视角和时间尺度向金融危机前后延伸。通过比较和分析这一段时期内世界经济运行的总体特点,我们认为,世界经济再平衡或许在一个遥遥无期的未来,再平衡需要有新结构、新动力和新规则的支撑和引领,因此我们更倾向于认为,世界经济已经告别上一轮增长周期,将进入下一个增长周期,即进入一个不同以往的,具有"新增长、新结构、新动力、新治理、新规则、新目标"等新内容的"新常态"阶段。世界经济新常态将助力全球经济实现包容性的增长。世界经济"新常态"既包含世界经济本身的"新常态",也包含中国经济的"新常态",更包含中美经济关系的"新常态"。"新常态"下的中国经济将对世界经济增长做出新贡献,中美经济关系"新常态",既是纠正全球经济失衡的重要环节,又是实现世界经济新常态的重要因素。

疲弱复苏的世界经济期待新周期

走向"新常态"的世界经济必然需要新的动力支撑,也会有新的增长规则,更将塑造新的经济格局。从趋势上分析,重塑世界经济复苏增长的新格局开始浮现,驱动世界经济长期增长的新动力正加快孕育,促进世界经济转型增长的新规则正在重构。无论是从短期还是长远来看,这些新格局、新动力和新规则,都将会影响到世界经济的复苏强度、增长高度和持续力度,对未来的世界经济增长具有重要引领性和指向性意义。

特别值得一提的是,2016年中国推动的供给侧结构性改革,积极化解产能过剩,既是顺应全球经济结构性调整的大趋势,也是适应并引领中国经济新常态的应有之义,在全球产能过剩背景下,无疑具有先行和引领的重大意义。新常态下中国供给侧结构性改革具有鲜明的中国实践特色,具有不同于供给学派的内在要求和特征。中国强调供给侧改革既不是"拥抱供给经济学",也不是"放弃凯恩斯经济学",更不是简单照搬20世纪80年代美国"里根经济学"。与当年供给经济学派的背景有很大不同,中国的供给侧结构性改革,要解决的问题是缓解结构性产能过剩,提升资源配置效率和全要素生产率,增加有效供给,提升有效需求。我们深信,中国正在加强的供给侧结构性改革,将成为拉动全球经济走向新常态的新引擎和新动力。

附录 2015—2017年全球主要国家/地区GDP增长率预测值 （单位:%）

经济体	本报告预测结果			IMF预测结果		
	2015年	2016年	2017年	2015年	2016年	2017年
全 球	3.00	3.24	3.43	3.12	3.56	3.81
发达经济体						
美 国	2.69	2.90	2.74	2.57	2.84	2.80
英 国	3.09	3.18	2.99	2.52	2.23	2.21
日 本	0.41	0.34	0.39	0.59	1.01	0.45
欧元区						
奥地利	0.43	1.49	1.55	0.77	1.59	1.44
比利时	1.35	1.22	1.43	1.34	1.45	1.47
塞浦路斯	0.27	1.17	1.76	0.45	1.41	1.99
爱沙尼亚	2.00	1.93	1.88	1.98	2.87	2.96
芬 兰	0.85	1.16	1.44	0.40	0.86	1.18
法 国	1.19	1.42	2.11	1.16	1.46	1.65
德 国	1.62	1.86	1.57	1.51	1.57	1.51

(续表)

经济体	本报告预测结果			IMF 预测结果		
	2015	2016	2017	2015	2016	2017
希腊	0.08	0.87	1.00	−2.27	−1.30	2.70
爱尔兰	5.90	4.78	4.76	4.85	3.83	3.19
意大利	0.60	1.96	1.27	0.80	1.28	1.15
拉脱维亚	2.37	1.88	1.87	2.16	3.32	3.73
卢森堡	4.36	4.10	4.09	4.39	3.37	3.19
马耳他	3.46	3.60	3.74	3.44	3.47	2.96
荷兰	2.03	2.58	2.85	1.80	1.87	1.94
葡萄牙	1.55	1.92	2.13	1.56	1.54	1.40
斯洛伐克	2.56	2.63	2.66	3.16	3.63	3.55
斯洛文尼亚	2.69	2.74	2.75	2.32	1.81	1.97
西班牙	1.97	2.37	2.62	3.07	2.54	2.23
新兴经济体(E22)						
捷克	3.10	2.03	2.04	3.91	2.55	2.61
爱沙尼亚	2.00	1.93	1.88	1.98	2.87	2.96
韩国	2.14	2.94	2.78	2.66	3.16	3.59
波兰	3.04	2.77	2.54	3.53	3.50	3.58
中国香港地区	2.48	2.51	2.53	2.52	2.69	2.76
拉脱维亚	2.37	1.88	1.87	2.16	3.32	3.73
立陶宛	1.60	2.42	2.35	1.77	2.63	3.02
俄罗斯	−3.36	−3.04	−1.21	−3.83	−0.63	1.00
新加坡	2.16	2.25	2.81	2.20	2.92	3.22
阿根廷	1.72	2.20	2.60	0.41	−0.75	0.00
巴西	−2.10	−2.12	−0.87	−3.03	−1.04	2.26
保加利亚	1.55	1.42	1.32	1.70	1.90	2.00
中国内地	6.94	6.78	6.51	6.81	6.30	6.00
匈牙利	3.21	2.87	2.60	3.00	2.50	2.30
马来西亚	4.56	4.98	4.95	4.70	4.50	5.00
墨西哥	2.42	2.60	2.81	2.31	2.80	3.13
南非	1.69	1.9	2.06	1.40	1.34	2.11
泰国	2.74	3.00	3.22	2.49	3.21	3.57
埃及	3.90	4.29	4.57	4.19	4.26	4.48
印度	7.2	7.43	7.98	7.26	7.46	7.54
印度尼西亚	4.50	4.97	5.25	4.66	5.10	5.50
菲律宾	5.36	5.82	5.98	6.00	6.30	6.51

• 注:本表数据为本报告预测结果。

附录二

2015年世界经济形势分析报告
——砥砺前行的世界经济：新常态、新动力、新趋势

上海社会科学院世界经济研究所宏观经济分析组

顾　　问　王　战
学术指导　张幼文　徐明棋
报告组组长　姚勤华　权　衡
报告组组员　盛　垒　张天桂　周　琢　张广婷
　　　　　　　薛安伟　刘　芳

第一节 2014年世界经济回顾

2014年世界经济虽然总体复苏依旧缓慢,仍面临一些发展问题,但与2013年相比在增长、结构以及稳定性等方面都出现了进一步的积极变化,世界经济在曲折中前进,尤其是美国经济强劲复苏,世界经济在砥砺前行的同时也凸显了不少新特点、新亮点。

一、2014年世界经济的新亮点和新特点

世界经济既是一个发展的整体,又是国别经济发展的有机组合,世界经济的发展离不开各个国家与地区自身经济的发展。2014年处在后危机时期的世界经济总体上仍然在低位徘徊,各主要经济体的增长形势继续分化,但也不乏新特点、新亮点,尤其在增长、就业、通胀以及科技创新等方面都出现了一些积极的变化。

1. 世界经济增长见底企稳,美、英、德复苏明显

2014年世界经济增长出现见底企稳的迹象,明显结束2010年到2012年所表现的连续大幅下滑和多次探底的反复趋势,2014年可能持平或略好于2013年。从图1-1美、德、日、英、印等主要经济体的增速变化可以看出,各国经济增长都结束了快速下降趋势,出现了企稳态势。尤其是美国经济的复苏最为明显,特别是2014年第三季度美国经济增长率高达5%,2014年增速有望达到3%左右。美国经济复苏动力是多方面的,短期内既得益于劳动力和资源价格等下跌带来的传统产业竞争力提高,又受美国消费持续增长的影响;同时,这一轮复苏中美国的技术创新、再工业化等提高了生产效率等,制造业经理指数(PMI)与非制造业经理指数都出现了明显好转,第三季度较第二季度有明显提升。德国和英国得益于两国外贸和投资的良好发展,经济增速在2012年后明显回升,德国在2013年取代中国成了全球第一贸易顺差国。印度产业结构也从2012年出现了新变化,经济增长表现出复苏迹象。

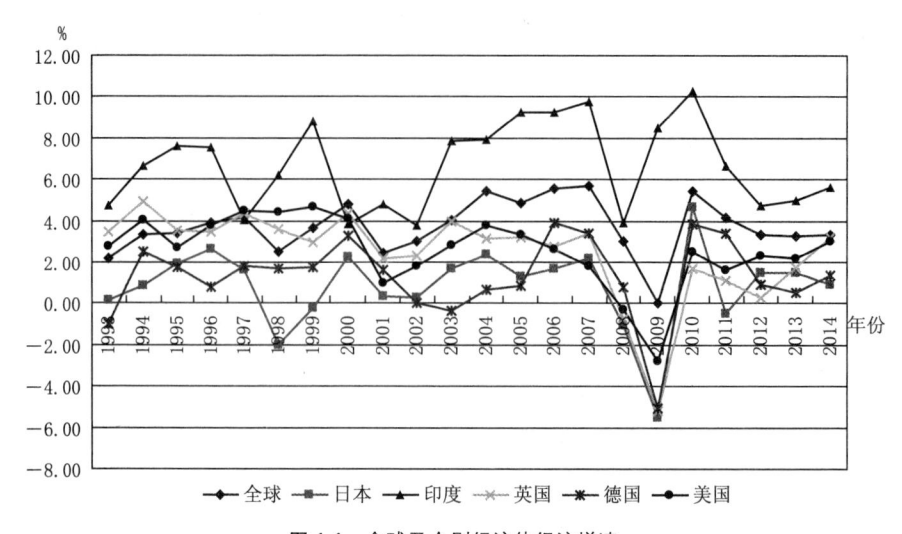

图 1-1 全球及个别经济体经济增速

• 注：图中引用 IMF 的预测值，其对 2014 美国经济增长预测值使用最新预测值 3%。

1997 年的东南亚金融危机主要对日本产生了明显的影响，危机后出现了 V 型复苏。而 2007 年金融危机的影响是全面的，世界经济虽然出现了明显的反弹，但复苏过程缓慢，从 2012 年后全球经济企稳，总体增长格局见底。目前，世界经济复苏过程总体上呈现 L 型的低增长。

2. 全球就业状况逐步改善，实体经济发展出现转机

稳定的就业既是实体经济转好的表现也是进一步调整的基础，在全球经济增速企稳的情况下，整体就业状况有了一定的改善，这也是世界经济能够维持低增长的关键。从整体就业状况来看，从 2012 年起全球整体就业逐步好转，但是各个国家和地区出现明显分化。如下表 1-1 就业人数环比增速看，2014 年的前两个季度仅有中国是环比出现负增长，其他国家和地区都是正增长，同时欧盟和美国的就业环比增长速度低于中国和日本，中国和日本虽然在绝对值上平均高于欧盟和美国，但是波动幅度很大，表明中国和日本的就业增速虽然没有持续下滑，但稳定增长还有待观察。

从整体看，2014 年就业形势虽然没有出现 V 型反转，但是与 2013 年相比就业呈现从底部向上的趋势更加明显。就业的稳定及其逐步改善，表明全球实体经济发展出现新的转机。

表1-1　主要国家和地区就业人数的环比增速　　　　（单位:%）

年-月	欧盟	美国非农就业	日本	中国
2011-03	0.10	0.29	−0.34	−1.04
2011-06	0.20	0.24	0.13	1.63
2011-09	−0.20	0.26	0.56	1.71
2011-12	−0.10	0.27	−0.67	7.97
2012-03	0.00	0.35	0.06	−1.48
2012-06	0.00	0.15	0.46	1.93
2012-09	−0.10	0.23	0.49	1.83
2012-12	−0.10	0.31	−1.47	3.37
2013-03	−0.30	0.31	0.29	−2.37
2013-06	0.00	0.29	0.33	2.90
2013-09	0.10	0.27	0.76	3.28
2013-12	0.20	0.26	−0.74	14.48
2014-03	0.20	0.31	0.57	−4.26
2014-06	0.30	0.36	0.80	2.42

• 数据来源:Wind数据库,经作者整理而得。

3. 大宗商品价格下跌,带动生产成本降低

大宗商品价格直接影响企业的生产成本和居民的生活成本。2014年大宗商品价格整体呈下滑趋势,其中最明显的是原油价格,布伦特原油价格从2014年6月份开始持续下跌。如图1-2所示,左轴代表CPI,右轴代表大宗商品指数(由上海钢联统计的大宗商品综合指数),从2013年1月份到2014年10月份除采取量化宽松的美国和日本的CPI稍有起色外,欧元区、巴西、中国和印度的CPI都是呈下滑趋势。除印度之外,基本都在2%以下。与此同时,大宗商品价格指数呈下降趋势,尤其是在2014年6月份,原油价格下跌后呈加速下跌趋势。

原油和其他大宗商品价格下滑将导致整体生产成本进一步下降,表明持续多年的QE引起的全球通胀压力尤其是大宗商品价格上涨趋势压力明显缓解。从2013年到2014年,全球主要国家CPI不断下滑,表明全球进入了低通胀阶段。低通胀为各国采取更加灵活的货币政策提供了有利空间。

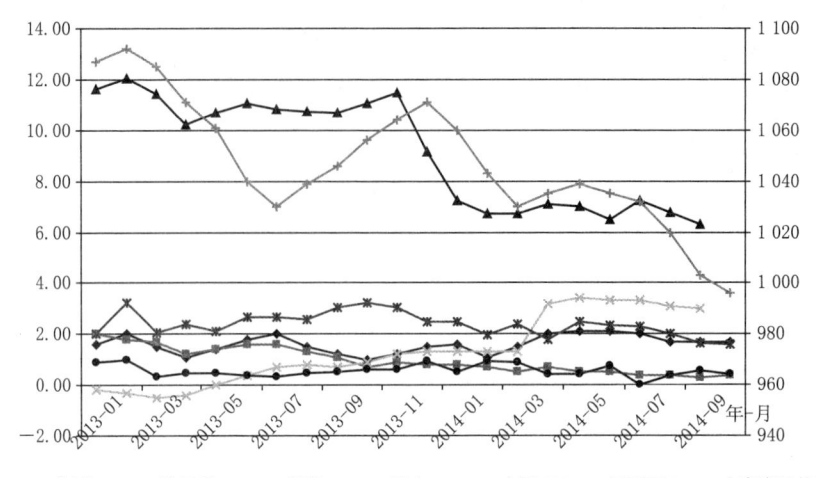

图 1-2　主要国家 CPI 和大宗商品指数

- 注:左轴代表 CPI,右轴代表大宗商品指数(由上海钢联统计的大宗商品综合指数);本表数据来源于 Wind 数据库与上海钢联数据库,上海钢联中国大宗商品价格指数是上海钢联针对中国大宗商品市场特征,按照代表性、系统性、稳定性和科学性的原则,编制的大宗商品价格指数体系。样本选择:选取钢铁、能源、有色、化工、橡胶、建材、造纸、纺织、农副等九大行业 102 个品种 172 个市场价格。以 2007 年 1 月 1 日为 1 000 点。

4. 技术创新有序推进,新兴产业孕育新发展

历次世界经济从长周期中复苏都得益于新技术的产生,新技术中孕育着新产业。从 2007 年次贷危机至今已经 7 年,世界经济的复苏呼唤技术革命。这几年来,各国纷纷寻找新经济增长之路,互联网、物联网、机器人技术、人工智能、3D 打印、新型材料等新技术多点齐发,融合互动将推动新产业、新业态、新模式的兴起,一个后大规模生产的世界正在来临。诸如新能源汽车、3D 打印已经从实验室走向了人们的生活。另外,页岩气技术、智能机器人、生命科学等也取得了一定的进展。技术革命的突破是未来经济走出危机的关键,2014 年科学技术上的进步为 2015 年、2016 年世界经济复苏奠定了基础。这些技术创新带动了一系列相关产业的发展。

根据咨询机构 IHS Automotive 发布的报告预计,2014 年全球电动车和插电混合动力汽车的产量有望增长 67%,达到 40.3 万辆,增长率较 2013 年的 44% 进一步上升。预计 2014 年全球电动车产量的 40% 来自欧洲、中东和非洲,30% 来自亚洲,27% 来自美国。[①]人工智能近年来也发展迅速,根据德勤的报告:2011 年

---

① 国际新能源网:《2014 年全球新能源汽车产量或增长 67%》,http://newenergy.in—en.com/html/new-energy-08510851472134210.html。

到2014年5月,超过20亿美元的风险投资流入到基于认知技术研究的产品和服务里。在未来2—5年,技术层面的进步和商业化将扩大认知技术对企业的影响。①人工智能发展将对企业的创新产生颠覆性的影响,2014年科学技术上的进步带动了一系列相关产业出现了发展势头,新兴产业在技术创新推动下正在孕育着新突破。

5. 全球货币政策分化,应对危机能力提升

危机后世界经济的反弹很大程度上受宽松货币政策的影响,量化宽松作为一种非常规的、极度宽松的货币政策被美国、日本所采纳。受这一政策的影响,全球各主要发达经济体基本都实行了宽松的货币政策。欧元区2014年也进入了负利率时代,面对经济下行压力中国在2014年11月21日下调1年期基准利率,存款利率从3％下调到2.75％,贷款利率从6％下调到5.6％。无疑宽松的货币政策对全球经济增长产生了重要的影响,宽松的货币政策成了近几年尤其是2014年全球经济应对经济低速增长的主要政策。货币政策不断加码,表明目前全球经济增长依然属于政策性推动机制,尚未获得内生性增长的动力。

美国在退出量化宽松的同时,日本却在不断推进,欧洲也有采取宽松的意愿,新兴经济体货币政策空间被压缩,全球货币政策分化加剧。同时,本次危机没有演化到20世纪30年代大萧条的程度,很大程度上要得益于灵活审慎的全球货币政策较好地防止了金融系统的崩溃。2014年QE政策此起彼伏及其不平衡性,从全球应对危机的角度来看具有必然性,这凸显了危机时期全球货币政策的灵活审慎特点以及应对危机能力的提升。

6. 经济全球化加剧,FDI流动出现分化

经济全球化主要特征就是资本的国际流动。根据联合国贸发会议的监测,从2012年起FDI流入发展中国家的量超过了流入发达国家的量(图1-3)。但是,从2013年开始,净流入发达经济体的资本量远超新兴经济体。可见,全球资本流动已经出现了一定的分化,2014年以来这个分化趋势进一步增强,特别是

---

① 199IT数据中心:《德勤:人工智能的发展脉络和技术体系》,http://www.199it.com/archives/295836.html。

由于欧盟和日本还没有显示明确的复苏信号,因此全球资本流入美国趋势渐强。FDI的流向最直观反映了全球跨国公司对区域经济发展的预期,也成了一个国家或地区经济发展的启动器和催化剂。

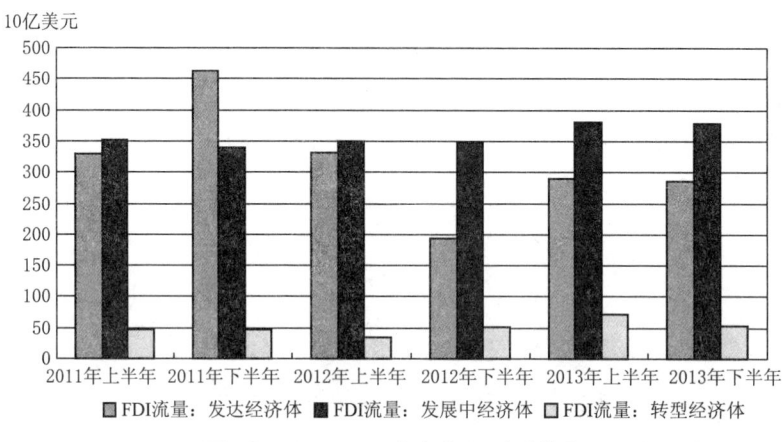

图 1-3 2011—2013 年全球 FDI 流动情况

• 数据来源:联合国贸发会议数据库。

FDI一定程度上反映了经济发展的格局,从全球FDI总流量来看,仍然是发展中国家占有优势,说明仍然看好其后发潜力,而近两年发达国家在净流入上的提高,说明国际资本流动格局有向西方国家流动和转移的新趋势。

二、2014年世界经济发展的主要问题

2014年的世界经济虽然出现了一些积极的变化,但是复苏的态势依然很脆弱,同时也暴露了一些问题。

1. 全球增长动力依旧不足,新兴经济体增长出现下滑

危机后新兴经济体依靠后发优势充当了经济增长的引擎,而这种后发优势随着新兴经济体的高速增长,其与发达国家的差距在减小。尤其最近两年,随着全球经济的衰退,新兴经济体的经济增长速度也逐步回落。根据IMF的预测,2014年全球经济增速为3.31%,发达国家为1.83%,高于2013年的1.17%;新兴经济体和发展中国家为4.43%,低于2013年的4.55%,这种结构性调整和变化表明世界经济增长动力的转换。全球经济虽然出现了缓慢复苏,但是动力不足、基础不稳,复苏不明显,尽管美国、德国、英国等经济有局部明显复苏势头,但

是新产业并没有成规模出现;而新兴经济体普遍存在传统比较优势衰减,要素驱动型增长模式面临创新转型。俄罗斯、巴西的经济增长前景也并不明朗,欧洲并没有完全从债务危机中走出,欧洲经济增长恢复仍存忧虑,这些也都将进一步拖累全球经济增长,全球增长动力还需要进一步确认和夯实。

2. 全球贸易投资谈判进展缓慢,贸易保护主义有所抬头

根据《世界投资报告2014》对于全球投资政策趋势的判断,一方面,全球大多数投资政策措施仍然趋向投资促进增长和自由化;另一方面,监管和限制性投资政策的比例也在上升,2013年达到27%。大型自贸区协定对于资本和贸易有深刻的影响,目前正在谈判的三大区域协议,包括跨太平洋伙伴关系协定(TPP)、跨大西洋贸易和投资伙伴关系协定(TTIP)和区域全面经济伙伴关系(RCEP),此外还有中美BIT谈判,中欧自贸区、中韩自贸区等,这些协定对促进经济的区域合作和全球合作具有重要意义。但是,由于各国对贸易自由化的诉求不尽相同,尤其在农产品和高新技术出口两个方面发达国家和发展中国家有根本的诉求差异,可以看到,多哈回合后全球贸易规则发展出现停滞,规则诉求不断积累。在当前全球经济规则面临重构背景下,多边和双边投资协定的签订在2014年的进展并不顺利,三大区域协议无一成功签署。因此,全球贸易投资新规则仍旧处于酝酿期,自由主义和保护主义的僵持对全球贸易产生深刻影响。

3. 全球市场预期悲观,经济下行压力加大

2014年全球经济低增长的悲观预期进一步加重经济下行压力。预期对经济的影响既体现在消费上又体现在投资上,预期未来经济转好居民会加大消费,企业将扩大投资,反之悲观的预期将加剧经济的继续下行。当前,全球经济都处于低速增长的阶段,市场预期的微弱的变化都可能导致经济上下翻转。

图1-4显示了由欧洲经济研究中心计算的ZEW经济景气指数,指数越高表明对未来经济越乐观,从图中我们可以看出,经济学家对2014年的经济预期整体呈下滑趋势,9月、10月各国都达到了近两年的低点。对市场预期的悲观情绪表明居民在减少开支而企业也不断在缩小投资,经济下行压力加大。

4. 各国货币政策不确定不平衡增强,全球金融风险或膨胀

在全球经济低迷背景下,宽松的货币政策成为低通胀的发达国家解救经济的重要对策;而新兴经济体由于国内高通胀,大多数都是采取的稳健或紧缩的货

疲弱复苏的世界经济期待新周期

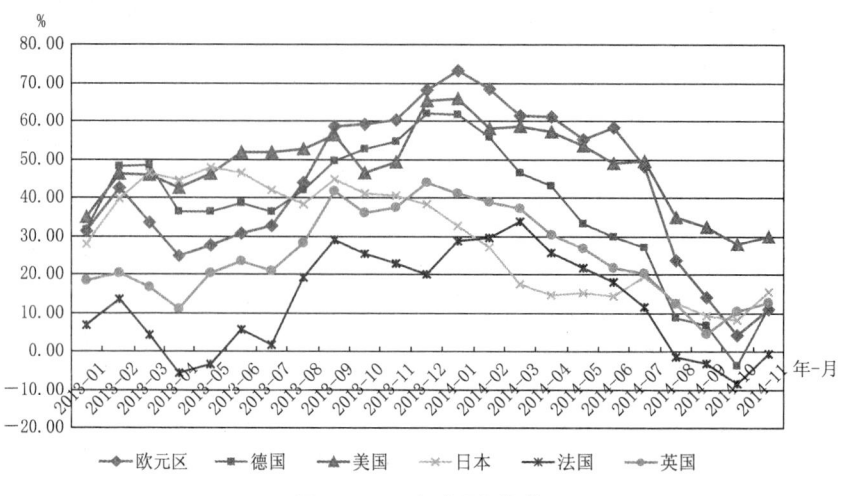

图 1-4 ZEW 经济景气指数

• 数据来源：欧洲经济研究中心数据库。

币政策，各国货币政策不确定性增加，宽松或紧缩出现不平衡；在浮动汇率制度下，各国的汇率波动加大。虽然 2014 年 10 月份美国宣布退出 QE，但是 2012—2014 年美国、欧洲和日本整体都是宽松的货币政策，尤其是日本安倍经济学不断加码，日本的汇率在下半年连续下降，名义汇率下降幅度高达 20%。同时，欧元兑美元也从年初的 1.35 下降到 1.25，相对美元贬值 7.4%；美元兑加元从 1.06 上升到 1.14 左右，加元贬值 9.4%；美元兑韩元从 1 050 上升到 1 112，韩元贬值 5.9%。巴西、阿根廷等受高通胀困扰，仍保持紧缩的货币政策，印度则在进一步放松货币政策，但大宗商品价格下降，全球出现通缩压力，新兴经济体的货币政策也在分化，对货币政策的准确预估越来越困难，汇率波动幅度也进一步扩大，贸易和金融风险不断增加。

第二节 2015年影响世界经济的重大变量

2015年的世界经济增长将仍然处于经济周期的深度调整阶段。据2014年世界经济演变态势以及目前影响世界经济的因素,我们认为,以下论述的六大变量会在未来时期对世界经济增长产生重大影响。

一、美国升息或不利于全球经济复苏进程

美元升息预期将推高美元汇率,此前流入新兴经济体的大量外资或将大量撤离,可能会重创多国货币体系,带来贬值风暴。美联储退出量化宽松政策(图2-1),提升了市场对于美国加息的预期,如果美元利率上升,首先会导致汇率和资本市场大幅波动,大量资本从新兴经济体流出,弱化这些经济体的经济增长动能。如果利率上升得比预期更为急剧,那么市场惧风险情绪以及风险溢价水平都将上升,威胁全球金融市场的稳定,全球经济将重新面临中期停滞的风险。这将阻碍2015年世界经济的顺利复苏。

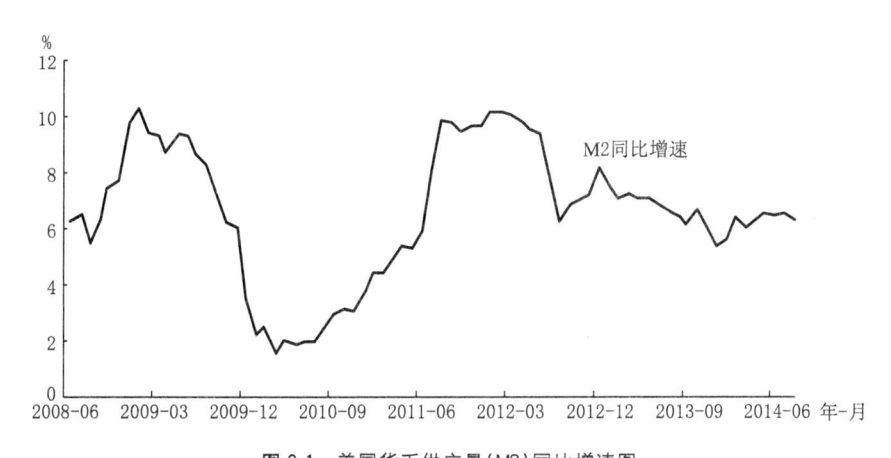

图 2-1 美国货币供应量(M2)同比增速图

• 数据来源:美国联邦储备局网站。

另一方面美元大幅升值可能会加重部分新兴经济体国际债务的偿债负担，违约风险剧增。目前，美国经济作为全球经济的火车头，通过增加对其他国家的出口需求，势必拉动全球经济的复苏，与此相伴而行的强势美元，已经对欧元、英镑、日元等主要货币均出现较快升值的格局。然而，若2015年美元升值的速度和力度超预期，全球汇率和资本市场必将大幅震荡，美元贷款偿还变难，极易催生全球债务危机，拖累全球经济增长。

二、地缘政治变化、石油价格下跌以及俄罗斯经济动荡或将延缓全球经济复苏步伐

地缘政治的持续恶化导致俄罗斯经济动荡加剧，加上以石油为主的国际能源价格持续下跌，可能会使全球经济陷入低利率、低通胀、低增长三者相互加强的恶性循环。石油价格下降对于石油消费者而言无疑更节约开支。日本的石油消费几乎全部来自进口，石油价格下降将有利于其降低生产成本，缓解其国内经济增速放缓的压力。印度的石油消费大约3/4为进口石油，石油价格的下跌将有助于缓解其长期的经常账户赤字。石油价格的降低将减少普通家庭的汽油支出，增加可支配收入，带动经济的增长。但是对能源输出国来说，油价的持续走低及其带动的大宗商品价格普遍下滑，令如俄罗斯、马来西亚、伊朗、尼日利亚、墨西哥、委内瑞拉等产油国和自然资源出口国的经济增长雪上加霜，石油价格的

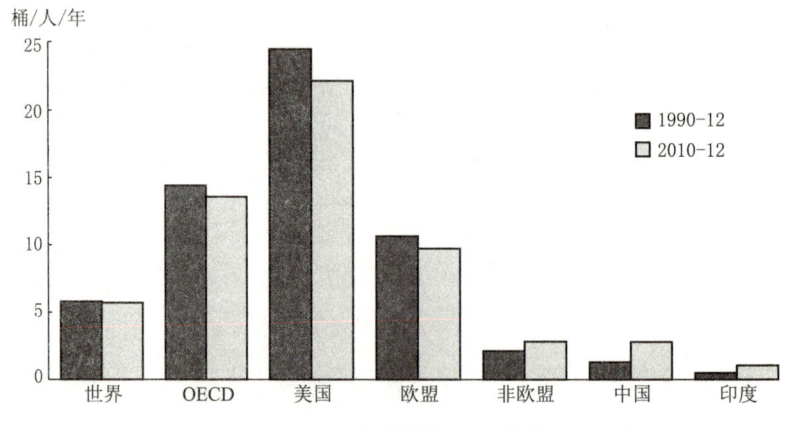

图2-2 世界主要经济体的石油消费量

• 资料来源：BP Statistical Review, UN, OECD, Eurostat。

下降将严重影响这些国家的财政收入,更严重的是由此形成的财政收入下降将会带来新一轮的财务危机,波及世界经济(图 2-2)。未来,石油价格稳定有助于世界经济的稳步复苏。

三、欧洲货币政策的不平衡性或将影响全球经济复苏进程

欧盟作为世界上一个重要的经济体,其经济增长前景的好坏直接影响全球经济复苏动能。虽然欧盟努力推出各种有利的货币刺激计划,包括欧洲版的量化宽松政策,但由于其内部缺乏张力与合力,各成员国复苏和增长的不平衡性(图 2-3)弱化了现有货币政策的效果,导致欧洲经济恢复依然缓慢。加上地缘政治风险不明等其他不利因素不断显现,2015 年全球经济增长存在较大的不确定性。例如,法国和意大利改革措施迟迟得不到落实,且财政赤字都较高,货币刺激政策的效果将会继续受到抑制。在需求低迷和企业杠杆率过高的大环境下,量化宽松政策或难见成效。

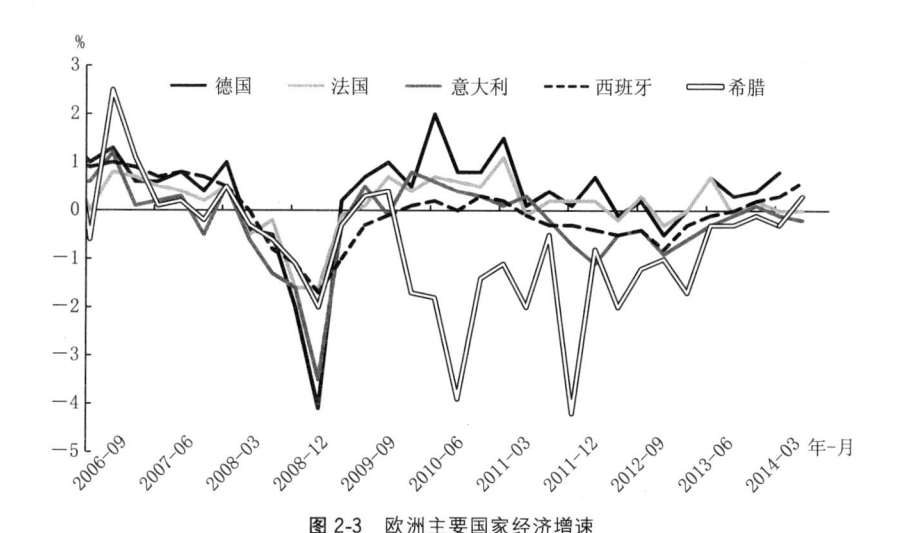

图 2-3 欧洲主要国家经济增速

• 数据来源:欧盟统计局。

四、日本经济政策的结构性困境及其有效性增加全球经济复苏的不确定性

在日本经济内生性结构的困局下,日本扩张性货币政策的有效性将是影响

2015年世界经济增长的重要变量。当前日本经济的再度萧条主要来自其经济内生性的结构困局,即当前日本经济面临巨量的政府债务,束缚其财政政策的实施,由此形成结构性困局。虽然,目前日本已经实施宽松的货币政策,但政策效果的发挥必须予以积极财政政策的配合,然而高企的政府债务水平又挤压了日本政府的财政空间,进一步削弱了宽松货币政策的有效性,虽然它将决定日本经济是否能够真正实现复苏。目前来看,日本经济恢复难言乐观,恐成为影响2015年全球经济增长的不利因素。

五、新兴经济体结构性改革与创新或将为全球经济复苏提供新动力

受新兴市场经济体国内薄弱环节和脆弱的外部经济环境影响,新兴经济体的国内经济改革将有利于新兴经济体的经济增长。2014年以来新兴市场经济体经济波动开始加大。根据OECD 2014年的《经济展望报告》,新兴经济体增速低于往年。

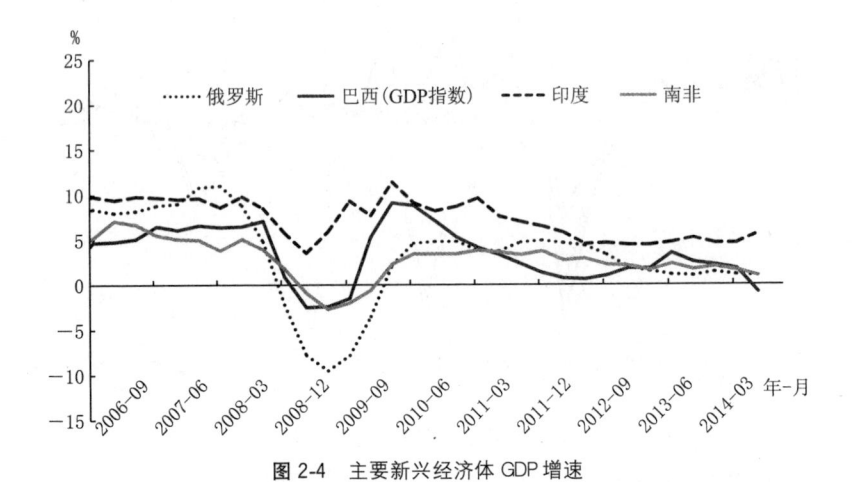

图2-4　主要新兴经济体GDP增速

• 数据来源:Wind数据。

新兴经济体的国内经济体制和结构性矛盾一直被认为是新兴经济体经济增长的"绊脚石"。新兴经济体普遍存在通胀水平较高,汇率高估,基础设施落后,财政、货币政策缺乏透明度等问题,这些问题使得市场配置资源的能力不强,易

受外部环境变动的影响。例如,通胀水平相对较高使得货币政策的实施空间被进一步挤压,即使实施了货币政策,又因缺乏透明度和一致性导致货币政策传导机制受挫。加之财政赤字上升形成的财政政策不顺,许多新兴经济体都需要进行新一轮的结构性改革。改革创新的新兴经济体作为世界经济的新兴力量,为世界经济增长增添新活力。

六、新战略、新能源、新方式将为全球经济复苏打开新空间

以中国"一带一路"为主的经济增长新战略将为全球经济增长开拓新空间。中国"一带一路"建设旨在通过自身的经济增长带动周边国家经济增长,从中长期来看,"一带一路"有利于推动周边国家及区域经济的共同增长,利好全球经济。"一带一路"的建设将带动区域间贸易活动的增长和更广泛的区域合作,通过充分利用各经济体的比较优势做到经济成本的最小化,从而促进区域间的资源合理配置。"基建走出去"也利于被投资国的经济增长。在与周边国家建立经济合作伙伴关系的同时,共同打造政治互信、经济融合、文化包容的利益共同体,从而带动世界经济增长。

以页岩油气革命为代表的新能源技术方兴未艾,预计将深度改变全球能源市场,大幅度增加全球能源供给,节约工业生产成本,为世界经济提供重要的能源支撑,为世界经济重新走向繁荣提供动力。美国"页岩油"行业的繁荣发展已经创造出"石油新秩序",其影响力将超越 OPEC,成为原油生产的最大决定性因素;与此同时,OPEC 正在失去定价权,全球石油生产量的增长超过了需求的增长。页岩油气占美国整个天然气产出的比重从 2005 年的 4% 上升至 2014 年的 24%。页岩气田的发现和先进开采技术的发展已经大大促进了美国的天然气开采以及该国钢铁和石化行业的生产活动。页岩气将有望取代煤炭而成为世界第二大能源资源,而且可能改变全球能源生产格局。

以工业 4.0[①]为核心的新工业方式,是制造业的数字化和虚拟化,推动"制造业"走向"智造业",将对全球生产格局的调整产生重要影响,而由工业 4.0 革命所带来的产业结构调整和动态演进,将成为推动世界经济持续稳定增长的新方

[①] "工业 4.0"的概念是在 2011 年于德国举行的"汉诺威工业博览会"上提出,目标是通过高功能设备、低成本传感器、互联网、大数据收集及分析技术等的组合,大幅提高现有产业的效率并创新产业。

式。根据世界银行的预测,工业4.0将拉动世界经济增长1%。工业4.0概念包含了由集中式控制向分散式增强型控制的基本模式转变,目标是建立一个高度灵活的个性化和数字化的产品与服务的生产模式。工业4.0下的全球生产将是智能化生产设备通过数据交互实现的全球化智能生产有机体。在这种模式中,原先的行业界限将会消失,产业链、价值链和供应链将被重构,必将引领全球经济迈向增长新周期。

第三节　2015年世界经济发展新趋势

从影响世界经济发展的长、短期变量分析来看,长期内,世界经济增长依然具有新动力和新空间,但短期来看,世界经济快速复苏势头依然受诸多因素阻碍,其中如美、欧、日货币政策分化,石油价格暴跌,新兴经济体转型困境等短期因素,以及地缘政治剧烈变动等不利的外部环境,都将对2015年世界经济走势产生巨大影响。

本报告采用了兼顾历史趋势加冲击调整的方法预测2015—2016年世界、各主要发达国家、22个新兴经济体(E22)的经济增长率。其中,对各国和地区历史趋势的预测主要基于该国或地区之前两年的人均GDP经济增长率、人均GDP值以及人口增长数据,以此推断2015—2016年基础数值;然后,根据最近一年内的贸易、投资、金融、政策等条件变化对预测值进行小幅度调整,预测结果综合考虑了各国和地区的历史趋势与最新因素和动态。在此基础上,本节对2015—2016年全球经济增长,金融、贸易、投资等发展形势进行趋势性研究和分析。

一、世界经济增长:弱复苏中持续"分化"

金融危机爆发至今,全球经济格局不断调整,温和非均衡复苏已成为全球复苏的核心特征。目前,主要发达国家正逐渐走出过去3年的低增长,步入复苏和再平衡的新阶段。新兴经济体在保持危机后数年内相对稳健的表现后,却在美国"缩减QE"的阴影下经历了一波动荡。全球经济虽然仍表现为复苏态势,但需切换档位,开启小步慢跑模式,在逼近潜在增长率的道路上继续寻找可持续增长的平衡状态。

由于2014年全球经济活动弱于预期的惯性,再加上地缘局势不断恶化,金融市场波动性加剧,欧日等经济体重返低迷,新兴经济体增速放缓,2015年世界经济下行风险继续增加。而这一多元化的世界经济波动,将给2015年的经济增长带来更多的变数,全球经济在不确定、不平衡态势下的复苏步伐依然缓慢。据我们预测[1],2015年和2016年世界经济增长率分别为3.34%和3.68%,虽然稍高于2014年

---

[1] 本报告采用了根据历史数据预测趋势值,并辅之以添加冲击调整的方法进行预测,并主要选取美国、英国、欧元区及具有典型代表的22个新兴经济体作为样本,旨在反映经济增长的趋势。

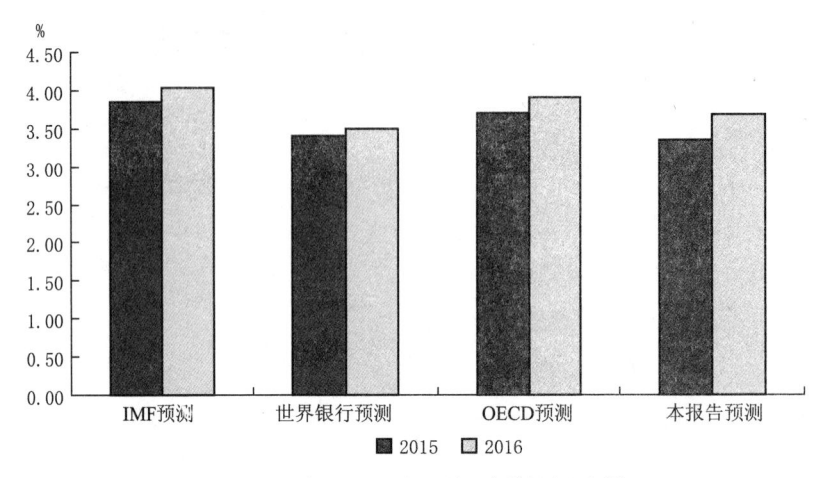

3.3%的增速,但并没有世界银行、IMF和OCED等机构的预测结果乐观(见图3-1)。

图 3-1 2015年和2016年世界经济增长率预测结果

- 注:本表数据中 IMF 和世界银行的预测数据来自 Wind 数据库,OECD 的预测数据来自2014年《OECD 经济展望》。

具体来看,各国(或地区)分化态势明显。

1. 发达经济体复苏已明朗,但各国"冷热不均"

在美国,经济复苏势头强劲、有支撑。鉴于政府进行财政整顿的阻力减少,经济结构调整已初显成效。其中,劳动力市场状况不断改善、投资支出日渐回升、潜在需求稳步释放、企业和金融机构资产负债表业已修复,以及 QE 政策退出后的资金回流增加等,都奠定了美国经济增长的基础,有些指标甚至已恢复到危机前的水平。美国这轮复苏最主要靠"页岩气革命"和"再工业化"。"页岩气革命"或许是美国21世纪最重大的创新,使得美国本土油气开发成本大幅下降,低成本意味着美国经济的强大竞争力。加上,美国政府一直倡导"再工业化",使得很多大公司如谷歌、通用、英特尔等纷纷将部分高端制造业务回迁至美国,极大提振美国经济,并有助于其长远发展。其次,得益于美国消费能力的快速复苏,它正是驱使美国经济增长的动力之源。尤其是过去半年国际油价暴跌,如同给予美国消费者额外补贴,使消费变得更为强劲,进而促使经济增长。可见,美国经济正在稳固的物质基础上逐步复苏,随着这些支撑经济上涨的内生动力加强,美国经济有望在今后两年仍保持良好的复苏态势,本报告预测2015年和

2016年美国经济增长率将分别高达3.51%和3.74%(见表3-1)。

表3-1 全球主要发达经济体和新兴经济体经济增速 (单位:%)

年 份	2010	2011	2012	2013	2014	2015	2016
美 国	2.51	1.85	2.78	1.88	3.13	3.51	3.74
英 国	1.66	1.12	0.28	1.74	3.01	3.12	3.37
日 本	4.65	−0.45	1.45	1.54	−0.95	1.04	1.45
欧元区	1.60	1.68	−0.45	−0.29	0.61	1.22	1.67
新兴经济体	5.79	4.74	3.41	3.09	2.97	3.25	3.51

- 注:本表数据中2010—2013年数据来自世界银行的WEO数据库,2014—2016年数据为本报告预测值。其中新兴经济体选取阿根廷、巴西、保加利亚、中国内地、捷克、香港地区、埃及、爱沙尼亚、匈牙利、印度、印度尼西亚、韩国、拉脱维亚、立陶宛、马来西亚、墨西哥、菲律宾、波兰、俄罗斯、新加坡、南非、泰国等22个国家和地区。

在欧元区,经济正处于从衰退走向复苏的拐点上,但微弱复苏态势仍不容乐观。一方面,鉴于欧元区结构性改革逐步取得进展,减轻了财政拖累,整体上,欧元区经济会开始重返增长轨道,复苏速度取决于改革动力及商业自信心;实施共同财政后的后续支持工作仍有待完成,金融一体化和财政分开矛盾仍然无法克服,经济犹如走在平衡木上。另一方面,欧元区内部各国增长步伐不一,如英国、西班牙复苏趋势稳定,意大利有望在2015年经济恢复正增长,但德、法经济增长预期向下,成为欧元区经济增长的拖累。另外,重债国家经济好转,但欧、俄、乌的地缘政治冲突给经济增长蒙上新的阴影。同时,在排除以上不利冲击的影响下,本报告预测欧元区在2015年和2016年经济将分别增长1.22%和1.67%。

在日本,经济将"低温"徘徊,复苏缺乏后劲。虽然宽松货币政策和结构性改革计划在一定程度上会支撑经济在2015年小幅增长,但由于受国内高额债务、低潜在增长率以及消费税上调的冲击,加之存在取消财政刺激的预期,经济增长平稳性受影响,继续低位波动。本报告预测日本将在2016年开始向上复苏,经济增速达到1.45%,但在2015年经济将下滑至1.04%。

2. 新兴经济体(E22[①])增速渐放缓,但各群体"千差万别"

以美国为代表的发达经济体经济稳定复苏之际,新兴经济体尚处于结构

---

① 新兴经济体(E22):为了深入分析全球新兴经济体经济走势,并兼顾经济体的系统重要性、代表性和地理平衡性等多方面因素,我们选取了全球22个国家和地区(本报告用E22表示),并参照世界银行根据各国收入水平进行分类的标准,将这22个新兴经济体划分为高收入经济体、中等偏上收入经济体、中等偏下收入经济体三大类,详情见本报告表3-2。

疲弱复苏的世界经济期待新周期

调整的泥潭中,经济下行压力增大。另外,全球货币政策业已分化,大宗商品价格跌势汹汹,地缘政治日趋紧张等不利因素将严重影响新兴经济体的增长趋势。整体来看,新兴经济体面临"内忧外患"的复杂环境,虽然增长率仍然领先于发达经济体,但低于其过去十年水平,且国内经济结构调整前景依旧不明,经济强劲复苏的动能减弱。依据不同收入水平来看,各国和地区情况略有不同。

一是中等偏下收入群体经济增长生机勃勃。

据我们预计,2015年、2016年中等偏下收入群体经济的平均增速高达5.4%和5.37%,增长态势企稳向上(见图3-2)。尤其是印度和印度尼西亚,由于国内存在巨大的内需基础,有望给地区经济增长提供强有力的动力。其中,若印度政府的相关改革能落实,有望巩固高速增长的态势,预计2015年和2016年印度经济有望再度超过5%,达到5.79%和5.82%的增长速度(见表3-2)。并且,凭借低要素成本和利用美国战略转变,印度正在成为中国产业转移承接者,经济增长前景向好。

二是中等偏上收入群体经济增长不温不火。

预计2015年、2016年的平均增速仅能保持在3%上下,但仍呈现复苏态势,尤其是2016年,复苏趋势将更加明显。其中,中国经济增速依然很高,将继续保持接近7%的中高速稳定增长。然而,由于经济增长深受国际大宗商品市场价格

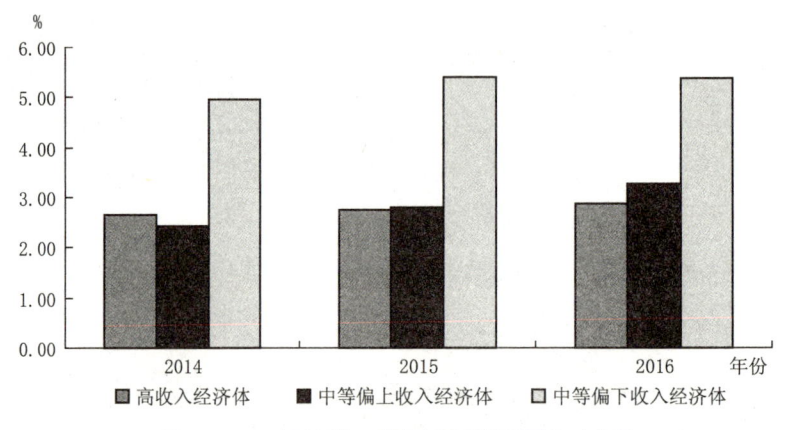

图3-2 E22中不同收入群体经济增长预测值对比图

• 注:2005—2013年数据来自世界银行的WEO数据库,2014—2016年数据为本报告作者预测结果。

波动和大选年的政治不确定性因素影响,巴西经济增长前景不明,预计2014年经济仅能增长0.19%,2015年开始恢复至1.48%,若新一届政府转型改革成功,预计2016年经济增速上升至2.59%。同时,深受信贷问题影响的阿根廷,经济增长前景仍将弱化,预计2014年、2015年两年的经济增速都将萎缩1%或更多,2016年最多实现温和复苏。

表3-2 全球22个新兴经济体(E22)GDP增长率预测值 （单位:%）

经济体	2014年	2015年	2016年	地理位置
高收入经济体				
捷克	2.16	2.13	2.56	中欧
爱沙尼亚	1.72	2.01	2.26	北欧
韩国	3.94	3.90	3.86	东北亚
波兰	2.19	2.46	2.58	中欧
中国香港地区	3.01	3.01	2.98	东亚
拉脱维亚	3.18	3.67	3.45	东北欧
立陶宛	2.83	2.60	2.82	东北欧
俄罗斯	0.84	0.78	1.47	东欧和中亚
新加坡	4.01	4.03	3.98	东南亚
中等偏上收入经济体				
阿根廷	−1.01	−1.11	1.08	拉美与加勒比地区
巴西	0.19	1.48	2.59	拉美与加勒比地区
保加利亚	1.62	1.94	2.06	欧洲和中亚
中国内地	7.40	6.64	6.78	东亚
匈牙利	1.84	2.18	2.34	欧洲和中亚
马来西亚	4.57	4.47	4.40	东亚与太平洋地区
墨西哥	2.65	3.35	3.65	拉美与加勒比地区
南非	2.81	3.22	3.41	撒哈拉以南非洲
泰国	1.67	3.04	3.17	东亚与太平洋地区
中等偏下收入经济体				
埃及	3.70	4.41	4.71	中东和北非
印度	4.88	5.79	5.82	南亚
印度尼西亚	5.12	5.79	5.62	东亚与太平洋地区
菲律宾	6.10	5.59	5.33	东亚与太平洋地区

- 注:根据世界银行的标准,使用World Bank Atlas method计算的人均GNI在2013年少于1 045美元的为低收入经济体(Low income economies)。人均GNI在1 045—4 125美元之间的国家划分为中等偏下收入经济体(Lower-middle income economies)。人均GNI在4 125—12 746美元之间的为中等偏上收入经济体(Upper-middle income economies)。人均GNI在12 746美元以上的为高收入经济体(High income economies)。

三是高收入群体经济增长前景堪忧。

总体来看,预计高收入群体在2015年和2016年平均增速将达到2.75%和2.88%,但各国和各地区情况千差万别,如新加坡、韩国和中国香港地区增长率相对较高,且增速稳定。而俄罗斯情况则相反,乌克兰危机,油价走低,西方国家的制裁和俄罗斯的反制裁行动等都危及其经济增长前景,预计2015年其增速仅能达到0.78%,若地缘政治缓和,预计在2016年增速可能反弹至1.47%。其他欧洲经济体如波罗的海三国(爱沙尼亚、拉脱维亚和立陶宛)等增长前景也深受影响,但仍能维持轻微上涨态势。

总体来看,越来越多的新兴经济体正从周期高峰下滑,2015年及以后经济复苏情况,仍主要取决于国内经济实力和可用于应对冲击的政策空间。虽然增长率仍将远高于发达经济体,但不及过去几年的高水平,这是由周期性和结构性原因共同作用所致。

3. 中国经济新常态下中高速增长增添全球复苏新动力

中国经济正在进入一个增长动力切换和发展方式转变的新常态,高速增长的传统比较优势正在衰减,外部不利条件依旧弱化未来两年高速增长预期,尤其是外需疲弱、内需低迷等因素将继续制约经济增长。因此,2015年稳增长将成为主要任务,核心目标是提高经济增长的效率,从而保证新常态的中国经济"调速不失势"。同时,2015年积极有力度的财政政策和松紧适度的货币政策,将带动"三驾马车"平稳转型,从而更均衡地拉动经济增长。

一是从消费看,需求对经济增长贡献渐长,消费开始步入细分市场阶段。一方面,刘易斯拐点后,中低端劳动力的收入水平逐渐上升,导致中产阶级可支配收入将稳步提高;另一方面,利率市场化背景下的降息和就业稳定将对居民可支配收入增长提供基础性支持。利于消费潜力的释放及消费升级,对经济增长起到积极刺激作用。预计2015年消费对经济拉动作用将进一步提升,信息消费、文化消费、旅游休闲消费等将是2015年重点推进的消费领域。

二是从投资看,增长动力将聚焦于基建投资。首先,房地产投资回落成定局,将继续抑制重工业生产和投资,加剧地方政府财政困境,拖累整体经济上涨。其次,房地产投资下降之际,促进互联互通的基础设施建设以及一些新技术、新产品、新业态、新商业模式的投资机会将大量涌现。另外,政府为稳经济,财政支持力度将加大,基础设施投资仍是政策主力点。预计 2015 年整体投资增长将由弱转稳,其中基础设施建设有望保持平稳增长。

三是从出口看,发达经济体经济复苏等因素,利于中国出口恢复,但依赖传统低成本优势的出口增长将面临困境。一方面,随着美英等发达国家经济开始步入上升期,进口需求也将缓慢复苏,利好中国出口增长。另一方面,中国需要转变对外贸易的发展方式,低端劳动力成本上升将制约出口企业发展。但受益于"一带一路"、京津冀协同发展、长江经济带等区域发展战略,对外贸易的新型优势将逐渐涌现。另外,全球石油价格下跌利于改善中国的贸易条件,有助于增加其贸易顺差,缓解出口萎缩态势。预计 2015 年中国出口仍将小幅上涨,成为经济增长的重要支撑之一。

然而,未来两年中国经济增长态势仍十分严峻,经济增长或将进入一个平稳或小幅下滑的增长轨道,预计 2015 年和 2016 年,经济增速或难达到 7%,分别降为 6.64% 和 6.78%。

二、国际金融:风险累积,动荡孕育

1. 美、英货币政策逐渐正常,欧、日或将重启新一轮 QE

美、英随着经济复苏逐渐稳固,料将采取更加务实的货币政策和财政政策,预计 2015 年中或下半年美、英将开始小幅加息。相较而言,欧元区和日本经济面临停滞陷阱,货币政策将继续沿着放松银根和扩大央行资产规模的道路走下去。目前,欧洲央行已通过实施定向长期再融资操作(TLTRO)、购买资产担保证券(ABS)和抵押债券等方式扩大资产负债表,预计 2015 年初会推行新一轮量化宽松政策。而日本政府的量化宽松政策也已打响,并决定推迟 2015 年的消费税上调计划。全球货币政策分化趋势已成定局,预计 2015 年金融市场的低利率和低波动率的现状将被打破,各国利率和汇率分化将更明显,金融市场可能出现大幅度波动。

2. 全球影子银行规模庞大,或危及尚处复苏中的金融市场

前期充足流动性、长期低利率、对银行严监管等促使资金向非银行高风险资产倾斜,全球影子银行规模再持续上升,然而,影子银行的高杠杆率、成熟期及流动性错配都有可能成为系统性风险之源。目前,全球影子银行总规模已达 60 万

亿美元,接近全球GDP(即77万亿美元)水平,相对整体经济规模的比例正接近危机前水平。其中,规模最大的是美国(14.04万亿美元),其次是英国(4.7万亿美元),再次是中国(2.7万亿美元)。在全球经济稳定性复苏尚未形成、各国政策变动异常、各种风险远未出清的前提下,投资者的预期瞬时万变。随着美国货币政策紧缩及美元升值,新兴经济体资本流出、货币贬值、资产价格下跌等或将显现,全球金融市场的脆弱性可能再次累积爆发,"明斯基时刻①"再次重现,冲击尚未恢复的全球经济。因此,2015年需要密切关注全球影子银行规模变化情况。

3. "新旧"风险并驾齐驱,或引起新一轮金融动荡

2015年全球经济仍将处在探索复苏和转型的关键时期,为增强自身竞争力,主要经济体博弈不断,甚至会发生摩擦。发达国家高失业率(尤其是欧元区)、高负债、大宗商品价格波动以及地缘政治紧张态势加剧、埃博拉疫情继续蔓延等旧有风险远尚未解除,而如果美国"单引擎"复苏带来全球经济再次失衡格

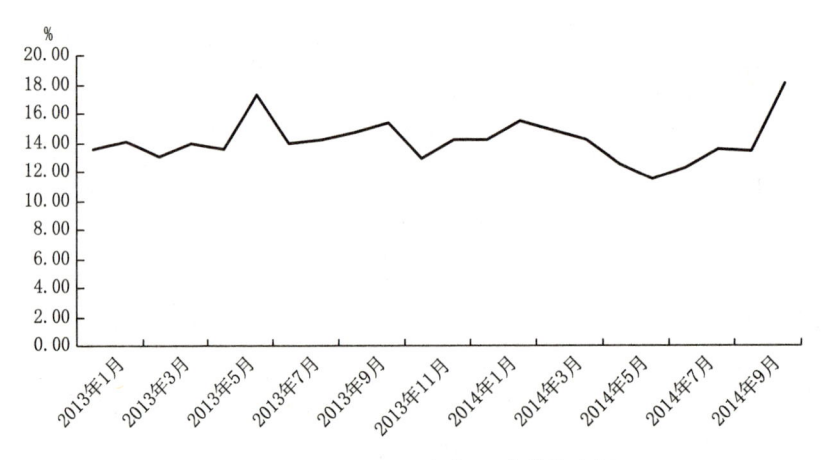

图3-3 2013—2014年全球VIX指数波动率

- 注:本表数据来自美联储经济数据库(FRED)。VIX是由CBOE(芝加哥期权交易所)将指数期权隐含波动率加权平均后所得之指数。是反映全球金融市场风险变化的指标之一,又称投资人恐慌指标,即当VIX越高时,表示市场参与者预期后市波动程度会更加激烈,同时也反映其不安的心理状态;相反,如果VIX越低时,则反映市场参与者预期后市波动程度会趋于缓和的心态。

---

① "明斯基时刻"(Minsky Moment)是指海曼·明斯基Hyman Minsky(美国经济学家)所描述的时刻,即资产价值崩溃时刻。具体表现为,在经济好的时候,投资者倾向于承担更多风险,随着经济向好的时间不断推移,投资者产生投机的陶醉感,承受风险能力不断加大,直到超过收支平衡点而崩溃,资产价格会停止上涨甚至下跌,良性循环变成恶性,进而引发金融危机。

局,新兴经济体(尤其是那些国内经济脆弱性较大且转型改革尚未有成效的国家)增长面临再次下滑,新生风险不断涌现,将导致全球风险情绪以及风险溢价再次上扬。另外,欧元区银行坏账率高企,如果在清理资产负债表过程中曝出更多隐藏的坏账,可能会造成市场动荡,如若产生扩散效应和大范围的金融压力,全球金融市场稳定性将面临威胁。由 VIX 指数波动率可知(见图 3-3),从 2014 年 5 月份开始金融市场风险开始上升,尤其是 2014 年 9 月和 10 月,VIX 指数大幅上扬,预示投资者恐慌情绪增加,全球金融市场的风险因素已经累积。

三、世界贸易:波动轻扬,因素多样

1. 全球贸易规模或将小幅上扬,但进出口或难保稳定

如图 3-4 所示,2013 年全球货物和服务贸易增速已达到 3%,接近 2008 年增长水平,但距离危机前 8.08% 的贸易增速仍稍显缓慢。据 IMF 预测,2015 年全球货物和服务贸易增速将达到 4.98%,预计 2016 年贸易增速为 5.46%,将超过 1993—2013 年平均增速 5.3% 的水平。然而,由于各国经济恢复差异较大,国际需求变化莫测,加上国际政治、油价波动等未来不确定性因素影响,各国进出口规模变动存在不确定性。另外,中国经济增速减缓或带来进口增速下降,并对全球出口增长造成一定影响。

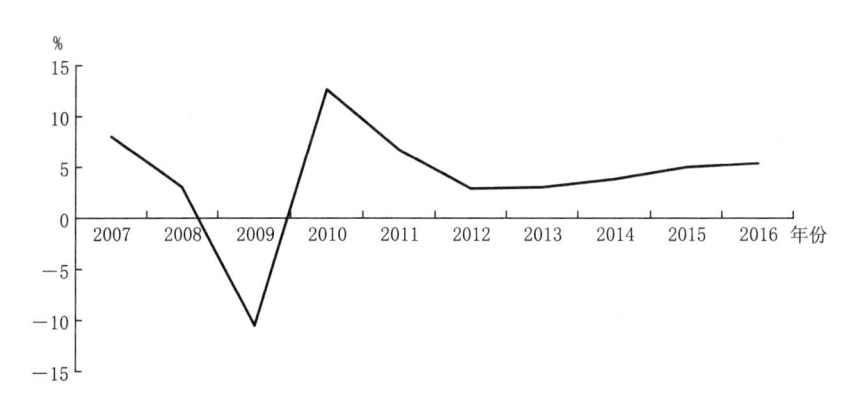

图 3-4 全球货物和服务贸易量年增长率

- 数据来源:IMF 的 IFS 统计数据库。

2. 低油价利好全球贸易,但通缩压力"不容小觑"

全球原油产量充裕,尤其是页岩油开发使包括美国在内的非 OPEC 国家的原油产量大幅提升,而持续偏弱的经济增长可能进一步恶化原油需求,预计 2015 年全球油价将延续"跌跌不休"态势,其所带来的直接影响是刺激消费(尤其是亚洲地区),并有望拉动新兴市场和发达市场石油进口国的进口需求。然而,长期低油价将拖累全球大宗商品价格,全球低通胀格局或被动加剧(尤其是欧元区),预计 2015 年全球通缩压力依然强大,欧、日等国宽松货币政策的通胀效应很难力挽狂澜,未来通胀率仍将维持在较低水平。

3. 美国消费恢复利好全球贸易,但中国贸易增长渐成新动力

发达经济体尤其是美国经济复苏前景乐观,居民消费支出逐渐恢复,将带动全球贸易增长。从 2010 年开始,美国消费支出逐渐恢复增长,2013 年支出增长率为 2.45%,已经超过 2007 年 2.24% 的增长水平(见图 3-5)。同时,全球货物与服务贸易增速也逐渐上升,2013 年增速已达到 2.94%,随着美国经济逐渐保持向好势头,预计 2014 年、2015 年贸易增速仍将保持上涨态势。另外,中国在全球贸易中的地位与日俱增,进出口贸易总额占全球贸易份额开始超过美、英、日,2013 年这一比重达到 11.03%(美、英、日分别为 10.37%、3.17% 和 4.11%,见图 3-6),将成为带动全球贸易增长的新动力。短期来看,全球贸易增长将得益于欧美等发达经济体消费需求的回升,但长期来看,中国经济增长将直接影响全球贸易规模。

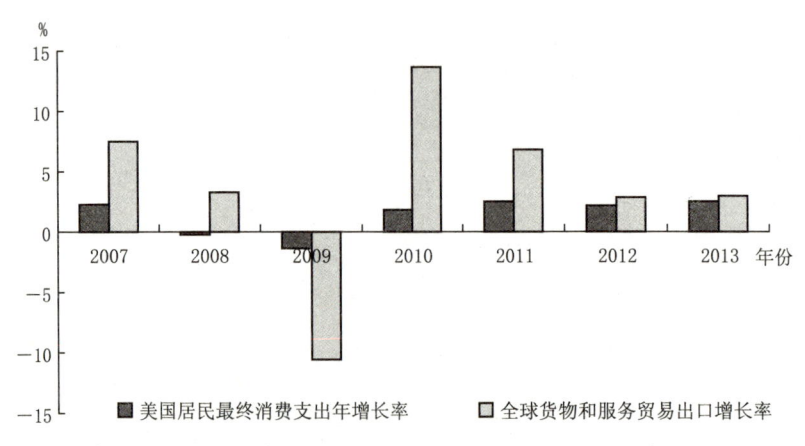

图 3-5　美国居民消费支出增长率与全球货物和服务贸易增长率趋势图

• 数据来源:世界银行的 WEO 数据库。

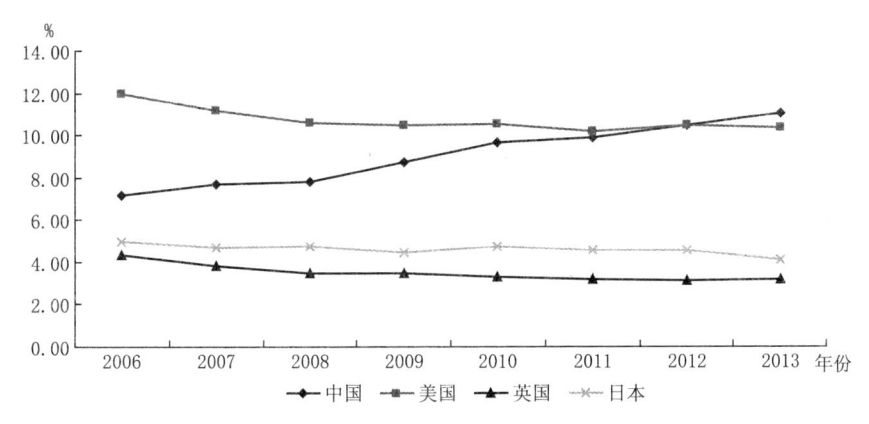

图 3-6　全球主要经济体进出口贸易总额占世界贸易总额百分比

· 数据来源:WTO 数据库。

四、全球投资:有限恢复,资本逆转

1. 全球 FDI 增长乏力,投资缓慢增长难以改观

鉴于全球经济缓慢复苏,各主要经济体尤其是发展中国家内部增长乏力,结构性问题突出,导致 FDI 流入减少,影响全球直接投资规模。据联合国贸发会议报告显示,2013 年全球 FDI 较上年增长 9.1%,接近国际金融危机前三年的平均水平。其中,发展中国家吸收外资 7 780 亿美元,增长 6.7%,发达经济体吸引外资增长 9.5%,仍仅为 2007 年历史峰值的 44%。预计 2015 年和 2016 年发达国家 FDI 增速有望快于发展中国家,但规模仍低于 2007 年 2 万亿美元的峰值水平。但是,一些新兴经济体的脆弱性、政策不确定性和地区冲突所带来的风险仍将对 FDI 流量的回升带来不利影响,短期内这些国家宏观基本面的恢复仍不能确定,也给全球投资增速蒙上阴影。

2. 全球货币政策不平衡趋势加强,影响国际资本流向分化

预计美联储将在 2015 年中后期实施加息政策,英国将紧随其后,虽然欧、日将继续维持宽松政策,但全球流动性整体上将随美联储退出宽松政策而趋紧。发达经济体经济的缓慢复苏和新兴经济体的增长困境,使得国际投资者趋利避害,促使资本流向逆转,即发达国家继续吸收回流资本,新兴经济体资本流出趋势明显。在金融危机前,如 2008 年,新兴经济体国际资本净流入量远超过发达经济体,达到 6 119.9 亿美元,而发达经济体净流出 5 196.7 亿美元。然而,自金融危机过后,国际资本流入新兴经济体的规模开始锐减,相反,流出发达经济体的情况得到缓解。尤其是2013年,净流入发达经济体的资本量远超新兴经济体,分别为2 958.9亿美元和637.4亿美元(图3-7)。这意味着包括中国在内的新兴经济体将面临外资流入的潜在冲击,届时不排除新兴经济体资金流出形势恶化和资产价格下降的可能。

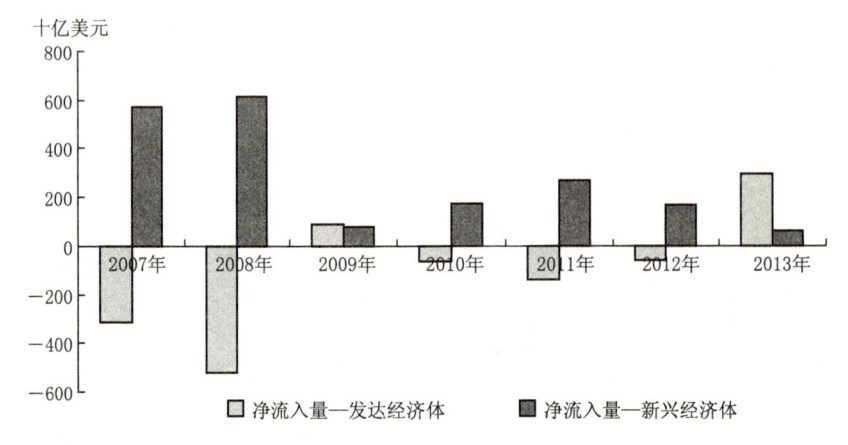

图3-7 发达经济体和新兴经济体国际资本净流入规模对比图

· 注:图中净流入量是指流入量减去流出量的差额,本图数据来自IMF的IFS数据库。

总体而言,当前,世界经济低位复苏、分化明显、风险不明。2015年乃至未来几年,全球经济将延续低位不均衡复苏态势。全球金融风险累积、贸易增幅受限,世界投资难言乐观。不利因素成为笼罩2015年全球经济增长的阴云。发达经济体政策调整、新兴经济体国内改革和地缘政治变化将成影响世界经济的重要变量。

我们预计,2015年和2016年世界经济将分别增长3.34%和3.68%。其中,美国经济增长3.71%和3.84%,英国增长3.13%和3.37%,欧元区增长1.22%和1.67%,新兴经济体(E22)增长3.25%和3.51%。

虽然,新兴经济体经济增速大都将在2015年保持平稳或向上态势,但中期来看,能否重启经济高速增长势头,将依赖于提升潜在增长率的结构性改革。短期来看,借助发达国家经济逐渐复苏的东风,发展多元外向型经济将会为其国内改革争取更多筹码,减缓国内结构性因素带来的增速下滑态势。

就中国而言,虽然短期内,新常态下经济进入中高速增长,预计 2015 年和 2016 年增速分别为 6.64%和 6.78%,增速将略有下降。但长期来看,随着结构性调整、创新驱动的新动力转换,以及全面深化改革的红利逐步释放,新常态下的经济增长将更健康和更可持续,且增长动力更加多元化。其中,以互联网为代表的新产业突飞猛进,服务业已经连续三年高于制造业增速。这些都将为中国经济平稳度过结构性减速阶段提供支持。

第四节　开放的中国继续引领世界经济新复苏

中国致力于构建开放型经济新体制。虽然经济增长的速度不似以往,但质量有所提升;世界经济新常态的一个新含义就是中国经济与世界经济在双向开放通道中形成的新型互动之势愈加明显。

当前世界经济新的背景下,中国经济仍然面临一个重要的战略机遇期。国际力量对比深刻变化,世界经济、国际体系和国际秩序深度调整,中国正成为其中的重要变量,联合新兴经济体尤其周边国家主动引导、塑造国际经济体系,开始在更深、更高层次上对世界经济格局产生重大影响[①];中国更加注重经济发展方式和比较优势的转变,力求"通过结构调整释放内生动力",充分发挥倒逼、联动效应,积极推进更高水平的对外开放,将扩大内需与拓展外需相结合,摆脱对外部特别是发达经济体市场的过分依赖,使经济发展进入新常态。自身不断发展壮大是中国最大的机遇[②],也是中国重要战略机遇期内涵和条件变化的核心。

但是,必须看到,当前世界经济依然对中国经济增长带来一系列新的挑战。本报告的判断是,短期内挑战大于机遇。除了前述分析中指出的全球经济复苏缓慢、增长乏力,中国经济增长的外部需求相对不利之外,国际贸易投资规则的重构和贸易投资便利化的推进,使中国经济增长的外部体制机制约束日渐强化;短期内中国自身战略布局新调整所引发的大国战略及利益碰撞明显,主要体现在:制造业转型升级与发达经济体再工业化的战略碰撞、人民币国际化与美元战略碰撞,以及发展理念、合作方式的碰撞。面对发达经济体先进制造业和部分新兴经济体更为丰裕低成本的前后夹击,中国贸易摩擦的严峻形势仍将继续。

一、中国经济新常态继续引领世界经济走向新复苏

中国经济新常态为世界经济复苏增添新的要素和动力。从"要素驱动、出口

[①] 权衡:《开放的中国与世界经济——迈向一体化互动发展》,《国际展望》2014年第5期,第1—15页。
[②] 新华社:《中央外事工作会议在京举行》,《人民日报》2014年11月30日。

驱动转变为创新驱动、改革驱动"①,中国在内外因素的共同作用下,通过对内对外开放相互促进,高水平引进来和大规模走出去更好结合,逐步构建内需拉动的消费主导型经济。经济增速放缓,经济结构优化。2014年前3季度,GDP增长7.4%,最终消费对经济增长的贡献率为48.5%,第三产业增加值占比进一步升至46.7%,高新技术产业和装备制造业增速明显高于工业平均增速。②

金融危机爆发后中国成为全球经济增量的最大贡献者,发挥了重要的经济稳定器作用,是影响世界经济强劲复苏不可估量的因素。据IMF测算,2008—2012年,中国经济净增量占全球经济净增量的29.8%;2014年,中国对全球经济增长的贡献率为27.8%,较之第二位的美国高12.5个百分点。WTO的数据显示,2008—2013年,中国进口占全球进口总额的比重由6.9%提高到10.3%,连续5年位居全球第二大进口国;在全球进口整体萎缩8.4%的2008—2010年,中国逆势增长23.3%③。2013年,中国对外直接投资流量首次突破1 000亿美元,占全球比重由2008年的2.8%扩大到7.2%,连续两年为全球第三大对外投资国;《世界投资报告2014》预计,未来2—3年内中国的对外直接投资将超过外资的引进。

乐观地讲,未来5年中国就有可能超越美国成为世界第一大经济体;未来5年中国"将进口超过10万亿美元商品,对外投资超过5 000亿美元",中国将"为世界经济提供更多需求,创造更多市场机遇、投资机遇、增长机遇"④。中国依然是世界经济增长的重要推动力和结构调整的重要支撑。中国和世界经济在双向反馈通道中,其对自身及世界经济的积极影响相对更为深远、更加强劲,也更有利于中国稳定器作用的发挥。其通过长期结构调整所形成的内在平衡将推动世界经济走向更高层次的复苏。

二、中美经济再平衡和中美经济新常态引领世界经济新平衡

在金融危机前期,以国内消费拉动经济增长,低储蓄率、信用消费、高贸易赤

---

① 习近平:《共建面向未来的亚太伙伴关系——在亚太经合组织第二十二次领导人非正式会议上的开幕辞》,《人民日报》2014年11月12日。
② 习近平:《谋求持久发展共筑亚太梦想——在亚太经合组织工商领导人峰会开幕式上的演讲》,《人民日报》2014年11月10日。
③ 新华网北京2013年9月5日电(刘丽娜等):《中国对世界经济贡献"清单"》,新华网,http://news.xinhuanet.com/fortune/2013-09/05/c_117242532.htm。
④ 习近平主席在2014年G20峰会上演讲语录。徐剑梅等:《探求全球经济治理新途径——习近平主席出席二十国集团领导人第九次峰会侧记》,《人民日报》2014年11月17日。

字的美国，以贸易和投资拉动经济增长，高储蓄率、廉价出口、高贸易顺差的中国，虽然各自内部都存在严重失衡，但是还能够通过不断加深的相互依赖与互补形成两国之间的"恐怖平衡"，带动和维持世界经济10多年的高速增长。然而，危机过后，世界经济始终处于经济增长长周期的萧条阶段，前期的"恐怖平衡"已被打破，以消费型为特征的美国经济和以生产型为特征的中国经济开始启动结构性改革和战略调整，特别是美国倡导重回工业化道路，中国转而依靠内需拉动经济增长，世界经济增长结构正在发生重大调整，全球经济新平衡正在被塑造。在这个过程中，中美这两个对世界经济增长贡献最大的国家，如何实现各自的再平衡，这正是中美经济走向新常态的关键所在，这也被视为纠正全球失衡的重要环节（图4-1）。

美国由于不断指责中国操纵汇率，持续发起贸易救济措施，将自身的经济再平衡寄望于可提高出口能力的再工业化。2014年10月推出2.0版振兴美国先进制造业行政措施，视加快创新、保证人才输送管道、改善商业环境为三大支柱。虽然无意从根本上改变既有经济增长模式，但在以页岩气为代表的能源革命和互联网、生物等技术创新的推动下，美国经济增长的内生动力正在逐步增强。

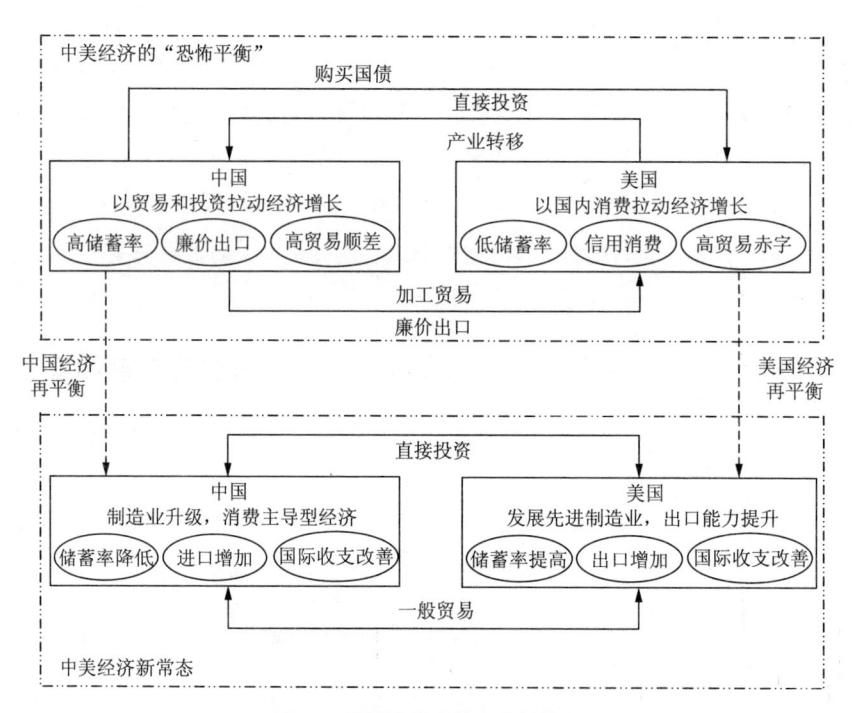

图4-1 再平衡与中美经济新常态

中国正加快推进经济结构战略性调整，扩大内需，减少对外部需求和国内投资的过度依赖。最终消费对经济增长的贡献率正在超过投资，服务业增加值占比超过第二产业，高新技术产业和装备制造业增速明显高于工业平均增速，单位GDP能耗下降。其进口规模及种类的扩大，现代服务业的开放发展，尤其对高新技术及装备的需求，有利于美国出口结构的调整和潜能的释放。

正如美国的再工业化并非简单意义上向低端制造业的回流，而是高端制造业的培育与发展。中美经济再平衡，同样不是简单地回归到原点、重新走上"恐怖平衡"轨道，而是在经济结构上、增长质量上均有所提升。中国力求通过自身的再平衡达成经济的对外整体平衡，即使其依然存在对美经常项目的"失衡"。中美在各自再平衡的过程中，逐步优化相互之间的依赖关系，不断扩大新的合作空间和领域，进而发现并形成新的增长途径，这是中美经济走向新常态的核心。这种在各自再平衡基础上所达成的中美经济新常态，是世界经济实现新平衡的重要因素。

三、亚洲经济一体化引领世界经济再复苏

亚洲经济已经和欧洲经济、美国经济形成世界经济增长的三足鼎立格局。必须高度重视亚洲经济、中国经济与亚洲经济关系，及其在世界经济中的重要地位和作用。中国对促进亚洲经济一体化发展意义深远。"周边是首要"，中国对外经济、投资的空间布局重心在亚洲，影响在世界。无论对中国还是世界而言，亚洲经济一体化均具有极为重要的意义：它不但能够作为中国经济增长的广阔腹地和战略依托，更好地发挥中国对亚洲经济的引领作用；而且可以带动世界经济的复苏和更为持续的发展，有利于世界经济新秩序的构建。

2014年，中国不仅首次担当亚信会议为期3年的主席国，还时隔13年再次成为APEC峰会的主办国，掌握议题设置的优先权。也正是在中国"东道主"、"主场优势"的强力推动下，一直进展缓慢的亚洲经济一体化发生了关系未来的重要变化。

亚信上海峰会与亚洲新安全观的确立，有利于促进亚洲区域经济良性合作与创新发展，这也有利于2015年世界经济发展。全球化背景下，安全与经济日益紧密交织在一起。亚信峰会"上海宣言"，将中国倡导的"共同、综合、合作、

可持续"的亚洲安全观纳入其中,强调"共同努力推进地区一体化",特别是有助于成员国之间贸易的运输及物流系统。"努力形成区域经济合作和安全合作良性互动、齐头并进"。亚洲安全合作进程"正处在承前启后的关键阶段"①。

APEC 北京峰会与亚太自贸区(FTAAP)进程的启动有利于亚太地区贸易便利化,这也有利于促进世界贸易发展。"推动区域经济一体化"是 APEC 北京峰会的 3 项重点议题之一。它强调其是亚太地区长期保持强劲增长的动力源,并最终迈出实质性一步:决定启动和推进 FTAAP 进程,批准 APEC 推动实现 FTAAP 北京路线图。FTAAP 将有两年的联合战略研究时间,在 2016 年年底前形成最终的结论及建议。

中国发起成立金砖国家开发银行、发起筹建亚洲基础设施投资银行、宣布出资 400 亿美元设立丝路基金。中国利用自身资金实力加强互联互通、加快"一带一路"建设,努力消除误解,力求赢得亚洲邻国的信任,担当起亚洲经济一体化发展的推动者的责任。

总而言之,中国经济本身是世界经济增长的重要推动力量,而中美经济走向新常态对维护世界经济稳定增长举足轻重,亚洲经济在世界经济中最具发展活力和潜力,是中国对外经济、投资空间布局的重心。在一个更加相互依赖和一体化发展的格局下,它们共同推动开放的中国与世界经济的互动发展,形成未来世界经济的重大变量。它将在短期和长期两个意义上对 2015 年世界经济发展产生深刻影响和积极意义。

---

① 习近平:《积极树立亚洲安全观 共创安全合作新局面——在亚洲相互协作与信任措施会议第四次峰会上的讲话》,《人民日报》2014 年 5 月 22 日。

第五节 几点结论

本报告对世界经济形势的分析，重点不在于宏观经济预测，而在于进行宏观经济分析，主要是围绕影响世界经济发展的若干重大特点、重大变量、重大问题、重大趋势、重大战略、重大思路进行前瞻性研究和分析。通过本报告分析和研究，得出如下几方面的结论：

第一，目前世界经济仍然处在经济发展长周期的萧条阶段。从世界经济增长周期来看，目前仍是前一个10多年持续高投资、高增长、高收益、高风险积累到泡沫破灭(2008年金融危机)以后的萧条以及风险释放与消化阶段，即处于明斯基效应中资产膨胀与崩溃后的风险释放和修复阶段。

第二，世界经济正处在从旧常态走向新常态的过渡阶段，总体而言尚未真正完全走向新常态。世界经济正在经历从过去近20年依靠科技进步、全球结构性改革、亚洲经济增长、全球化资源配置机制等推动的全球经济持续大繁荣大发展到危机后的去杠杆化、再平衡、低增长、全球贸易保护与自由化并存、新的创新动力转换的非均衡波动增长的新常态的过渡阶段。美国经济的强劲复苏与中国经济中高速增长对引领世界经济新复苏起着十分关键的作用。

第三，后危机时期经济全球化的内涵和条件正在发生深刻变化。传统的全球生产体系因为新型经济体的崛起、互联网技术的发展、全球要素流动等而发生新的变化。我们面临一个生产一体化新格局正在重构、贸易自由化制度正在重建、金融全球化理论亟待反思、全球化治理机制和监管亟待创新的战略时期。

第四，全球经济格局和货币政策正在进行调整与再平衡。各国货币政策越来越非同步化，货币政策趋于保守，去杠杆化、修复资产负债表、谋求国内经济平衡等成为政策着力点。世界经济分工体系正在发生变化：原来的消费型国家重新发展工业生产型经济，生产型经济正在转向内需消费型经济，资源能源丰裕型产油国逐渐减少能源依赖，也开始调整经济结构。整个世界经济正在走向再平衡的过程中。

第五，后危机时期世界经济增长动力正在进行转换。传统发展中国家乃至

疲弱复苏的世界经济期待新周期

部分新兴经济体正在由危机前投资、消费驱动的经济增长模式，转向下一个长周期中依靠新科技革命和新能源革命推动的创新型经济增长模式。这将是世界经济真正走向新常态的标志。

第六，世界经济增长的引擎和拉动力正在出现多元化。一些新兴市场国家正在成为未来世界经济增长格局变化的重要推动因素之一；除了传统的欧、美、日等国外，中国以及亚洲经济也正在成为世界经济增长的重要推动者。但是一个十分重要的前提则是他们必须进行一系列的内部结构性改革和调整。

第七，世界经济正在面临全球经济治理体制和机制迫切需要转型和改革的新阶段。后危机时期全球经济治理机制运转疑似失效。面对世界经济缓慢复苏，全球货币制度的协调安排、世界经济互惠互利秩序的重建及全球金融管理框架的改革和创新等议题亟待研究和解决。

第八，中美经济新常态仍然是决定未来一段时间世界经济再平衡的重要变量。中美经济各自亟待推动自身结构性调整和内平衡；同时，在再平衡的过程和基础上，进一步优化相互间的依赖关系，进一步扩大合作空间和领域，努力实现中美经济在新的条件下的新平衡，就是中美经济之新常态。中美经济新常态必将继续引领世界经济走向真正新常态，也是决定世界经济在结构、质量上实现新平衡的重要力量。

当然，通过这些分析，我们认为，当前世界经济增长仍然需要对以下几个重大理论进行创新和研究。往往，危机过后，也孕育着重大的经济理论创新和发展。例如，对世界经济增长的长周期理论研究和创新。传统长周期理论中由消费、投资、储蓄、人口等推动的一般条件，现在正向信息化、科技化等新型条件转变，长周期理论研究需要进一步拓展和深化。经济全球化理论和新自由主义思潮亟待深入研究和反思，近20年来，尤其是危机过后，世界经济增长轨迹和格局的渐变，对全球生产一体化、贸易自由化、金融全球化等理论的创新发展提出了新的要求。新型经济体经验与世界经济理论创新、拓展也需要关注。随着发展中国家尤其是新兴经济体的经济作用的增强，世界经济理论需要更多关注和分析，为全球经济新均衡提供参考。还有如中美新型大国关系理论的构建，最大的发展中国家、迅速发展的新兴国家中国，与最大的发达国家、实力最强的国家美国之间的合作必将给世界经济带来巨大发展机遇，如何把握好、发展好、解决好这种新型大国关系，是考验，也是意义重大的现实课题。

附录一　GDP增长率的预测方法

本报告采用兼顾历史趋势和冲击调整的方法,其中对2015—2016年的各国历史趋势的预测主要基于该国之前两年的人均GDP经济增长率、人均GDP值以及人口增长数据,我们的选择依据如下:(1)影响GDP增长率的变量非常多,比如投入要素、制度文化、政策条件、科学技术等,如果全部捕捉难以实现,而且计量中的内生性问题无法解决,考虑到这里主要是要预测发展可能趋势而不是解释影响具体要素作用,我们采用较为简洁的回归方程,认为下一期的经济增长主要基于上一期的GDP增长率,并通过人均GDP的高低来考虑增长潜力。(2)之所以选择最近两年(2012—2013)数据来预测是因为从时间趋势来看,较近的年份与当年经济表现相关性最大,可以理解为一国经济体的生产函数短期不会发生变化,要素投入的改变也较为缓慢,因此使用相邻年份的数据预测效果比采用较长间隔时期的要好。(3)对于使用较短时间段数据预测的批评主要集中于难以捕捉长期的、周期性的规律,但考虑到目前世界仍然处于2008年金融危机后恢复期,发展情况比较平稳,我们认为使用2012—2013年的数据预测其后短期内的发展情况较为可靠。

对于历史趋势主要采用了如下回归方程:

$$g_{2013} = \alpha g_{2012} + \beta \ln(y_{2012}) + \gamma$$

其中 g 表示人均GDP增长率,y 表示人均GDP值。第一项主要考察当期增长率与上一期增长率和人均GDP之间的相关性;第二项则体现收敛(或者发散)的关系,比如低收入国家增长速度会较快,以实现追赶。

这里我们将欧元区国家和美国、日本、英国作为一组回归,而新兴经济体作为另一组回归,简单结果如下:

	被解释变量-g_{2013}		
	全体样本	欧美日	新兴经济体
g_{2012}	0.627***	0.705***	0.461***
	(0.088)	(0.113)	(0.142)
$\ln(y_{2012})$	−0.002	0.005	−0.002
	(0.003)	(0.006)	(0.004)
常数	0.033	−0.078	0.047
	(0.043)	(0.099)	(0.060)
样本数量	43	21	22
R^2	0.676	0.684	0.450

- 注:*** 表示在1%程度上显著,** 表示在5%程度上显著,* 表示在10%程度上显著。

我们可以看到2013年人均GDP增速与2012年相关性非常高,在三个回归中都在1%水平上显著,但是人均GDP的对数项则不显著,体现收敛关系并不明显,这可能与我们只选择了一年的短期样本有关。

为了观察这种预测方法的稳定性,我们对前10年的数据都进行回归,其中上一年人均GDP增长率的系数如下图所示:

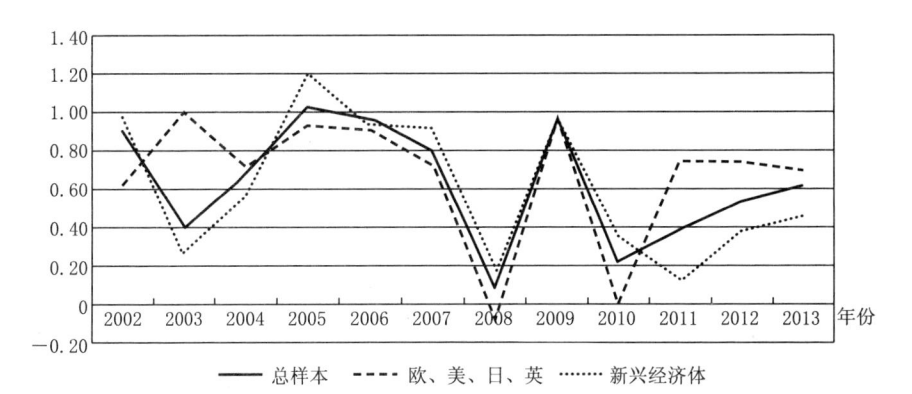

疲弱复苏的世界经济期待新周期

可以比较清楚地看到,2008—2009年受到金融危机冲击,导致出现了负向的回归系数。这也将系数示意图分为比较明显的两个阶段,在2008年之前,新兴国家本年度增长率与前一年度非常相关,系数非常接近1;而2010年之后则只有0.5左右,远低于较发达的欧美国家水平,这与发展中国家经济增长波动较大的特点符合。

为了对2015—2016年作出预测,我们将把2013年的人均GDP增长率和人均GDP值代入方程并进行外推。人口数据我们主要采用的是联合国的World Population Prospects: The 2012 Revision中的中等路径,通过预测出的2014年之后的人均GDP乘以该年人口来预测整体的GDP水平。

附录二 2014—2016年全球主要国家GDP增长率预测值

经济体	2014年	2015年	2016年
发达经济体			
美 国	3.13	3.51	3.74
英 国	3.01	3.12	3.37
日 本	−0.95	1.04	1.45
欧元区			
奥地利	1.29	1.98	2.46
比利时	1.13	1.81	2.30
塞浦路斯	−3.02	−1.36	−0.29
爱沙尼亚	0.94	0.88	0.99
芬 兰	0.03	1.06	1.75
法 国	1.20	1.88	2.37
德 国	1.19	1.72	2.09
希 腊	−2.18	−1.02	−0.22
爱尔兰	1.08	2.09	2.78
意大利	−0.52	0.42	1.10
拉脱维亚	2.99	2.13	1.58
卢森堡	3.34	3.86	4.56
马耳他	2.62	2.44	2.32
荷 兰	0.45	1.34	1.98
葡萄牙	−0.45	0.21	0.66
斯洛伐克	1.15	1.30	1.39
斯洛文尼亚	−0.16	0.45	0.97
西班牙	−0.12	0.70	1.28
新兴经济体(E22)			
捷 克	1.16	2.13	2.56
爱沙尼亚	1.72	2.01	2.26
韩 国	3.94	3.90	3.86
波 兰	2.19	2.46	2.58
中国香港地区	3.01	3.01	2.98

(续表)

经济体	2014 年	2015 年	2016 年
新兴经济体(E22)			
拉脱维亚	3.18	3.67	3.45
立陶宛	2.83	2.60	2.82
俄罗斯	0.84	0.78	1.47
新加坡	4.01	4.03	3.98
阿根廷	−1.01	−1.11	1.08
巴　西	0.19	1.48	2.59
保加利亚	1.62	1.94	2.06
中国内地	7.40	6.64	6.78
匈牙利	1.84	2.18	2.34
马来西亚	4.57	4.47	4.40
墨西哥	2.65	3.35	3.65
南　非	2.81	3.22	3.41
泰　国	1.67	3.04	3.17
埃　及	3.70	4.41	4.71
印　度	4.88	5.79	5.82
印度尼西亚	5.12	5.79	5.62
菲律宾	6.10	5.59	5.33

- 注：本表数据为本报告作者预测结果。

主要参考文献

1. ASEAN Secretariat, ASEAN Economic Community 2025, Jakarta: ASEAN Secretariat, November 2015.
2. ASEAN Secretariat, ASEAN Integration Report 2015, Jakarta: ASEAN Secretariat, November 2015.
3. ASEAN Secretariat, ASEAN Investment Report 2016, Jakarta: ASEAN Secretariat, September 2016.
4. Asian Development Bank, Asian Development Outlook 2016 Update, Mandaluyong City, Philippines: Asian Development Bank, 2016.
5. IMF, Regional Economic Outlook: Asia Pacific, October 2016, http://www.imf.org/external/pubs/ft/reo/2016/apd/eng/areo1016.htm.
6. IMF, World Economic Outlook: Subdued Demand: Symptoms and Remedies, Washington, DC: International Monetary Fund, October 2016.
7. World Bank, Doing Business 2017, Washington, DC: World Bank, 2017.
8. World Economic Forum, The Global Competitiveness Report 2016—2017, http://www.weforum.org/.
9. 曹红辉.负责任大国的主动作为:"一带一路"促进世界经济平衡[N].人民日报,2015-7-12.
10. 蔡跃洲.大数据将引发新经济长周期[N].中国社会科学报,2015-8-26.
11. 东盟,http:// asean.org/。
12. 杜鑫.全球经济失衡及中国的对策[J].贵州财经学院学报,2007(3).

13. 裴长洪.对未来世界经济发展趋势的若干认识[J].中国经贸导刊,2010(1).

14. 高虎城."一带一路":顺应和平、发展、合作、共赢的时代潮流,促进全球发展合作的中国方案[N].人民日报,2015-9-18.

15. 金旼旼,谢鹏.世界经济形与势——增长之困背后的全球演进[EB/OL].新华网,http://news.xinhuanet.com/2015-11-15/c_1117146429.htm.

16. 李长久.世界经济重心回归亚洲与美国战略重心东移[J].亚太经济,2011(1).

17. 梁桂全.敏锐抓住世界经济长周期的转折性态势[N].南方日报,2016-2-1.

18. 廖胜华,谢忠平.应对世界经济周期性 调整拓展开放布局[N].羊城晚报,2016-2-23.

19. 李扬.全球经济进入深度调整与再平衡的"新常态"[N].经济参考报,2015-1-5.

20. 罗雨泽."一带一路"——和平发展的经济纽带[J].中国发展观察,2015(1).

21. 刘作奎.新形势下中国对中东欧国家投资问题分析[J].国际问题研究,2013(1).

22. 刘作奎.中国与中东欧合作:问题与对策[J].国际问题研究,2013(5).

23. 迈克尔·佩蒂斯.共同承担全球经济再平衡之痛[N].金融时报(英国)中文网,2009-12-15.

24. 毛艳华."一带一路"对全球经济治理的价值与贡献[J].人民论坛,2015(9).

25. 权衡.G20峰会,"中国方案"为何备受关注[N].解放日报,2016-8-15.

26. 权衡,张军等.世界经济有没有新常态?[N].文汇报,2015-1-9.

27. 权衡.中国正推动世界经济走向新常态[N].社会科学报,2015-1-15.

28. 权衡.中国以新理念引领世界经济新发展[N].文汇报,2016-8-24.

29. 权衡.开放的中国与世界经济——迈向一体化互动发展[J].国际展望,2014(5).

30. 权衡,干建达."一带一路"战略构想:意义与路径[N].联合时报,2015-10-20.

31. 权衡.亚洲经济崛起具有全球意义[N].人民日报,2015-7-17.

32. 王国刚.走出"全球经济再平衡"的误区[J].财贸经济,2010(10).

33. 王宇.未来五年的全球经济增长格局[J].当代金融家,2015(4).

34. 王义桅."一带一路"有利于世界经济再平衡[N].人民日报(海外版),2016-8-24.

35. 徐刚.中国与中东欧国家关系:新阶段、新挑战与新思路[J].现代国际关系,2015(2).

36. 习近平.谋求持久发展共筑亚太梦想——在亚太经合组织工商领导人峰会开幕式上的演讲[N].人民日报,2014-11-10.

37. 习近平.积极树立亚洲安全观 共创安全合作新局面——在亚洲相互协作与信任措施会议第四次峰会上的讲话[N].人民日报,2014-5-22.

38. 习近平.创新增长路径共享发展成果——在二十国集团领导人第十次峰会第一阶段会议上关于世界经济形势的发言[N].人民日报,2015-11-16.

39. 习近平.在二十国集团领导人峰会工作午宴上关于中国主办2016年峰会的发言[N].人民日报,2015-11-17.

40. 许佩倩.全球经济再平衡与我国开放经济的新定位[J].世界经济与政治论坛,2011(6).

41. 杨常对."中国方案"促世界经济再平衡[N].钱江潮评,2016-9-3.

42. 于军.中国-中东欧国家合作机制现状与完善路径[J].国际问题研究,2015(2).

43. 中国商务部,http://www.mofcom.gov.cn/.

44. 中国外交部,http://www.fmprc.gov.cn/web/.

45. 张丹,张威.中国与中东欧国家经贸合作现状、存在问题及政策建议[J].中国经贸导刊,2014(9).

46. 中国社科院人口所.人口与劳动绿皮书:中国人口与劳动问题报告[R].社会科学文献出版社,2017.

47. 张颢瀚,樊士德.新兴产业的兴起与全球经济新周期的到来——兼论世界面临的全球战略任务[J].学术月刊,2012(8).

48. 张茉楠."一带一路"重构全球经济增长格局[N].财经观察,2015-4-28.

后　记

　　二十多年前，上海社会科学院世界经济研究所就曾开展过《世界经济增长预测》的相关研究。后来由于种种原因，此项富有意义的研究工作中道而止，令人深以为憾。进入 21 世纪以来的十多年时间里，经济全球化深入发展，世界各国经济相互联系日益加深，中国经济的未来注定与世界经济的未来紧密相联，无法分割。可以说，当前的中国经济发展比以往任何时候都更为迫切地需要了解和掌握全球经济的最新动态及发展走向。尤其是全球金融危机发生以来，世界经济形势错综复杂，全球经济增长前景难料，亟须理论界就我国所处的外部环境和宏观形势作出客观冷静的综合思考和科学准确的分析研判，为国家战略决策提供参考和指引。

　　上海社会科学院世界经济研究所在世界经济基础理论研究、国际经济重大现实问题的应用研究等方面一直秉持着优良的学术传统，并拥有着扎实的研究基础。2014 年，我组织了以本所青年科研人员为研究骨干的宏观经济分析小组，着手开展世界经济年度分析报告的研究和撰写，并在每年的岁末年初以新闻发布会和专家研讨会的形式对外公开发布，向社会各界展示和宣传课题组的最新研究成果，同时，就当前的一些热点问题展开交流和研讨。本研究报告在第三年开展过程中，我们吸取专家学者建议，把对世界经济的宏观分析扩展到国别经济分析，希望能够更全面地展示世界经济发展全貌。

　　目前，我们已连续三年对外发布世界经济形势年度分析报告，产生了良好的社会影响和积极反映。本书将这三年的研究成果精编成册，希冀同各界同仁进行思想的交流、碰撞与问题的探讨，盼能起到抛砖引玉之效。

后 记

这本书是集体智慧的成果和结晶。每年世界经济分析报告主题和框架由权衡研究员提出,并组织相关专家讨论;报告初稿写成以后,由权衡研究员对研究报告进行全面系统修改,并组织专家学者和新闻媒体进行研讨与发布。

本书的编写分工如下:导论,权衡、盛垒;第1章,薛安伟;第2章,周琢;第3章,张广婷、刘芳;第4章,盛垒;第5章,陈陶然;第6章,智艳;第7章,孙立行;第8章,张天桂;第9章,智艳;第10章,张广婷。《2016年世界经济形势分析报告》《2015年世界经济形势分析报告》均由权衡、盛垒、张广婷、张天桂、周琢、薛安伟、陈陶然、刘芳等共同负责初稿撰写。

本书初稿形成以后,由权衡研究员和盛垒副研究员进行统稿、修改和定稿。

课题组在研究过程中,先后多次组织召开专家座谈会和头脑风暴。特别要感谢上海社会科学院院长王战教授、上海市发改委副主任阮青、上海市政府研究室副主任李志伟、上海发展战略研究所所长周振华研究员、上海社会科学院前党委书记潘世伟教授、国家开发银行研究院原副院长黄剑辉研究员、上海交通大学经济学院院长陈宪教授、复旦大学经济学院院长张军教授、复旦大学中国经济中心副主任殷醒民教授、上海社会科学院经济研究所原所长石良平研究员、上海社会科学院部门经济研究所所长孙福庆研究员、上海社会科学院世界经济研究所原所长张幼文研究员、上海社会科学院世界经济研究所原副所长徐明棋研究员、上海社会科学院世界经济研究所金芳研究员等资深专家,以及本院世界经济研究所部分专家学者提出的富有建设性的思想观点和宝贵意见。当然本书的一切文责由本研究小组成员负责。

同时,感谢上海社会科学院世界经济研究所办公室主任邹传锋以及王丽娟、杨慧倩、徐乾宇等同志在研究过程中给予的大力协助与支持,他们辛勤地分担了我们许许多多事务性的工作。最后还要感谢上海社会科学院出版社的编审人员细致与周全的工作,使此书得以顺利出版。

由于此书涉及内容广泛,涉及国家和区域众多,加之我们水平有限,书中一定有不少纰漏和不足之处,敬请各位专家和广大读者批评指教,以便我们在今后的研究中进一步纠正和完善。

权　衡

2017 年 3 月 27 日

于上海社会科学院

图书在版编目(CIP)数据

疲弱复苏的世界经济期待新周期/权衡主编.—上海:上海社会科学院出版社,2017
 ISBN 978-7-5520-1964-3

Ⅰ.①疲… Ⅱ.①权… Ⅲ.①世界经济-研究 Ⅳ.①F11

中国版本图书馆 CIP 数据核字(2017)第 081492 号

疲弱复苏的世界经济期待新周期——世界经济分析报告

主　　编:	权　衡
责任编辑:	王　勤　曹艾达
封面设计:	朱　雨
出版发行:	上海社会科学院出版社
	上海顺昌路 622 号　邮编 200025
	电话总机 021-63315900　销售热线 021-53063735
	http://www.sassp.org.cn　E-mail:sassp@sass.org.cn
照　　排:	南京理工出版信息技术有限公司
印　　刷:	常熟市人民印刷有限公司
开　　本:	710×1010 毫米　1/16 开
印　　张:	18.25
插　　页:	5
字　　数:	234 千字
版　　次:	2017 年 6 月第 1 版　2017 年 6 月第 1 次印刷

ISBN 978-7-5520-1964-3/F·475　　　定价:79.80 元

版权所有　翻印必究